现代政治经济学系列教材

U0890700

# 现代政治经济学新编

## 习题集

（第六版）

程恩富　马　艳　主　编
王　琳　包亚钧　副主编

上海财经大学出版社

**图书在版编目(CIP)数据**

现代政治经济学新编习题集/程恩富,马艳主编．—6版．—上海:上海财经大学出版社,2023.8

(现代政治经济学系列教材)

ISBN 978-7-5642-4207-7/F·4207

Ⅰ.①现…　Ⅱ.①程…②马…　Ⅲ.①政治经济学-高等学校-习题集
Ⅳ.①F0—44

中国国家版本馆CIP数据核字(2023)第122369号

□ 责任编辑　刘光本
□ 责编电邮　lgb55@126.com
□ 责编电话　021—65904890
□ 封面设计　张克瑶

**现代政治经济学新编**
**习题集**
(第六版)
程恩富　马　艳　主　编
王　琳　包亚钧　副主编

上海财经大学出版社出版发行
(上海市中山北一路369号　邮编200083)
网　　址:http://www.sufep.com
电子邮件:webmaster@sufep.com
全国新华书店经销
上海景条印刷有限公司印刷装订
2023年8月第6版　2023年8月第1次印刷

787mm×1092mm　1/16　13.75印张　335千字
印数:61 501—64 500　定价:49.00元

# 前 言

本书是同《现代政治经济学新编》(上海财经大学出版社出版)教材相配套的教学参考用书。主要内容包括两部分:一是习题(也可视为题库),包括概念题、判断题、选择题、论述题、辨析题、案例分析题、问答题和计算题;二是习题解答。上述内容,既可供教师选择使用,也可供学生自学和复习使用。

《现代政治经济学》教材(上海财经大学出版社 2000 年版、2004 年版)、《现代政治经济学案例》(上海财经大学出版社 2003 年版)、《现代政治经济学习题集》(上海财经大学出版社 2004 年版)发行后,受到学术界的广泛好评,曾获得国家精品课程、上海市精品课程和上海市优秀教学成果奖等多项奖励,成为包括"211"重点大学在内的不少高校的教材,或者作为教师的教学主要参考书。为了进一步推进现代政治经济学教学的研究与改革,2008 年我们对于 2000 年版和 2004 年版《现代政治经济学》教材进行修改与完善,从版本层次上分为完整版、通用版和简明版三个层次。与此相配套,我们根据中共"十八大"精神,对《现代政治经济学习题集》做了相应的修改与调整。

全书编写分工如下:习题和习题答案的初稿作者是包亚钧(导论、第一至六章、第九章、第十三章)、齐新宇(第十二章)、冒佩华(第七章、第八章、第十八章)、张莹玉(第十章、第十一章、尾论)、叶正茂(第十七章)、孙林(第十六章)、严国海(第十四章、第十五章)。包亚钧对初稿进行补充和整理并增加了单项选择题;程恩富和马艳最后修改和定稿。依据《现代政治经济学新编》第五版,包亚钧对导论、第三至第五章、第七至第十五章、第十八章、尾论进行了修改与整理工作,最后由程恩富与马艳定稿。依据《现代政治经济学新编》第六版,王琳对部分案例进行了更新,对部分题目和答案进行了修订,最后由程恩富与马艳定稿。

为了适应教育部关于"经济学基础人才培养基地"建设目标的迫切需要,我们在国内较早地尝试对传统统治政治经济学的教学进行创新性的重大改革,因而一定有不妥之处,欢迎广大师生和读者不吝赐教(E-mail:yanma@mail. shufe. edu. cn)。

程恩富

2023 年 8 月

# 目　录

# 导论

# 政治经济学述要

## 一、概念题

1. 经济学　2. 政治经济学　3. 生产力　4. 劳动对象　5. 劳动资料　6. 生产关系　7. 生产方式　8. 经济基础　9. 上层建筑　10. 经济规律

## 二、判断题

1. 人们的劳动能力是人类社会存在和发展的基础。（　）

2. 生产力是指人们直接征服和改造自然并创造物质财富的过程。（　）

3. 生产力是一个人生产多少东西的能力。（　）

4. 生产关系是指人与人之间的社会关系。（　）

5. 生产资料所有制是社会生产关系的基础。（　）

6. 生产关系一定要适应生产力发展是人类社会发展的客观规律。（　）

7. 生产关系的总和构成社会的经济基础，并要求与其相适应的上层建筑为它服务。（　）

8. 生产、分配、交换、消费互相制约和互相依赖构成生产总过程的矛盾运动。（　）

9. 生产力的发展主要涉及的三大渗透性要素是科技、管理和教育。（　）

10. 落实关于“改善民生就是发展”的价值导向，与社会主义生产和经济发展的根本目的是内在统一的。（　）

11. 如果操作得法，公有制不仅可以与市场经济有机相融，而且可以比私有制实现更高的公平与效率。（　）

12. 由于坚持公有制为主体、多种所有制共同发展的产权制度，因而必然实行按劳分配为主体、各种生产要素凭借产权的贡献参与分配这一基本分配制度。（　）

13. 因为国家规划、计划和调节是有人参与的，所以其不包含客观性，“国家调节规律”“计划规律”等概念是不成立的。（　）

14. 坚持结构协调型的平衡原则，就是金融发展应为实体经济服务，大力发展虚拟经济。 (　　)

15. 只要克服行政干预的经济过剩，而市场化形成的产能过剩和产品过剩是正常的，会自动平衡，就不用事先、事中和事后来积极预防和解决。 (　　)

16. 政治经济学是理论经济科学，本质上又是一门历史的科学。 (　　)

17. 存在对立阶级情形下，政治经济学的一个客观内容就是表现为阶级性。 (　　)

18. 马克思主义政治经济学首先是国民教育系统通识教育的必修课，阐明了人们日常经济生活、社会经济活动和全球经济的发展规律和制度演化，也是运用科学的世界观和方法论的典范。 (　　)

## 三、单项选择题

1. 在经济学说史上最早使用“政治经济学”一词的是(　　)。
   A. 重商主义的代表安徒万·德·蒙克莱田
   B. 重农学派的布阿吉尔贝尔
   C. 英国的亚当·斯密
   D. 英国的罗伯特·欧文

2. 人类第一部系统论述资本主义生产方式的著作是(　　)。
   A. 安徒万·德·蒙克莱田的《献给国王和王后的政治经济学》
   B. 亚当·斯密的《国民财富的性质和原因的研究》
   C. 马克思的《资本论》
   D. 凯恩斯的《就业、利息和货币通论》

3. 马克思主义政治经济学科学体系最终建立的标志是(　　)。
   A. 1867 年《资本论》第一卷问世　　B.《资本论》第二、三卷整理出版
   C.《剩余价值学说史》第四卷的出版　　D.《资本论》的完成

4. 人类社会存在和发展的基础是(　　)。
   A. 物质资料的生产　　B. 劳动资料
   C. 劳动对象　　D. 生产工具

5. 人们运用生产资料创造社会财富和精神财富的能力是(　　)。
   A. 社会生产关系　　B. 社会生产力
   C. 社会生产方式　　D. 社会形态

6. 生产力构成要素中最重要的决定性的因素是(　　)。
   A. 劳动对象　　B. 劳动资料
   C. 科学技术　　D. 劳动者

7. 生产关系一定要适合生产力性质的规律属于(　　)。
   A. 一切社会形态共有的普遍经济规律　　B. 若干社会形态共有的经济规律
   C. 某一特定社会特有的经济规律　　D. 某一特定社会占支配地位的经济规律

8. 以物质和文化生产力的发展为研究出发点的是(　　)。
   A. 古典政治经济学　　B. 西方主流经济学
   C. 西方新古典经济学　　D. 当代马克思主义政治经济学

9. 揭示生产关系及其实现和发展的运动规律是(　　)。
A. 政治经济学研究的对象　B. 政治经济学研究的方向
C. 政治经济学研究的基础　D. 政治经济学研究的任务
10. 我国发展私有制的目的是(　　)。
A. 为发展现代市场经济服务　B. 为发展社会主义市场经济服务
C. 为发展私有制和资本主义经济服务　D. 为发展公有制和社会主义经济服务
11. 衡量贫富分化的首要指标是(　　)。
A. 人均收入　B. 人均工资水平
C. 家庭的净资产　D. 家庭的总收入
12. 马克思主义政治经济学的科学性是建立在(　　)。
A. 人们的物质利益关系基础上的
B. 它的阶级性和实践性基础上的
C. 历史唯物主义和唯物辩证法基础上的
D. 矛盾分析法和科学抽象法基础上的

## 四、多项选择题

1. 经济的基本含义是指(　　)。
A. 生产、分配、交换或消费等活动　B. 一个国家国民经济的总称
C. 一个国家国民经济的各个部门　D. 社会生产关系的总和或经济基础
E. 节约
2. 生产物质资料的劳动过程必须具备的实体性要素是(　　)。
A. 劳动者　B. 劳动管理　C. 劳动资料　D. 劳动对象
E. 劳动方式
3. 生产力(　　)。
A. 是生产方式的物质内容
B. 是推动社会发展的决定因素
C. 发展必须以保护生态环境为前提
D. 是人们运用生产资料创造社会财富的能力
E. 包括劳动对象、劳动资料和劳动者三个要素
4. 生产关系(　　)。
A. 是生产方式的社会形式
B. 是政治经济学研究的对象
C. 是推动社会发展的决定因素
D. 是人们在生产过程中结成的各种经济关系
E. 包括劳动对象、劳动资料和劳动者三个要素
5. 社会生产和再生产的总过程包括以下几个环节(　　)。
A. 生产　B. 分配　C. 交换　D. 消费
E. 服务
6. 经济规律的客观性质说明(　　)。

A. 人们不能创造经济规律
B. 人们不能违反经济规律
C. 人们不能消灭经济规律
D. 人们不能改造经济规律
E. 人们不能认识和利用经济规律

7. 任何社会中都普遍起作用的经济规律有(　　)。
A. 货币流通的规律
B. 按比例发展的规律
C. 消费需求上升的规律
D. 劳动生产率不断提高的规律
E. 生产关系一定要适合生产力性质的规律

8. 中国特色社会主义政治经济学的原则包括(　　)。
A. 实践性原则和人文性原则
B. 科技领先型的持续原则和绩效优先型的增速原则
C. 民生导向型的生产原则和结构协调型的平衡原则
D. 公有主体型的产权原则和劳动主体型的分配原则
E. 国家主导型的市场原则和自力主导型的开放原则

9. 马克思经济学(　　)。
A. 研究的起点与终点都是人
B. 研究的只是生产关系而不研究社会稀缺资源的配置
C. 阐释的主要是制度和理论层面而非技术和应用层面
D. 认为资源配置和经济运行是与社会制度无关的自然现象
E. 认为社会生产是物质资料生产与特定经济关系和经济制度生产的统一

10. 政治经济学作为一门社会科学与自然科学的本质差别在于(　　)。
A. 表现为某种阶级性
B. 表现为一定的国度性
C. 表现为积极的实践性
D. 表现为对人类的终极关怀
E. 表现为鲜明的"人文"特征

## 五、辨析题

1. 生产资料所有制是社会生产关系的基础。
2. 经济规律和自然规律都是客观的,因此两者之间没有差异。
3. 因为国家规划、计划和调节是有人参与的,所以其不包含客观性。
4. 经济增长速度与经济发展绩效要互相协调,有较高绩效的增长速度才是最佳速度。

## 六、案例分析题

1. 案例内容:

一个烈日炎炎的中午,几位在沙漠上旅行的学者经过长途跋涉,饥渴交困。然而不幸的是,当他们坐下来围着随身所携带的一堆罐头时,却因为没有开罐头工具而一筹莫展。于是,一场研究如何用最简单的办法开启罐头的学术讨论会开始了。

物理学家首先发言:"给我一个聚光镜,我可以用阳光把罐头打开。"

化学家接着说:"我可以利用几种化学药剂的综合反应来开启罐头。"

而经济学家则说:"我的办法最简单。假设我有一把开罐刀……"

案例问题:(1)根据上述故事,请你谈谈在政治经济学的研究中是否需要假设?

(2)马克思在政治经济学的研究中的主要方法是什么?

(3)马克思主义政治经济学的方法论体系由哪些方法所构成?

2. 案例内容:

数学是研究现实世界的数量关系和空间形式的科学。它具有高度的抽象性,应用的范围很广。在对生产方式以及与之相适应的生产关系进行质的分析的前提下,对反映生产方式以及与之相适应的生产关系的经济范畴和经济过程进行量的分析,将有助于认识的深化,有助于理论的应用。从这一方面来说,马克思主义经济学所提示的原理和规律,不少都有可能用数学语言来表达,用数学模型来表示。马克思自己就曾经想运用数学方法来说明经济危机的规律性。马克思提出了运用数学方法的前提条件:首先,材料必须是足够的;其次,材料必须是经过检验的。①

自从 19 世纪以后,数学的发展为西方经济学家提供了方便。数理分析的方法要比单纯文字说明、推理更方便、更精确,有时也更能说服人。大量的数学符号和算式推导,使经济过程和现象的表述较为简洁、清晰。当前西方经济学也越来越追求经济学的数学形式。微观经济学所使用的数学工具甚至比物理学家使用的还多。过去使用数学工具较少的宏观经济学,现在也连篇累牍地充满了复杂的数学公式。因此,有人认为经济学的数学化应该是经济学发展的方向。

案例问题:你认为经济学的数学化应该是经济学发展的方向吗?为什么?

3. 案例内容:

马克思指出:“政治经济学所研究的材料的特殊性,把人们心中最激烈、最卑鄙、最恶劣的感情,把代表私人利益的复仇的女神召唤到战场上来,反对自由的科学研究。”②所以,不可能有统一的、适合一切阶级利益的政治经济学。不同的阶级有不同的政治经济学。马克思把政治经济学区分为资产阶级政治经济学、小资产阶级政治经济学和无产阶级政治经济学。实际上,有些西方学者在某种程度上也承认这一点。西方学者并不都讳言自己的阶级立场。最有影响的西方经济学家凯恩斯在《劝说集》中就曾直言:“如果当真要追求阶级利益,那我就得追求属于我自己那个阶级的利益……在阶级斗争中会发现,我是站在有教养的资产阶级一边的。”凯恩斯终身拥护资本主义制度,并且相信只要有“正确的”经济理论和经济政策,资本主义的各种弊端都可以得到改善。1987 年诺贝尔经济学奖获得者索洛也曾说过:“社会科学家和其他人一样,也具有阶级利益、意识形态的倾向以及一切种类的价值判断。但是,所有的社会科学的研究,与材料力学或化学分子式结构的研究不同,都与上述的(阶级)利益、意识形态和价值判断有关。不论社会科学家的意愿如何,不论他是否察觉到这一切,甚至他力图避免它们,他对研究主体的选择,他提出的问题,他没有提出的问题,他的分析框架,他所使用的语言,很可能在某种程度上反映了他的(阶级)利益、意识形态和价值判断。”③

案例问题:你认为上述观点是否正确?为什么?

---

① 参见吴易风著:《当前经济理论界的意见分歧》,中国经济出版社 2000 年版,第 6 页。

② 《马克思恩格斯全集》第 23 卷,第 12 页。

③ 参见吴易风著:《当前经济理论界的意见分歧》,中国经济出版社 2000 年版,第 6 页。

## 七、问答题

1. 经济规律的客观性与人们认识和利用经济规律之间的关系是什么？
2. 生产力与生产关系之间是什么关系？
3. 与自然规律相比，经济规律有哪些特点？
4. 社会主义公有制企业生产目的的特点是什么？
5. 什么是按比例分配社会劳动的规律？其内在要求是什么？

## 八、论述题

1. 试述马克思主义政治经济学研究对象的特点。
2. 试述中国特色社会主义政治经济学必须坚持科技领先型的持续原则。
3. 试述中国特色社会主义政治经济学必须坚持自力主导型的开放原则。
4. 试述马克思主义政治经济学是实践性、阶级性与人文性的统一。

# 第一章

# 商　品

**一、概念题**

1. 商品　2. 交换价值　3. 价值　4. 抽象劳动　5. 商品经济　6. 复杂劳动　7. 社会必要劳动时间　8. 劳动生产率

**二、判断题**

1. 商品必须是劳动产品，所以劳动产品也就是商品。（　　）
2. 商品能够按一定比例交换，是因为它们都具有使用价值。（　　）
3. 具体劳动和抽象劳动是同一劳动过程的两个方面。（　　）
4. 价值不是劳动产品所固有的自然属性，而是商品特有的社会属性，是一个历史范畴。（　　）
5. 商品的二因素决定于生产商品的劳动二重性。（　　）
6. 私人劳动和社会劳动的矛盾在社会主义商品经济中表现为个别劳动和社会劳动的矛盾。（　　）
7. 劳动是价值的唯一源泉，因而商品的价值量是由商品生产者自己所耗费的劳动量决定的。（　　）
8. 商品拜物教来源于生产商品所特有的间接劳动性质，因此在社会主义经济中仍然会存在商品拜物教或货币拜物教。（　　）
9. 劳动生产率越高，商品价值量越大。（　　）
10. 随着科学技术的发展和劳动生产率的提高，单位商品价值量将日益减少。但从长期来看，考虑劳动复杂程度的提高，则社会总价值将会不断增加。（　　）

**三、单项选择题**

1. 构成一切社会财富的物质内容是（　　）。

A. 商品的使用价值　　B. 商品的价值
C. 商品的交换价值　　D. 商品的社会属性

2. 作为商品交换价值的物质承担者的是(　　)。
A. 商品的价值　　B. 商品的使用价值
C. 具体劳动　　D. 抽象劳动

3. 商品的价值是(　　)。
A. 能够满足人们某种需要的属性　　B. 两种不同商品相交换的量的比例
C. 凝结在商品中的无差别的一般劳动　　D. 各种商品相互交换的数量关系

4. 理解马克思主义政治经济学的枢纽是(　　)。
A. 生产商品的劳动具有二重性的理论　　B. 商品是使用价值和价值统一的理论
C. 私人劳动和社会劳动相矛盾的理论　　D. 复杂劳动是几倍于简单劳动的理论

5. 具体劳动和抽象劳动的关系说明(　　)。
A. 它们是生产商品的同一劳动过程的两个方面
B. 它们是生产商品的不同劳动过程的两个方面
C. 它们是生产商品的独立存在的两种劳动
D. 它们是生产商品的独立存在的两次劳动

6. 商品的两因素与生产商品的劳动二重性的关系是(　　)。
A. 具体劳动生产使用价值,抽象劳动形成价值
B. 具体劳动形成价值,抽象劳动生产使用价值
C. 先是具体劳动生产使用价值,后是抽象劳动形成价值
D. 先是抽象劳动形成价值,后是具体劳动生产使用价值

7. 社会主义商品经济条件下私人劳动和社会劳动的矛盾转化为(　　)。
A. 使用价值和价值的矛盾
B. 具体劳动和抽象劳动的矛盾
C. 个别劳动和社会劳动的矛盾
D. 个别劳动时间和社会必要劳动时间的矛盾

8. 简单劳动和复杂劳动在同样的劳动时间内(　　)。
A. 简单劳动创造的价值倍于复杂劳动　　B. 复杂劳动创造的价值倍于简单劳动
C. 简单劳动和复杂劳动创造的价值相同　　D. 简单劳动比复杂劳动创造的价值更多

9. 商品拜物教产生的经济基础是(　　)。
A. 商品的使用价值　　B. 商品的价值
C. 商品经济　　D. 自然经济

10. 创造商品价值的抽象劳动的衡量单位是(　　)。
A. 简单劳动　　B. 复杂劳动　　C. 具体劳动　　D. 社会劳动

## 四、多项选择题

1. 一切商品中都包含价值与使用价值两个因素,这是因为(　　)。
A. 凡是没有使用价值的物品,就不会有价值
B. 有使用价值的物品,就必然有价值

C. 没有价值的物品，虽然有使用价值也不是商品
D. 使用价值是商品价值的物质承担者
E. 商品价值是使用价值的表现形式

2. 价值和交换价值的关系是(　　)。
A. 交换价值是价值的基础　　B. 交换价值是价值的内容
C. 交换价值是价值的表现形式　　D. 价值是交换价值的表现形式
E. 价值是交换价值的内容

3. 在简单商品经济中，由其基本矛盾决定的其他矛盾有(　　)。
A. 使用价值与价值的矛盾　　B. 具体劳动与抽象劳动的矛盾
C. 个别价值与社会价值的矛盾　　D. 必要劳动与剩余劳动的矛盾
E. 个别劳动时间与社会必要劳动时间的矛盾

4. 决定劳动生产力高低的主要因素是(　　)。
A. 劳动者的技能的熟练程度　　B. 科技水平和它在工艺上的应用程度
C. 经营管理水平　　D. 生产资料的规模和效能
E. 生产的自然条件

5. 对商品价值量的科学分析可以看出(　　)。
A. 价值量不是由个别劳动时间决定的
B. 价值量是由社会必要劳动时间决定的
C. 复杂劳动只有还原为加倍的简单劳动，才能进行价值量的比较
D. 商品使用价值量与生产该商品的劳动生产力成正比
E. 商品价值量与生产该商品的劳动生产力成反比

## 五、辨析题

1. 价值是商品的社会属性，体现着商品生产者相互交换劳动的社会关系。
2. 商品是劳动产品，所以劳动产品也必然是商品。
3. 商品拜物教是商品经济条件下社会生产关系借以表现的特定形式。
4. 不同商品按一定的比例相交换，是因为它们都具有使用价值。
5. 商品的价值量与体现在商品中的劳动量成正比，与这一劳动的生产力成反比。

## 六、案例分析题

1. 案例内容：

对信息社会颇有研究的奈斯比特在《大趋势》中写道：在信息社会里，价值的增长不是通过劳动，而是通过知识实现的。“劳动价值论”诞生于工业经济的初期，必将被新的“知识价值论”所取代。

案例问题：请用政治经济学原理分析上述观点是否正确，并说明理由。

2. 案例内容：

近年来，随着数字智能技术在现代企业中的广泛应用，出现了几乎“无人”的车间、工厂、企业等，这些车间、工厂、企业通常被人们形象地称为“无人工厂”。“无人工厂”的出现，使马克思主义劳动价值理论面临新的挑战，社会各界围绕“自动化智能机器是否创造价值”“知识

与信息是否创造价值”“要素是否创造价值”等问题展开了激烈的争论，部分学者甚至提出了“智能机器也能创造价值”的观点。

案例问题：请用政治经济学原理评析“智能机器也能创造价值”的观点。

3. 案例内容：

马克思的《资本论》坚持客观价值论，认为商品价值是凝结在商品中的一般的、无差别的人类劳动，由供给方的社会必要劳动时间决定。西方经济学是主观价值论，认为钻石的价值高于大米是因为它的效用更大，商品价值是由需求方的边际效用所决定。

案例问题：你认为上述哪一种观点是正确的？请用政治经济学原理分析并说明理由。

4. 案例内容：

“在经济领域，非法活动有两类：一类是有害的活动，如制造毒品，自然什么价值也不创造；另一类是有用的和有效的活动，如擅自冒用别人的商标生产毛巾，且收益很大，这本身是创造价值的生产性劳动，但属于非法活动或非法劳动，应该进行法律制裁。”

案例问题：你认为上述说法是否正确？请用政治经济学原理分析并说明理由。

5. 案例内容：

自移动互联网兴起以来，移动通信网络在全球的覆盖范围迅猛扩大，手机俨然成为人们日常生活中必不可少的设备。2009 年以前智能手机尚未普及时，大家所使用的传统手机价格昂贵。比如，一部普通的诺基亚手机当时能卖到两三千元，花掉一个人一两个月的工资。十几年过去了，现在比较好的智能手机也只不过是两三千元，那些传统手机只需三四百元即可买到。与此同时，部分高性能智能手机出现了价格年年上涨的“涨价潮”现象。例如，苹果公司 2022 年 9 月以与 2021 年相同的价格发布了新款 iPhone14 系列，三星公司 2022 年的高端手机售价高达 1 800 美元。

案例问题：请用政治经济学原理分析上述传统手机价格下降和部分智能手机价格上升背后的原因。

## 七、问答题

1. 为什么说商品是使用价值和价值的矛盾统一体？
2. 商品经济的含义、产生条件和特点是什么？

## 八、论述题

1. 试述马克思关于劳动价值学说的主要内容及意义。
2. 试分析私人劳动和社会劳动的矛盾是商品生产的基本矛盾。
3. 随着社会劳动生产力的提高，商品价值量的变化将呈现怎样的态势？

# 第二章

# 货　币

## 一、概念题

1. 货币　2. 价值尺度　3. 价格　4. 商品流通　5. 世界货币　6. 货币流通规律　7. 纸币　8. 通货膨胀　9. 通货紧缩　10. 价值规律

## 二、判断题

1. 商品的价值形式就是价值的表现形式，也就是交换价值。（　）
2. 一个商品的等价形式就是它能与另一个商品直接交换的形式。（　）
3. 一般价值形式使商品的价值第一次表现为无差别的一般人类劳动。（　）
4. 金银天然是货币，货币天然不是金银。（　）
5. 商品的价格与商品的价值成正比，与货币的价值成反比。（　）
6. 商业信用是货币支付手段职能产生的前提条件。（　）
7. 纸币发行量的增加，不一定会引起通货膨胀。（　）
8. 只要商品物价水平出现持续负增长，就是经济学意义上的通货紧缩。（　）
9. 价格围绕价值上下波动是价值规律的基本内容。（　）
10. 价值是由当时社会平均生产条件下生产市场上这种商品的社会必需总量所必要的劳动时间决定的。（　）

## 三、单项选择题

1. 在“1 只绵羊＝2 把斧子”的简单价值形式中，绵羊（　）。
A. 处于相对价值形式　B. 处于等价形式
C. 充当斧子的表现材料　D. 表现绵羊自身的价值

2. 货币的本质是（　）。
A. 能够充当商品的价值尺度　B. 能够充当商品交换的媒介

C. 能够执行支付手段用于清偿债务　D. 固定充当一般等价物的特殊商品

3. 货币不同于一般商品的特点是(　　)。

A. 货币仅仅具有价值而没有使用价值　B. 货币不仅具有价值而且有使用价值

C. 货币价值是由社会必要劳动时间决定　D. 货币能够代表任何一种商品的价值

4. "商品价值的货币表现"指的是(　　)。

A. 商品的价值尺度　B. 商品的价格标准

C. 商品的价格　D. 商品的形式

5. 商品流通与货币流通的联系表现在(　　)。

A. 商品流通是以货币流通为基础并是货币流通的表现

B. 货币流通是以商品流通为基础并是商品流通的表现

C. 商品流通和货币流通都是在生产领域中进行的

D. 商品流通和货币流通都是在消费领域中进行的

6. 商品的价格与商品的价值的关系表现在(　　)。

A. 商品的价格与商品的价值成反比

B. 商品的价格是商品的价值的货币表现

C. 商品的价格与商品的价值在量上总是一致的

D. 商品的价格与商品的价值在质上总是一致的

7. 货币支付手段职能产生的前提条件是(　　)。

A. 商品生产　B. 商品交换　C. 商业信用　D. 商品消费

8. 纸币的发行量超过了商品流通所需金属货币量会引起(　　)。

A. 货币贬值和物价上涨　B. 货币升值和物价上涨

C. 货币贬值和物价下降　D. 货币升值和物价下降

9. 价值规律的基本内容应该是(　　)。

A. 价值规律是商品经济中的客观经济规律

B. 价值规律是决定其他规律的经济规律

C. 价值规律是价值如何决定和实现的规律

D. 价值规律是经济中起基础性作用的规律

10. 价值规律的作用表现形式是(　　)。

A. 商品的价格和价值在量上完全一致　B. 商品的价格和价值在质上完全一致

C. 商品的价格总是围绕价值上下波动　D. 商品的价值总是围绕价格上下波动

## 四、多项选择题

1. 在简单的价值形式中，等价形式所具有的特征是(　　)。

A. 使用价值成为价值的表现形式

B. 具体劳动成为抽象劳动的表现形式

C. 私人劳动成为直接社会形式的劳动

D. 相对价值形式成为等价形式的表现形式

E. 价值只有通过交换才能表现出来

2. 从对价值形式发展的分析中可以看出(　　)。

A. 在简单价值形式中已经孕育着货币胚芽
B. 货币是商品生产和交换发展到一定阶段的产物
C. 货币的本质是一般等价物
D. 货币本身是商品具有使用价值和价值
E. 金银天然是货币,但货币天然不是金银

3. 以信用作为保证并通过信用程序发行的信用货币,其(　　)。
A. 本身的价值低于它所代表的货币价值　B. 发行主要不是以黄金作为准备的
C. 基本保证是国家和银行的信誉　D. 主要形式是银行券和银行信用卡
E. 是金属货币制度崩溃的产物

4. 直接影响商品价格变动的因素有(　　)。
A. 商品的价值　B. 商品的供求关系
C. 纸币发行量　D. 个别劳动与社会劳动矛盾
E. 生产商品的个别劳动时间

5. 在金属货币流通的条件下,货币作为贮藏手段(　　)。
A. 是把货币作为财富代表退出流通进行贮藏
B. 只能是具有价值的金银商品
C. 可以是纸币或观念上的货币
D. 会使流通中的货币减少使商品销售困难
E. 会自发地调节流通中所必需的货币量

6. 一定时期流通中所需要的货币量取决于(　　)。
A. 流通中的商品量　B. 商品的价格水平
C. 商品网点的多少　D. 货币本身的流通速度
E. 商品的流通速度

7. 纸币流通规律表明(　　)。
A. 增加纸币的发行量一定会引起通货膨胀
B. 增加纸币的发行量不一定会引起通货膨胀
C. 流通的单位纸币所代表的价值决定于纸币发行量
D. 商品价格水平会随纸币数量的增减而涨跌
E. 纸币发行量超过商品流通所需金属货币量会引起货币贬值

8. 以下的商品价格下降不构成通货紧缩的是(　　)。
A. 一般物价水平 2～4 个月的持续下降
B. 一般物价水平 6～12 个月的持续下降
C. 某类商品和劳务价格 6～12 个月的持续下降
D. 因生产效率和竞争成本优势使产品价格趋于下降
E. 企业通过增加产品数量并提高产品质量使相对价格下降

9. 对价值规律正确的理解应该是(　　)。
A. 价值规律是商品经济的基本规律
B. 价值规律是价值如何决定的规律
C. 价值规律是价值如何实现的规律

D. 价值围绕价格上下波动是价值规律的表现形式

E. 价格围绕价值上下波动是价值规律的表现形式

10. 价值规律的一般作用表现为(　　)。

A. 价值规律自发调节社会劳动在各部门的分配

B. 价值规律刺激商品生产者主动改进生产技术

C. 价值规律刺激商品生产者主动改善经营管理

D. 价值规律调节商品生产经营者之间的利益分配

E. 价值规律是以价格围绕价值上下波动实现的

## 五、辨析题

1. 货币是固定地充当一切商品的一般等价物的特殊商品。

2. 货币的出现使商品内部使用价值和价值的对立统一,发展为商品和货币的对立统一关系。

3. 货币作为流通手段已包含了买卖脱节发生危机的可能性。

4. 信用买卖的发展和货币作为支付手段,既促进了商品的生产和流通,又进一步扩大了商品的经济矛盾。

5. 流通中所需要的货币量同商品价格总额成反比,与单位货币的流通速度成正比。

6. 增加货币的发行量,就一定会引起通货膨胀。

7. 价格围绕价值上下波动是价值规律的基本内容。

8. 价格偏离价值是常态,但价值始终是价格的基础。

9. 价格与价值相背离,正是价值规律作用的表现。

10. 通货紧缩可以使消费者以更低廉的价格获得所需要的商品,因此通货紧缩不会像通货膨胀那样对经济运行产生很大的破坏力。

## 六、案例分析题

1. 案例内容:

要在当今世界流通货币中找面值最大的钞票,非津巴布韦元莫属。自 2006 年开始,津巴布韦币便迅速贬值,货币的购买力持续下跌,引发了全国性的市场经济崩溃。津巴布韦政府为了维持民生向国际货币组织借了不小的债务。为了偿还这些债务,2006 年起津巴布韦政府印发了大量的津巴布韦币,以偿还债务和支付公务人员的工资。但疯狂地印钱并不代表真的有钱,这些货币最终流向市场,导致津巴布韦严重的通货膨胀。2008 年津巴布韦通货膨胀率达 79 000 000 000%,这是津巴布韦有史以来第二严重的通货膨胀。2009 年津巴布韦甚至发行了 100 万元面值的货币,通货膨胀率高达 89 700 000 000 000 000 000 000%。

直到 2016 年,津巴布韦发行了与美元等值的债券,以在市场流通美元、暂时放弃本国货币为主要措施,最终稳定了国内经济。但自 2018 年末开始,津巴布韦债券又进一步贬值,国内物价又开始上涨,截至 2022 年上半年津巴布韦的通货膨胀超过了 250%。

案例问题:请用政治经济学原理分析津巴布韦通货膨胀背后的原因。

2. 案例内容:

2023 年 5 月,“榴莲贵”频频冲上热搜。“五一”期间百元就可买一个榴莲,短短几周时间身价倍增,动辄三四百元一个的榴莲让很多人“望莲兴叹”。

《中国证券报》记者实地调研发现，近期榴莲价格上涨，一方面与消费者对榴莲的需求量倍增有关。“前段时间网上都在说榴莲价格下降，变成了普通人也能消费得起的水果，引发很多潜在消费者购买，在货源有限的情况下榴莲价格出现了上涨。店里其他水果都有满减或者折扣促销，唯独榴莲没有。金枕榴莲目前价格是 39.8 元/斤，没有任何优惠活动。”北京一家百果园的销售人员告诉《中国证券报》记者。另一方面，由于榴莲的特殊性，其供给量也存在限制。“天气逐渐变热，大量囤榴莲容易烂掉。目前就是一些大型商超会大规模采购，一般的小型水果店不敢囤太多。采购量小，价格卖得自然高。”新发地分店一位销售人员告诉《中国证券报》记者。此外，频繁举办的“榴莲嘉年华”、以榴莲为 IP 的各种营销活动等也吸引了大量消费者。

案例问题：榴莲价格的上述变化是否违背了价值规律？请用政治经济学原理进行分析。

## 七、问答题

1. 货币的价格标准和价值尺度之间存在怎样的关系？
2. 流通中所需要的货币量的决定因素及其变动与货币需要量变动的关系是什么？
3. 纸币流通规律及其基础是什么？
4. 价值规律在社会主义市场经济中的作用有何特点？

## 八、论述题

1. 试述价值规律的内容、表现形式及其作用。
2. 试述通货紧缩、产生通货紧缩的原因和通货紧缩对经济发展的危害。
3. 试述通货膨胀及其后果。

## 九、计算题

1. 去年，在供求一致的条件下，某种商品的单位价格为 1 元。今年，生产该种商品的社会劳动生产率提高了 25%，货币币值未变，但供求关系发生了变化，社会生产这种商品为 1 000 万件，而社会需求为 1 500 万件。

试计算：

(1)该商品单位价格应为多少？

(2)单位商品价值与价格偏离是多少？

(3)请写出商品价值量与劳动生产率的关系。

(4)通过上述的计算，说明了价值规律的哪些基本原理？

2. 年内商品价格总额为 14 000 亿元，赊销商品的价格总额为 3 500 亿元，到期支付商品价格总额为 4 000 亿元，互相抵消支付商品价格总额为 2 500 亿元。根据经验统计测定单位货币每元年平均流通次数为 8 次，当年发行纸币 2 000 亿元。

试计算：

(1)年商品流通所需要的货币量是多少？

(2)纸币每元贬值了多少？纸币贬值后每元值多少？

(3)请写出货币流通规律的基本公式。

(4)通过上述的计算，说明纸币流通规律与货币流通规律有什么关系。

# 第三章

# 资本和剩余价值

## 一、概念题

1. 资本　2. 资本的总公式　3. 价值增值过程　4. 剩余价值　5. 生产劳动和非生产劳动　6. 不变资本和可变资本　7. 剩余价值率　8. 必要劳动和剩余劳动　9. 超额剩余价值　10. 绝对价值生产和相对剩余价值生产　11. 剩余价值规律　12. 简单协作　13. 机器协作　14. 业主制　15. 合伙制　16. 股份合作制　17. 公司制　18. 工资　19. 奖金　20. 津贴　21. 计时工资和计件工资　22. 名义工资和实际工资

## 二、判断题

1. 劳动力成为商品是货币转化为资本的前提条件。（　）
2. 资本最初总是表现为一定数量的货币，因此货币都是资本。（　）
3. 资本总公式的矛盾是等价交换与价值形成的矛盾。（　）
4. 剩余价值既不能在流通中产生，又不能离开流通而产生。（　）
5. 劳动力商品的使用价值是剩余价值的唯一源泉。（　）
6. 在初级社会主义公有制经济中，劳动力不具有商品属性。（　）
7. 价值增值在资本主义社会和社会主义社会都表现为剩余价值的生产过程。（　）
8. 在市场经济条件下，任何劳动都是生产性劳动。（　）
9. 生产劳动就是物质生产领域中的劳动。（　）
10. 增值是资本的基本职能，因此，公有制条件下的公有资本也要增值带来剩余价值。（　）
11. 货币转化为资本的数量界限就是保证投资者基本脱离生产劳动。（　）
12. 个别资本家只要提高企业劳动生产率，便可以获得相对剩余价值。（　）
13. 相对剩余价值的生产是整个社会提高劳动生产率的结果。（　）
14. 通过提高劳动生产率来使商品便宜，并通过商品便宜来使工人本身便宜，是资本的

内在冲动和经常的趋势。 ( )

15. 绝对剩余价值的生产构成资本主义和社会主义的一般基础,并且是相对剩余价值生产的起点。 ( )

16. 剩余价值规律不是资本主义特有的规律,而是市场经济发展的一般规律,在社会主义社会同样存在并发生作用。 ( )

17. 股份公司是一种资产组织形式,本身并不表明所有制的性质。 ( )

18. 企业管理既具有合理组织生产力的自然属性,又具有实现资本所有权的社会属性。 ( )

19. 工资的实质是劳动力的价值或价格,但表现为劳动的价值或价格。 ( )

20. 计件工资是计时工资的基础,计时工资是计件工资的转化形式。 ( )

## 三、单项选择题

1. 作为资本的货币,其流通公式是( )。

A. $W—G—W$  B. $W—G—W'$

C. $G—W—G$  D. $G—W—G'$

2. 资本流通的目的是( )。

A. 满足消费的需要  B. 为了使价值增值

C. 为了创造剩余价值  D. 为了追求使用价值

3. 资本总公式的矛盾是( )。

A. 等价交换与价值形成的矛盾  B. 等价交换与价值增值的矛盾

C. 商品使用价值与价值的矛盾  D. 不变资本与可变资本的矛盾

4. 货币转化为资本的关键是( )。

A. 劳动力成为商品  B. 掌握足够的货币

C. 生产资料成为商品  D. 扩大商品交换市场

5. 劳动力成为商品的社会条件是( )。

A. 劳动者有完全的人身自由和没有生产与消费资料

B. 劳动者有完全的人身自由和具有生产与消费资料

C. 劳动者有人身自由和消费资料但是没有生产资料

D. 劳动者没有人身自由和没有生产与消费资料

6. 现代市场经济的生产过程是( )。

A. 劳动过程与价值形成过程的统一

B. 劳动过程与价值增值过程的统一

C. 价值形成过程与价值增值过程的统一

D. 使用价值创造过程与价值形成过程的统一

7. 在价值增值过程中,不变资本与可变资本的区别在于( )。

A. 前者不转移价值而后者转移价值

B. 前者转移价值慢而后者转移价值快

C. 前者价值增值少而后者价值增值多

D. 前者不发生价值增值而后者发生价值增值

8. 大规模资本联合协作生产的企业制度是(　　)。
A. 业主制　　B. 合伙制　　C. 公司制　　D. 股份合作制
9. 从对计时工资与计件工资关系的分析中可以看出(　　)。
A. 计件工资是基本的工资形式
B. 计时工资只是变相的计件工资
C. 计件工资只是变相的计时工资
D. 计时工资是按照劳动时间支付工资的形式
10. 从对名义工资与实际工资关系的分析中可以看出(　　)。
A. 名义工资与实际工资始终是一致的
B. 实际工资与名义工资之间存在差异
C. 名义工资增加,实际工资一定同比增加
D. 名义工资呈上升趋势而实际工资则呈下降趋势

## 四、多项选择题

1. 从对货币转化为资本的分析中可以看出,(　　)。
A. 任何数量的货币都能转化为资本
B. 剩余价值是在流通中产生的
C. 货币要转化为资本,必须能带来剩余价值
D. 剩余价值是在生产中产生的
E. 剩余价值不能从流通中产生,但也不能离开流通
2. 从对$G-W-G'$资本总公式的分析中可以发现,(　　)。
A. 资本是以追求剩余价值为目的的
B. 资本是带来剩余价值的价值
C. 剩余价值是在流通中产生的
D. 剩余价值不是在流通中产生的,但不能离开流通
E. 在流通中购买特殊商品劳动力是货币转化为资本的条件
3. 资本流通公式与商品流通公式的区别在于,(　　)。
A. 前者以货币为媒介,后者以商品为媒介
B. 前者以商品为媒介,后者以货币为媒介
C. 前者的目的在于获取使用价值,后者的目的在于获取更多的货币
D. 前者的目的在于获取更多的货币,后者的目的在于获取使用价值
E. 前者是先卖后买,后者是先买后卖
4. 劳动力商品使用价值的特点在于(　　)。
A. 劳动力的实际使用能创造价值和使用价值
B. 劳动力的使用价值就是剩余价值的源泉
C. 劳动力的实际使用能创造出比它自身价值更大的价值
D. 对劳动力的使用过程即劳动过程
E. 劳动力有人身自由但没有生产资料
5. 在市场经济条件下,劳动力价值(　　)。

A. 是由生产和再生产劳动力商品的社会必要劳动时间决定的
B. 不能低于所需要的生活资料的价值量
C. 具有历史和道德的因素
D. 表现为维持劳动力自身和家属生存必需的生活资料及教育费用
E. 所包含的物质内容的范围、数量和质量在日益扩大提高

6. 资本主义劳动过程的特点是(　　)。
A. 工人在资本家监督下为资本家劳动
B. 劳动过程和私人剩余价值生产过程的统一
C. 劳动产品全部归资本家支配
D. 工人和资本家共同进行管理
E. 资本主义制度下的劳动是强制性的

7. 社会主义生产过程是(　　)。
A. 劳动过程和公有剩余价值生产过程的统一
B. 劳动过程和价值形成过程的统一
C. 劳动过程和价值增值过程的统一
D. 劳动过程和私人剩余价值生产过程的统一
E. 表现为公有剩余价值的生产过程

8. 从资本主义生产过程的观点出发,生产劳动是指(　　)。
A. 劳动者为创造物质财富而付出的劳动
B. 一切加入商品生产的劳动
C. 为资本家生产或带来剩余价值的劳动
D. 直接增值资本的劳动或直接生产剩余价值的劳动
E. 人们的一切活动包括资产阶级的剥削活动

9. 剩余价值(　　)。
A. 是工人创造的超过劳动力价值的价值
B. 是工人在剩余劳动时间里创造的价值
C. 在资本主义生产关系下是被资本家无偿占有的那部分价值
D. 在社会主义生产关系下是公有资本和公共财产的源泉
E. 体现了投资者与工人的某种经济关系

10. 生产全面自动化的出现没有改变不变资本和可变资本原理的原因是(　　)。
A. 自动化机器代替不了人的劳动
B. 自动化机器能够代替人的劳动
C. 自动化机器仍然属于不变资本
D. 率先使用自动化机器的企业获得的是超额剩余价值
E. 制造和使用自动化机器的工人的劳动是复杂劳动

11. 资本是(　　)。
A. 带来剩余价值的价值
B. 一个历史的范畴
C. 厂房、机器等生产资料
D. 表现为购买生产资料的货币
E. 支付雇佣工人工资的货币

12. 资本的本质特征和属性是(　　)。

A. 带来剩余价值的价值
B. 创造剩余价值的价值
C. 不是物,是一种社会生产关系
D. 垫支性、增值性和运动性
E. 资本的生命力在于运动

13. 资本家增加剩余价值总量的办法有(　　)。

A. 延长剩余劳动时间
B. 增加雇佣劳动者数量
C. 压低雇佣工人工资
D. 加强雇佣工人劳动强度
E. 加强经营管理,提高劳动生产率

14. 相对剩余价值是(　　)。

A. 在必要劳动时间不变的前提下,通过延长工作日实现的
B. 在工作日不变的前提下,通过缩短必要劳动时间实现的
C. 个别企业追求超额剩余价值的结果
D. 社会劳动生产率提高的结果
E. 劳动力价值提高的结果

15. 绝对剩余价值生产和相对剩余价值生产之间的联系和区别是(　　)。

A. 相对剩余价值生产是绝对剩余价值生产的起点
B. 绝对剩余价值生产是相对剩余价值生产的起点
C. 绝对剩余价值生产和相对剩余价值生产是构成社会生产的一般基础
D. 绝对剩余价值是以生产技术变革为条件的
E. 相对剩余价值是以生产技术变革为条件的

16. 超额剩余价值是(　　)。

A. 个别企业首先提高劳动生产率的结果
B. 商品的个别价值低于社会价值的差额
C. 本企业工人剩余劳动创造的
D. 相对剩余价值的特殊表现形式
E. 由先进的机器设备创造的一种暂时的现象

17. 相对剩余价值生产是(　　)。

A. 单个资本家提高剥削程度的结果
B. 一个行业提高劳动生产率的结果
C. 单个企业提高劳动生产率的结果
D. 整个社会提高劳动生产率的结果
E. 个别企业追逐超额剩余价值的结果

18. 剩余价值规律是市场经济一般规律的原因是(　　)。

A. 剩余价值规律决定着社会资本运行的各个环节
B. 剩余价值规律决定着资本主义和社会主义矛盾发展全过程
C. 剩余价值规律表明资本主义社会和社会主义社会生产的实质
D. 剩余价值理论是马克思主义经济理论的基石
E. 剩余价值理论是理解全部资本主义经济关系的一把钥匙

19. 工资(　　)。

A. 一般本质是劳动力的价值或价格
B. 表现为劳动的价值或价格
C. 是劳动力价值或价格的转化形式
D. 是市场型按劳分配的结果和实现形式

E. 主要形式是计时工资和计件工资

20. 企业管理生产过程的两重性是指(　　)。

A. 制造产品的社会劳动过程　　B. 资本的价值增值过程

C. 具有合理组织生产力的自然属性　　D. 具有实现资本所有权的社会属性

E. 研究企业内生产力的合理组织问题

## 五、辨析题

1. 货币是资本的最初表现形式,因此,货币本身就是资本。

2. 剩余价值不能在流通中产生,又不能不在流通中产生。

3. 劳动力商品的使用价值是剩余价值的源泉。

4. 生产劳动就是在物质生产领域中的劳动。

5. 在人与自然的物质转换过程中,人们所投入的一切劳动即是总体劳动。

6. 在剩余价值生产过程中不变资本是价值增值的必要条件,因此不变资本也是剩余价值的源泉。

## 六、案例分析题

1. 案例内容:

随着社会主义市场经济的发展,我国一些居民由于手中积累了大量的货币财富,因此成为“资本家”。从其货币财富的来源看,大致可分为三种情况:一是一些人通过自身劳动能力与智力的超常发挥,在合乎社会主义市场经济规范的条件下,取得了大量的超过他人的收入量,这些收入资本化后就使其变成了资本家。二是一些人通过占有优越的自然条件或社会条件,垄断性地取得大量的超过他人的收入,而成为资本家。三是一些人通过社会不允许的欺诈、阴谋盘算、巧取豪夺等不道德、不仁义的手段,占有或是剥夺了他人的财产而成为巨富的资本家。

案例问题:

(1)什么是资本?资本有哪些特征与属性?

(2)货币转化为资本的界限是什么?

(3)请用政治经济学的基本原理分析上述现象合理与否。

(4)在我国社会主义市场经济中,民营资本家的经营活动是否存在剥削?

2. 案例内容:

近年来,畸形加班现象在部分行业愈演愈烈,一些人宣扬的“奋斗观”严重走偏变味。有的单位把员工超长时间工作、得不到适当休息视为“硬核奋斗”;有的企业强制推行“996”“大小周”等工作模式,名曰“自愿”,实为员工无奈选择;有的企业实行过于严苛的考核制度,迫使员工在巨大压力下日夜加班……凡此种种,让不少人“睁眼就工作,闭眼就睡觉”,超时工作、熬夜加班成了生活常态。

2021 年猎聘发布的《当代年轻职场人现状洞察报告》显示,有超过 76.71%的“90 后”职场人经常加班,其中 9 成人加班时长在“1～3 小时”。2020 年 7 月,“北京一互联网公司被曝工位旁支帐篷,白板上还写着‘不畏加班、不念下班’”,一举冲上热搜。不仅如此,有的公司甚至号召“超级大小周”,大周上 7 天班,小周上 6 天班,一个月只休息 2 天。吃饭休息时间也从 2 个小时缩短到 1 个小时。

案例问题：请用政治经济学原理分析以上“加班”现象的实质及其出现的原因。

3. 案例内容：

随着电子商务和物流行业的崛起，自动化器械的引入和升级已成为该领域的重要事实。资方斥巨资打造自动化体系，试图用技术抢占商业市场。管理者对外宣称：机械化转型是一件多方共赢的事情——工人可以更快配送，工作从而更轻松；消费者也可以更快收到包裹。可是，真的是这样吗？

2020 年 9 月 29 日，美国深度调查媒体《揭露真相》发布了一篇关于亚马逊货舱工人工伤情况的深度报道《亚马逊如何隐藏其安全危机》(*How Amazon hid its safety crisis*)。该报道曝光了一份亚马逊公司内部工伤记录，涵盖 2016—2019 年全美 150 个亚马逊仓库的每周工伤数据。依据该媒体整理的对照表格，亚马逊多个货仓近四年工伤比率攀升。例如，位于 Dupont 的大件货仓 2016 年工伤率为 17.3%，2019 年提升为 25%；该仓严重工伤的情况直接翻倍，从 2016 年的 11.7%增长到 2019 年的 22.4%。另外，使用自动化器械的货仓工伤率明显高于一般货仓。工伤率超过 15%的货仓大多为自动化器械货仓。报道指出，近年来亚马逊工伤连续飙升与货舱引入自动化机械有关。机器在工作场所中的运用，并没有像人们想象得那样解放工人，反而加强了工作强度，制造了更严重的剥削和更严重的工伤。

案例问题：请用政治经济学原理对以上现象的本质和原因进行分析。

## 七、问答题

1. 为什么说剩余价值的产生既在流通中又不在流通中？
2. 为什么说劳动力成为商品是货币转化为资本的前提？
3. 生产性劳动与非生产性劳动有何区别？
4. 资本的本质是什么？区分不变资本和可变资本有何意义？
5. 相对剩余价值与超额剩余价值有什么区别和联系？
6. 绝对剩余价值与相对剩余价值的关系是怎样的？
7. 资本主义和社会主义生产一般的直接目的有何不同？
8. 为什么说工资的本质是劳动力的价值或价格，而不是劳动的价值或价格？
9. 工资的本质及其在社会主义制度以及资本主义制度下的性质与形式有何不同？

## 八、论述题

1. 试述资本主义和初级社会主义的生产过程是劳动过程与价值增值过程的统一。
2. 试述初级社会主义公有制经济中劳动力的商品性。
3. 试述资本的一般性与特殊性。
4. 试述公司制及其类型与特征。
5. 试述名义工资与实际工资的关系及其趋势。
6. “凡是直接生产物质商品和文化商品或精神商品，以及直接为劳动力商品的生产和再生产服务的劳动，其中包括自然人和法人实体的内部管理劳动和科技劳动，都属于创造价值的劳动或生产劳动。”请用政治经济学原理分析上述观点的正确与否，并说明理由。

## 九、计算题

1. 吉林省辽源煤矿在日伪时期“万人坑”里，发现死难矿工牛世清尸骨上有一张欠债工票，上面记载1942年11月牛世清挖煤30天，月工资32.34元。据资料记载，当时工人每日产煤1.88吨，每吨煤市价22.65元，每吨煤生产费用(包括支付工资在内)14.90元。

试计算：

(1)资本家一个月在牛世清身上榨取多少剩余价值？

(2)剩余价值率是多少？

(3)请写出剩余价值的概念和决定剩余价值量的因素及公式。

2. 某资本家纺织厂原来属于中等生产条件，按社会劳动生产率月生产棉纱10 000千克。投资在机器设备等劳动资料上的价值60 000元，平均使用年限5年；每月消耗原材料等劳动对象价值16 000元；雇佣工人50人，每月平均工资80元；剩余价值率为100%。

而本月由于改进技术，企业个别劳动生产率比社会劳动生产率提高了50%，除原材料等劳动对象价值消耗按比例增加外，其他资本价值消耗没有增加。

试计算：

(1)每千克棉纱的社会价值是多少？

(2)资本家每月获得超额剩余价值是多少？

(3)本月剩余价值率为多少？

(4)通过以上的计算，可以得出哪些关于剩余价值生产的基本结论？

# 第四章

# 资本积累

## 一、概念题

1. 简单再生产和扩大再生产　2. 资本积累　3. 资本技术构成和资本价值构成　4. 资本有机构成　5. 相对人口过剩　6. 资本积聚　7. 资本集中　8. 资本主义积累的一般规律　9. 无产阶级相对贫困和绝对贫困　10. 资本原始积累

## 二、判断题

1. 再生产是物质资料的再生产、资本价值的再生产和生产关系再生产的统一。（　）

2. 物质资料生产和再生产不仅是人类社会存在和发展的基础，而且是社会再生产的手段。（　）

3. 资本积累就是投资者把全部资本集中起来，追加投入生产过程，使生产在扩大的规模上进行。（　）

4. 在资本主义生产关系下，资本积累的实质是用无偿占有工人创造的剩余价值，不断增大资本，扩大对工人的剥削，以继续榨取更多的剩余价值。（　）

5. 剩余价值是资本积累的源泉，而资本积累又是扩大再生产的源泉。（　）

6. 社会主义公有资本是由工人创造的剩余价值转化而来的。（　）

7. 资本主义占有规律的特点是以等价交换的形式掩盖无偿占有工人剩余劳动的内容。（　）

8. 不变资本和可变资本的比例是资本的技术构成。（　）

9. 由资本技术构成决定，并反映资本技术构成变化的资本价值构成即资本有机构成。（　）

10. 资本有机构成的提高，意味着劳动力的量比它所推动的生产资料的量相对减少和劳动生产率的下降。（　）

11. 社会主义市场经济条件下，相对人口过剩规律也会发生作用。（　）

12. 个别资本增大的唯一途径就是资本集中。（　　）

13. 相对过剩人口不仅是资本积累的必然结果，而且是资本主义生产方式存在和发展的必要条件。（　　）

14. 资本主义资本原始积累的实质是资产阶级用暴力手段剥夺生产者，使生产资料和货币财富迅速集中在自己手中的过程。（　　）

15. 资本积累的一般规律就是剥夺者被剥夺。（　　）

## 三、单项选择题

1. 从经济关系的再生产看资本主义再生产是（　　）。
A. 建立在商品生产基础上的　　B. 建立在价值生产基础上的
C. 建立在雇佣劳动基础上的　　D. 建立在物质生产基础上的

2. 决定不同社会形态的是（　　）。
A. 生产资料和劳动力的结合方式　　B. 物质资料生产和再生产的手段
C. 物资资料生产和再生产的目的　　D. 物质资料生产和再生产的类型

3. 资本积累的源泉是（　　）。
A. 剩余价值　　B. 资本集中　　C. 资本积聚　　D. 扩大再生产

4. 再生产的主要形式和特征是（　　）。
A. 简单再生产　　B. 扩大再生产
C. 使用价值的再生产　　D. 剩余价值的再生产

5. 商品所有权规律是指（　　）。
A. 剩余价值规律　　B. 资本主义占有权规律
C. 劳动者共同占有规律　　D. 按等价原则实行商品交换规律

6. 所费资本是指（　　）。
A. 投入生产中的可变资本　　B. 投入生产中的不变资本
C. 投入生产中的全部资本　　D. 在生产中实际消耗掉的资本

7. 因经济周期变化而发生的失业称为（　　）。
A. 结构性失业人口　　B. 周期性失业人口
C. 潜在的过剩人口　　D. 流动的过剩人口

8. 资本积聚的基础是（　　）。
A. 资本积累　　B. 资本集中　　C. 资本联合　　D. 资本并购

9. 无产阶级相对贫困化是指（　　）。
A. 失业人口大量增加
B. 大量工人生活在贫困线下
C. 无产阶级的经济生活状况的绝对恶化
D. 无产阶级的工资收入在国民收入中所占比重日益下降

10. 社会主义积累的目的是（　　）。
A. 建立共产主义
B. 实现强国富民
C. 为社会主义经济制度的建立提供了物质基础

D. 要消灭剥削、消除两极分化、实现劳动者的共同富裕

## 四、多项选择题

1. 通过对社会简单再生产过程的分析可以看到，(　　)。
   A. 物质资料生产和再生产是人类存在和发展的基础
   B. 物质资料再生产是资本主义再生产的手段
   C. 物质资料再生产是社会主义再生产的手段
   D. 再生产是物质资料、资本价值和经济关系再生产的统一
   E. 可变资本和不变资本都是工人创造的
2. 资本积累是(　　)。
   A. 剩余价值的资本化　　B. 资本价值的再生产
   C. 劳动力的再生产　　D. 扩大再生产的源泉
   E. 生产关系的再生产
3. 分析资本积累和资本主义扩大再生产可以看出，(　　)。
   A. 资本家用于扩大再生产的追加资本，是靠自己的劳动积累起来的
   B. 资本家用于扩大再生产的追加资本，是直接由剩余价值转化来的
   C. 资本家的追加资本不仅是剥削工人的结果，而且是进一步扩大剥削的手段
   D. 劳动力的买卖，从形式到内容完全是平等的
   E. 劳动力的买卖形式掩盖了资本家对工人的剥削
4. 影响或决定资本积累量的基本因素是(　　)。
   A. 剩余价值率的高低　　B. 社会劳动生产率的水平
   C. 所用资本和所费资本差额的大小　　D. 预付资本量的大小
   E. 生产资料数量的多少
5. 资本的技术构成是指(　　)。
   A. 从物质形态考察的资本构成
   B. 反映生产和技术水平的资本构成
   C. 用生产资料和劳动力比例关系表现的资本构成
   D. 能反映资本价值构成变化的资本构成
   E. 由资本价值构成变化决定的资本构成
6. 资本的价值构成是指(　　)。
   A. 从物质形态考察的资本构成
   B. 从价值形态考察的资本构成
   C. 用生产资料和劳动力比例关系表现的资本构成
   D. 用不变资本和可变资本比例关系表现的资本构成
   E. 由资本技术构成变化决定的资本构成
7. 资本有机构成提高表现在全部资本中(　　)。
   A. 不变资本所占比重偏小　　B. 不变资本的绝对减少
   C. 可变资本所占比重减少　　D. 可变资本所占比重增大
   E. 不变资本所占比重增大

8. 在剩余价值率和劳动力价值一定的情况下，资本有机构成越低的企业，(　　)。

A. 同量资本中可变资本的比重就越小

B. 同量资本中可变资本的比重就越大

C. 同量资本中不变资本的比重就越小

D. 同量资本投入下使用的劳动力就越少

E. 同量资本投入下使用的劳动力就越多

9. 资本主义制度下相对过剩人口是(　　)。

A. 人口自然繁殖过多造成的　　B. 生产资料不足造成的

C. 资本主义积累的必然结果　　D. 消费资料不足造成的

E. 资本主义生产方式存在和发展的必要条件

10. 相对人口过剩(　　)。

A. 是劳动力的供给超过了资本对它的需要

B. 是资本主义经济中特有的现象

C. 即失业在社会主义市场经济条件下依然存在

D. 是产业结构不断调整和优化的结果

E. 是现代科学技术提高和市场竞争的产物

11. 在社会主义市场经济条件下相对人口过剩规律也会发生作用是因为(　　)。

A. 产业结构不断调整和优化的结果

B. 就业是由劳动力市场调节的结果

C. 现代科学技术提高和市场竞争的产物

D. 人口增长过快导致劳动年龄人口规模过大

E. 现代商品经济发展是处于有规则的周期性波动

12. 资本集中是(　　)。

A. 资本家把本企业的剩余价值转化为资本

B. 把原来分散的中小资本合并为大资本

C. 通过竞争大资本兼并中小资本实现的

D. 通过信用特别是组织股份公司实现的

E. 增加社会资本总额的主要手段

13. 加速资本集中最强有力的经济杠杆是(　　)。

A. 竞争　　B. 垄断　　C. 信用的发展　　D. 资本积累

E. 资本积聚

14. 资本家进行资本积累的原因在于(　　)。

A. 追求更多的剩余价值　　B. 更好地满足社会需要

C. 避免在竞争中淘汰　　D. 降低资本的有机构成

E. 给失业工人提供再就业的机会

15. 资本主义积累的一般规律是(　　)。

A. 随着资本积累的发展，生产规模越来越大

B. 社会财富随资本积累急剧增加

C. 财富的增加使劳动者消灭了相对贫困

D. 大量财富日益集中在少数资本家手中

E. 广大劳动者处于相对或绝对贫困之中

## 五、辨析题

1. 社会主义公有资本是由工人创造的剩余价值转化而来的。

2. 剩余价值是资本积累的源泉，而扩大再生产又是剩余价值的源泉。

3. 资本有机构成的提高必然引起对劳动力的需求绝对和相对减少。

4. 失业现象在资本主义和社会主义都存在，因此对失业的治理上资本主义和社会主义没有本质区别。

5. 积聚和集中都是个别资本增大的形式，所以两者之间没有区别。

6. 当代发达资本主义国家劳动者的生活水平较过去有了一定提高，因此，已不存在无产阶级的贫困问题。

7. 资本主义积累的历史趋势就是"剥夺者被剥夺"。

8. 资本积累是剩余价值的资本化，因此社会主义积累和资本主义积累就没有区别。

## 六、案例分析题

1. 案例内容：

当今全球企业并购高潮迭起。但是，并购不一定能为企业带来神话。KPMG 咨询公司的最新报告表明，1997～1999 年的合并案例中有 40％没有起色，而 30％的合并适得其反，仅有 30％产生了积极影响。

1994 年，宝马以高价收购了英国著名的罗弗汽车公司，但此后罗弗连年亏损，仅 2000 年就给宝马造成了 12 亿美元的损失。无奈之下，宝马 2001 年 5 月 10 日宣布，以象征性的 10 英镑作价，向凤凰财团出售罗弗车厂。据宝马估计，在收购罗弗的 6 年中共花去 46 亿欧元，其中包括购入价、国家补贴、重组及投资的费用与损失。

美国在线与贝塔斯曼公司曾于 1995 年组建一家在线服务公司，目标是瞄准欧洲市场，但随着美国在线战略的改变及与时代华纳联姻，昔日的朋友成为竞争对手，双方的合作在 2000 年瓦解。据专家估计，因并购而取得一些成功的公司中，由于人员变动、经营战略改变等原因仍会使企业难逃厄运。福特汽车与德国大众 1994 年决定各持股 50％在葡萄牙合资生产豪华轿车，但时隔不久福特改变战略，认为自己单独生产更有利，于是合作不到 4 年双方便分道扬镳。

企业联姻不成功的例子还有许多，如 IBM 与苹果电脑和摩托罗拉曾于 1991～1998 年合作生产芯片，旨在与微软和英特尔争夺市场份额，结果以 IBM 的退出而告终。美国电话电报公司与英国电信 1998 年 7 月组建的康瑟特公司，由于公司的管理层之间缺乏沟通和公司提供的服务质量下降而惨遭淘汰出局。

案例问题：

(1)什么是企业并购?

(2)从外国企业并购中应该吸取哪些教训?

2. 案例内容：

贫困是人类社会的顽疾。反贫困始终是古今中外治国安邦的一件大事。党的十八大以来，以习近平同志为核心的党中央接过历史的接力棒，把脱贫攻坚作为实现第一个百年奋斗目标的底线任务和标志性指标，举全党全国之力向绝对贫困宣战。2021 年 2 月 25 日，习近平总书记在全国脱贫攻坚总结表彰大会上庄严宣告："经过全党全国各族人民共同努力，在迎来中国共产党成立一百周年的重要时刻，我国脱贫攻坚战取得了全面胜利，现行标准下 9 899 万农村贫困人口全部脱贫，832 个贫困县全部摘帽，12.8 万个贫困村全部出列，区域性整体贫困得到解决，完成了消除绝对贫困的艰巨任务，创造了又一个彪炳史册的人间奇迹！"

案例问题：贫困有哪些类型？我国脱贫攻坚战要解决的是哪类贫困？请用政治经济学原理进行分析。

3. 案例内容：

美国是贫富分化最为严重的西方国家，其基尼系数早已超过国际警戒线水平。这些年来"富者愈富、贫者愈贫"的困局不仅未能打破，反而日益恶化。1975 年美国收入前五分之一家庭的平均收入是后五分之一家庭的 10.3 倍，2020 年升至 17.4 倍。1%的最富裕家庭占有超过 20%的家庭总财富，这一比例还在显著增加。与之形成鲜明对比的是，美国中等收入群体持续萎缩，贫困率居高不下。生活在中等收入家庭的美国成年人占比从 1971 年的 61%降至 2019 年的 51%。美国 2020 年贫困率达 11.4%，比 2019 年上升了 0.9 个百分点，目前仍有 3 700 万人生活在贫困线以下。

新冠疫情更是一面镜子，照出美国政府"以资为本"的本质。疫情带来的冲击导致大量失业，低收入者经济状况恶化。同时，货币超发和大规模财政支出助推股价和房价飙升，富人的财富猛增。截至 2021 年第四季度，美国最富有的 1%人群总财富达到创纪录的 45.9 万亿美元，其财富在疫情防控期间增加超过 12 万亿美元。由于贫富差距扩大，各阶层和不同族裔裂痕加深，阶级固化严重，游行示威接连不断，从"占领华尔街"运动到反对美国警察暴力执法的"黑人的命也是命"游行，都是美国底层民众对种族歧视、阶级固化和贫富分化的愤怒呐喊，贫富分化已成为美国社会一道难以愈合的伤疤。

案例问题：请用政治经济学原理分析上述现象背后的原因。

## 七、问答题

1. 资本主义再生产和社会主义再生产有何异同？

2. 资本价值再生产如何揭示不同社会生产过程的特征？

3. 影响或决定资本积累量的基本因素有哪些？

4. 为什么说相对过剩人口是资本主义制度的必然产物，同时又是资本主义存在和发展的必要条件？

5. 社会主义市场经济条件下治理失业、实现充分就业的途径有哪些？

6. 资本主义积累的一般规律及其实质是什么？

7. 什么是无产阶级相对贫困化？无产阶级绝对贫困化主要表现在哪些方面？

8. 资本主义原始积累及其实质是什么？

## 八、论述题

1. 试述商品生产的所有权规律及其在资本主义和社会主义条件下的转变。

2. 试述资本的技术构成、价值构成和有机构成的相互关系。

3. 试述在社会主义市场经济条件下，相对人口过剩规律也会发生作用的原因。

4. 试述资本积累的实质及资本积聚和资本集中的相互关系。

5. 试述资本积累的作用以及资本主义积累和社会主义积累的区别与趋势。

## 九、计算题

某企业原预付资本总额为 10 万美元，资本有机构成为 9∶1。工人平均周工资为 50 美元。本周追加资本 4 万美元，资本有机构成由原来的 9∶1 提高到现在的 19∶1，工人工资不变。

试计算：该企业在本周就业人数是多少？有多少工人失业？

问：

(1)通过上述的计算，请写出资本有机构成的提高与相对人口过剩的关系。

(2)为什么说相对过剩人口是资本主义生产方式存在和发展的必要条件？

(3)在社会主义市场经济条件下，相对人口过剩规律是否会发生作用？为什么？

# 第五章

# 资本循环和周转

## 一、概念题

1.资本循环　2.资本周转　3.资本周转时间　4.固定资本和流动资本　5.固定资本更新　6.折旧　7.折旧费　8.折旧率　9.物质磨损和精神磨损　10.预付资本的总周转　11.年剩余价值率　12.资本筹集

## 二、判断题

1. 产业资本的循环是生产过程和流通过程的统一。（　）
2. $W'-G'$是预付资本价值和剩余价值的实现过程。（　）
3. $G-W\cdots P\cdots W'-G'$表示的是货币资本的循环。（　）
4. $P\cdots W'-G'\cdot G-W\cdots P$ 表示的是生产资本的循环。（　）
5. $W'-G'\cdot G-W\cdots P\cdots W'$表示的是商品资本的循环。（　）
6. 资本的生产时间是由劳动时间和非劳动时间所组成的。（　）
7. 资本流通时间是资本停留在流通领域的时间，它与生产时间是相互排斥的。（　）
8. 缩短生产时间中的非劳动时间和资本停留在流通领域的时间，能提高资本的生产效率。（　）
9. 资本周转速度与周转次数成反比，与周转时间成正比。（　）
10. 固定资本的周转速度和固定资本的磨损程度成反比。（　）
11. 固定资本的无形损耗是指其价值的贬值。（　）
12. 固定资本的物质损耗仅仅是因为在生产过程中的使用而引起的。（　）
13. 生产资本的不同组成部分的周转时间大致上是相同的。（　）
14. 预付资本总周转速度与固定资本的比重成正比，与流动资本的比重成反比。（　）
15. 现代企业往往采取“快速折旧”法以避免精神磨损的损失，因此折旧率定得越高越好。（　）

16. 现代企业投资决策取决于企业行为的利润最大化原则。（　　）

## 三、单项选择题

1. 资本的购买阶段所采取的职能形式是（　　）。
   A. 货币资本　B. 生产资本　C. 商品资本　D. 商业资本
2. 商品资本的职能是（　　）。
   A. 生产剩余价值做准备　B. 生产价值和剩余价值
   C. 实现价值和剩余价值　D. 实现商品的使用价值
3. 生产资本的循环特点是（　　）。
   A. 包含资本价值和剩余价值的循环　B. 充分揭示了剩余价值的真正来源
   C. 表达了生产目的是获取剩余价值　D. 表达了生产目的是满足社会需要
4. 产业资本正常循环的条件是（　　）。
   A. 货币资本和商品资本循环的统一
   B. 生产资本和商品资本循环的统一
   C. 资本的生产时间和流通时间的统一
   D. 在空间上的并存性和时间上的继起性
5. 资本的生产时间是指（　　）。
   A. 资本在生产领域里停留的时间
   B. 资本在流通领域里停留的时间
   C. 购买生产资料和劳动力的时间
   D. 生产商品所经过的劳动过程的全部时间
6. 生产资本划分为固定资本和流动资本的依据是（　　）。
   A. 资本的磨损程度快慢　B. 资本的补偿金额多少
   C. 资本的价值周转方式不同　D. 资本在剩余价值生产中的作用不同
7. 资本周转是指（　　）。
   A. 一定时间内资本循环的次数
   B. 周而复始连续不断的资本循环运动
   C. 以生产资本为出发点和回归点的资本运动
   D. 以商品资本为出发点和回归点的资本运动
8. 预付资本总周转是指（　　）。
   A. 一年内流动资本周转总值　B. 一年内固定资本周转总值
   C. 固定资本不同部分的平均周转　D. 预付资本不同组成部分的平均周转
9. 年剩余价值率所表示的是（　　）。
   A. 一年内预付资本的增值程度　B. 一年内预付流动资本的增值程度
   C. 一年内预付可变资本的增值程度　D. 一年内预付固定资本的增值程度
10. 企业资本的运用是指（　　）。
   A. 企业通过银行贷款来筹集所需的资本
   B. 企业通过吸引外资来筹集所需的资本
   C. 企业为了生产和经营而筹集所需的资本

D. 企业将筹集到的资本用于生产经营中

## 四、多项选择题

1. 产业资本的现实循环包括(　　)。
A. 货币资本循环　　B. 生产资本循环
C. 生息资本循环　　D. 商业资本循环
E. 商品资本循环

2. 资本按(　　)。
A. 循环的职能形式可分为货币资本、生产资本、商品资本
B. 在价值增值过程中的不同作用可分为固定资本和流动资本
C. 在价值增值过程中的不同作用可分为不变资本和可变资本
D. 在价值增值过程中的周转方式不同可分为固定资本和流动资本
E. 在价值增值过程中的周转方式不同可分为不变资本和可变资本

3. 资本流通时间是指(　　)。
A. 资本停留在流通领域内的时间
B. 购置生产资料、劳动力和出售商品的时间的总和
C. 资本周转时间减去劳动时间的那一部分时间
D. 资本停留在生产领域内的时间
E. 保证再生产正常进行所必需的原材料储备时间

4. 流动资本是(　　)。
A. 在流通领域里发生作用的资本
B. 以原料、燃料、辅助材料形式存在的那部分资本
C. 用来购买劳动力的那部分资本
D. 正处在运输过程中以设备形式存在的那部分资本
E. 生产资本中经过一次生产过程其价值全部周转回来的那部分资本

5. 生产资本从不同角度可分为(　　)。
A. 不变资本和可变资本　　B. 固定资本和流动资本
C. 流动资本和流通资本　　D. 商品资本和货币资本
E. 职能资本和生息资本

6. 以厂房、机器、工具和设备形式存在的资本属于(　　)。
A. 流动资本　　B. 固定资本　　C. 不变资本　　D. 可变资本
E. 生产资本

7. 运输公司中用于货物运输的汽车是该公司的(　　)。
A. 劳动资料　　B. 劳动对象　　C. 固定资本　　D. 流动资本
E. 生产资本

8. 资本周转时间包括(　　)。
A. 劳动时间　　B. 自然力作用于劳动对象的时间
C. 停工时间和备料时间　　D. 商品的购买时间
E. 商品的销售时间

9. 产业资本的循环(　　)。

A. 是生产过程和流通过程的统一

B. 是购买、生产和销售三个阶段的统一

C. 是货币资本、生产资本和商品资本三种资本循环形式的统一

D. 是不变资本和可变资本的统一

E. 是固定资本和流动资本的统一

10. 资本周转(　　)。

A. 速度与资本周转时间成正比

B. 速度与资本周转次数成反比

C. 速度与资本周转次数成正比

D. 时间包括生产时间和流通时间

E. 是周而复始连续不断的资本循环

11. 固定资本(　　)。

A. 是指以厂房、机器设备和工具等劳动资料形式存在的生产资本

B. 是指以原料、燃料、辅助材料等劳动对象形式存在的生产资本

C. 周转速度与固定资本的磨损程度成正比例

D. 折旧率与固定资本的实际使用年限成反比

E. 磨损包括有形磨损和无形磨损

12. 预付资本总周转(　　)。

A. 是指预付资本价值在一年内的平均周转次数

B. 速度与固定资本的比重成反比

C. 速度与固定资本的比重成正比

D. 速度与流动资本的比重成反比

E. 速度与流动资本的比重成正比

13. 加快资本周转速度可以(　　)。

A. 节省预付资本的数量

B. 节省预付的可变资本

C. 增加年剩余价值量

D. 提高年剩余价值率和企业的盈利水平

E. 加速资本或剩余价值的流通

14. 提高资本周转速度有利于(　　)。

A. 减少和避免固定资本无形磨损造成的贬值损失

B. 节省预付资本,特别是节省预付流动资本

C. 增加年剩余价值量和提高年剩余价值率

D. 提高剩余价值率和企业的盈利水平

E. 缩短资本的回收期,加速实现剩余价值

15. 企业筹集资本的主要途径是(　　)。

A. 通过企业的自有资本来筹集

B. 通过企业直接向社会发行债券来筹集

C. 通过企业以发行股票的方式来筹集

D. 通过国家投资企业资本的方式来筹集

E. 通过补偿贸易和出口信贷等形式来筹集

## 五、辨析题

1. 产业资本的循环是购买商品和销售商品两个阶段的统一。

2. 产业资本顺利循环的条件是空间上的并存性和时间上的继起性。

3. 区别固定资本与流动资本是按资本的实物形式是否移动区分的。

4. 资本家垫支在机器设备上的资本之所以是固定资本，是因为这部分资本的物质形态始终不变。

5. 资本的周转时间是生产时间和流通时间的总和。

6. 固定资本的周转速度与固定资本的磨损程度成反比。

7. 预付资本的总周转是指预付可变资本的平均周转。

## 六、案例分析题

1. 案例内容：

近年来，作为电子商务的新模式，“预售”受到商家和消费者的广泛欢迎。星图数据公布的数据显示，2020 年“双 11”当天电商平台共实现销售 3 328 亿元，11 月 1—3 日实现 1 921 亿元，“双 11”期间合计实现销售额 5 249 亿元，同比增长 28%，其中“双 11”期间(10 月 21—31 日、11 月 4—10 日)的预售销售额达到 1 386 亿元。预售制已成为电商的“新玩法”。然而，现实中常常发生部分商家拖延发货、随意更改发货日期甚至单方面撤单、不接受退换货等情况。有些商家打着预售幌子，实为将产品备货的库存成本、时间成本转嫁给消费者，把预售制“玩坏了”。专家建议，监管部门应强化刚性约束，针对预售商品种类、发货期限等问题制定统一规范，并责成平台自查自纠，不让预售成为侵权“预谋”。

案例问题：“预售”的目的是什么？请用政治经济学原理进行分析。

2. 案例内容：

生产“香雪海”的苏州电冰箱厂 1985 年 3 月向世界银行贷款，以 250 万美元从意大利凯迪公司引进先进技术和设备，次年 8 月投产，当年就生产出 3 种规格的四星级双门电冰箱近 3 万台。到 1987 年，不仅全部还清了贷款，而且还有盈余。1987 年，苏州电冰箱厂向世界银行贷款 1 200 万美元，从意大利扎努利公司引进年产 40 万台双门、三门豪华型电冰箱的先进技术和设备。仅仅 1 年零 5 个月，就投入试生产。正式投产后，创汇额超过 5 000 万美元，是贷款的 3 倍多。怎样看待借贷？当时的厂长龚维新说：“当全市最大的债务厂长，并不是光荣称号，但债务要看是亏损性债务，还是生产性债务。前者是实质性债务，后者是形式性债务。我们借钱负债，是为借梯登高，目的是创造出更多的产出。”

案例问题：

请用政治经济学关于资本的筹集和运用的基本原理，分析上述案例中苏州电冰箱厂厂长龚维新的观点是否正确？为什么？

3. 案例内容：

2010 年万科等房企运用“高周转”模式创造了前所未有的销售额，这一年也被称为房企高业绩和高周转的“元年”。碧桂园虽然不是高周转模式的先行者，却把这种模式发挥到极致。在万科“5946 模式”基础上，碧桂园升级为“456 模式”，即拿地 4 个月开盘，5 个月资金回笼，6 个月资金再周转。在“高周转”模式大棒下，2012 年以来碧桂园销售规模一路攀升，

2013 年进入“千亿俱乐部”,2017 年逆袭恒大和万科,坐上房企销售冠军的宝座,被称为“宇宙第一房企”。

将高周转发挥到极致的碧桂园 2018 年发生了“7·26”事件。公司在六安市金安区城市之光一标段工地因遭遇局部强对流天气,发生一起板房坍塌事故,造成 7 人死亡、2 人重伤,直接经济损失 1 571.07 万元。“7·26”事件之后高周转模式引发热议。一旦过分推崇高周转,过度追求速度,把房子做成快速消费品,就会给行业带来信用危机。随着房价下跌与三道红线政策的落地,走“周转模式与举债扩张模式”的房企纷纷暴雷,碧桂园等房企面临亟待转变发展模式的困境。

案例问题:碧桂园为何追求高周转模式?这会带来什么问题?请用政治经济学原理进行分析。

## 七、问答题

1. 产业资本循环要经过哪些阶段?与这些阶段相适应的资本职能形式和职能是什么?
2. 产业资本循环要保持连续性的基本条件是什么?
3. 资本周转时间的构成及其相互关系是什么?
4. 固定资本和流动资本与不变资本和可变资本的关系是什么?
5. 影响预付资本总周转速度的主要因素是什么?
6. 资本周转时间和资本周转次数有何关系?
7. 企业加快资本周转速度的主要途径有哪些?
8. 企业筹集资本的主要途径有哪些?

## 八、论述题

1. 试述产业资本循环是两个过程的统一和三个阶段的统一。
2. 试述固定资本的磨损和补偿,以及如何加快固定资本的周转以避免精神磨损的损失。
3. 试述加速资本周转速度对提高资本利用效率的影响。
4. 试述企业投资决策的原则以及现代企业应该怎样做好投资决策。

## 九、计算题

1. 某企业有机器设备 90 000 美元,平均使用年限 15 年;厂房建筑物 30 000 美元,平均使用年限 15 年;其他工具 60 000 美元,平均使用年限 6 年。该企业生产周期为 3 个月。一个生产周期中,消耗原材料 30 000 美元,燃料 15 000 美元,辅助材料 10 000 美元。该企业雇佣工人 200 人,每人每月平均工资 50 美元,一个生产周期支付一次。

问:

(1)年预付资本周转速度为多少次?

(2)加快资本的周转对资本价值增值将产生什么影响?

(3)如何加快资本的周转速度?

2. 某企业年产 18 万件商品。投资固定资本价值 200 万美元,平均使用年限为 10 年;投入流动资本 50 万美元,周转时间为 2 个月;雇佣工人 400 人,月平均工资 1 000 美元;每件商品社会价值 100 美元。

问：

(1)剩余价值率为多少？

(2)年预付资本周转速度为多少次？

(3)年剩余价值率为多少？

(4)影响资本周转速度的因素有哪些？

# 第六章

# 社会总资本再生产和流通

## 一、概念题

1. 个别资本和社会资本　2. 社会总产品　3. 价值补偿和实物补偿　4. 经济增长与经济发展

## 二、判断题

1. 社会总资本运行的中心问题是社会总资本运行的速度问题。（　）

2. Ⅰ $300c+1\,500v+1\,500m=6\,000$

Ⅱ $2\,000c+1\,000v+1\,000m=400$

以上两式是社会总资本简单再生产的模型。（　）

3. 社会总产品是分析社会资本运动的出发点。（　）

4. Ⅱ$(c-m+m/x)>$Ⅰ$(v+m/x)$是社会总资本扩大再生产的前提条件之一。（　）

5. Ⅰ$(v+\Delta v+m/x)$可以与第二部类有关部分进行交换。（　）

6. Ⅱ$(c+\Delta c)$可以在生产生产资料的部类内部实现双重补偿。（　）

7. 生产资料的更快增长是有机构成提高条件下，社会资本扩大再生产的客观要求，也是消费资料增长的条件。（　）

8. 平衡发展是指国民经济各部门、各产业的平行发展。（　）

9. 经济增长是一切经济进步的首要因素和必要的物质条件，因此经济增长越快，则经济发展也就越快。（　）

10. 马克思的再生产理论是投入—产出分析方法的基础。（　）

## 三、单项选择题

1. 社会总资本是指（　）。

A. 各种独立发挥资本职能的资本

B. 相互联系的所有个别资本的总和
C. 社会在一定时间内生产所耗费物质资料的总和
D. 社会在一定时间内生产的全部物质资料的总和

2. 社会总产品的价值构成是(　　)。
A. 生产资料和消费资料　B. 固定资本和流动资本
C. 个别资本和社会资本　D. 不变资本、可变资本和剩余价值

3. 社会总产品的补偿是指(　　)。
A. 社会总产品的消费　B. 社会总产品的构成
C. 社会总产品的实现　D. 社会总产品的买卖

4. 以下不属于简单再生产实现条件的是(　　)。
A. $\text{I}(v+m)>\text{II}c$　B. $\text{I}(v+m)=\text{II}c$
C. $\text{I}(c+v+m)=\text{I}c+\text{II}c$　D. $\text{II}(c+v+m)=\text{I}(v+m)+\text{II}(v+m)$

5. 扩大再生产实现的基本条件是(　　)。
A. $\text{I}(v+m)=\text{II}c$
B. $\text{I}(v+\Delta v+m/x)=\text{II}(c+\Delta c)$
C. $\text{I}(c+v+m)=\text{I}(c+\Delta c)+\text{II}(c+\Delta c)$
D. $\text{II}(c+v+m)=\text{I}(v+\Delta v+m/x)+\text{II}(v+\Delta v+m/x)$

6. 经济增长主要是指(　　)。
A. 社会经济结构的优化　B. 社会生态环境的改善
C. 整个国家国民素质的提高　D. 社会产品、产值和劳务总量的增长

## 四、多项选择题

1. 社会总资本运动的核心问题是(　　)。
A. 社会总产品的价值补偿和实物补偿
B. 社会总产品是由 $c+v+m$ 构成
C. 社会生产分为生产资料生产和消费资料生产两大部类
D. 社会总产品包括生产资料和消费资料两大类
E. 社会总产品的实现

2. 社会资本扩大再生产的实现条件可用以下几个公式表示:(　　)。
A. $\text{I}(v+m)>\text{II}c$
B. $\text{I}(c+v+m)=\text{I}(c+\Delta c)+\text{II}(c+\Delta c)$
C. $\text{II}(c+m-m/x)>\text{I}(v+m/x)$
D. $\text{I}(v+\Delta v+m/x)=\text{II}(c+\Delta c)$
E. $\text{II}(c+v+m)=\text{I}(v+\Delta v+m/x)+\text{II}(v+\Delta v+m/x)$

3. 从对社会资本运动的分析可以看出其运动的特点是(　　)。
A. 社会资本运动过程是生产过程和流通过程的统一
B. 社会资本运动的目的是价值的增值
C. 社会资本运动不仅包括生产消费,还包括个人消费
D. 社会资本运动不仅包括资本流通,还包括一般商品流通和剩余价值流通

E. 社会资本运动不仅考察价值补偿,还考察实物补偿

4. 衡量一个国家产业结构是否合理的主要标准是(　　)。

A. 各个产业之间和产业内部是否均衡发展

B. 产业结构是否有利于资源配置的优化

C. 经济增长速度是否加快

D. 支柱产业所占比重是否大

E. 产业结构是否实现了高度化

5. 影响和制约经济增长的主要因素是(　　)。

A. 生产要素的投入和要素生产率的增长

B. 消费、投资和净出口的扩大

C. 产权制度、市场制度、分配制度等制度因素

D. 国家规模和人口数量

E. 地理条件和自然资源条件

6. 马克思的经济增长模型表明经济增长主要取决于(　　)。

A. 资本有机构成　　　　B. 剩余价值率

C. 积累率　　　　D. 储蓄和投资

E. 资本总投入和劳动投入品

## 五、辨析题

1. 考察社会总资本再生产的出发点和核心是剩余价值的实现问题。

2. 社会总资本扩大再生产的基本实现条件用公式表示是Ⅰ$(v+m)=$Ⅱ$c$。

3. 研究社会总资本再生产的目的是说明剩余价值的来源。

4. 在社会资本简单再生产图示中,属于两大部类相互交换的是Ⅰ$(v+m)$与Ⅱ$c$。

5. 社会总资本扩大再生产的前提条件是Ⅱ$(v+m)>$Ⅰ$c$。

6. 生产资料生产优先增长的规律性决定了生产资料的生产增长得越快越好。

7. 经济发展是经济增长的基础,因此,没有经济发展就没有经济增长。

8. 马克思的经济增长模型与哈罗德—多马增长模型、新古典经济增长模型以及罗默的经济增长模型没有区别。

## 六、案例分析题

1. 案例内容:

改革开放以来,经过几十年的高速增长,中国成为世界第二大经济体、第一大工业国、第一大货物贸易国、第一大外汇储备国。但是,经济高速增长的同时也带来了诸多急需解决的问题:要素投入大,但发展质量和效益不高;生产方式粗放,而创新能力不够强;生态破坏、环境污染问题比较严重;与经济增长速度相比,人民生活改善相对滞后,民生领域还有不少短板;城乡区域发展和收入分配差距较大。这些问题说明,持续几十年年均接近两位数的经济高速增长已经不可持续,对国民经济增长、发展阶段特征的变化要求作出科学的判断和相应的决策调整。

正是在这一背景下,以习近平总书记为核心的党中央在2017年党的十九大上适时提

出，“我国经济已由高速增长阶段转向高质量发展阶段”；2018 年中央经济工作会议进一步对高质量发展进行了系统阐述，指出“我国经济发展进入新时代，基本特征就是我国经济已由高速增长阶段转向高质量发展阶段”，并强调推进高质量发展是“当前和今后一个时期确定发展思路、制定经济政策、实施宏观调控的根本要求”。至此，高质量发展成为我国经济工作的核心指向。2022 年党的二十大更是明确指出，“高质量发展是全面建设社会主义现代化国家的首要任务”。

案例问题：

(1)经济增长与经济发展之间是什么关系？

(2)我国从高速增长转向高质量发展有何必要性？

2. 案例内容：

市场化牵引科技创新是深圳科技创新的特色。改革开放以来，深圳科技创新历经“创新原始积累和需求形成”“产业创新谋划与腾飞”“实施自主创新发展”“科技创新跨越提升走向全国引领”“迈向前沿基础领域”等发展阶段，创造了城市科技创新的奇迹，经历了“从无到强”的蜕变，成为中国乃至世界科技创新的新星。2019 年深圳全社会研发投入经费达 1 328 亿元，占 GDP 的比重高达 4.9%，仅次于北京，超过美(2.74%)、日(3.14%)、德(2.98%)等发达国家，比肩韩国(4.32%)。2019 年 PCT 国际专利申请量达 1.9 万件，连续 15 年居中国大中城市第一。诞生了一大批科技创新企业，孕育出华为、大疆、腾讯等一批世界级的创新型企业，拥有各类创新载体超过 2 000 家。2020 年深圳战略性新兴产业增加值达 10 272.72 亿元，同比增长 3.1%，战略性新兴产业占地区生产总值比重为 37.1%。

深圳形成的以产业创新牵引科技创新、以科技创新推动产业创新的创新发展模式和市场驱动、需求导向的创新路径，最突出的特点是市场化的进程成为科技创新的原动力，发挥市场机制的关键作用，构建了技术方向企业决定、要素配置市场决定、科研成效用户评价、创新服务政府提供的活力创新体系。

一是构建以企业为主体的技术创新体系。深圳大部分科技公司都是通过需求导向模式开展创新。

二是要素配置围绕企业创新布局。深圳不存在游离于经济系统之外的科研系统，资源配置和政策设计均围绕市场主体进行，企业成为创新的主体，企业家成为创新的组织者和领导者，培育了华为、中兴、华大基因等一批具有国际竞争力的科技创新企业。

三是政府始终围绕企业创新需求提供创新服务，充分发挥技术创新的市场需求筛选功能，采用问题导向的方式不断为高科技产业发展提供新的政策设计、体制机制解决方案，创新效率极高。

案例问题：

(1)为什么深圳的高科技发展速度最快？

(2)结合实际说明我国要实现经济持续增长战略目标，首先要进行体制的创新。

## 七、问答题

1. 马克思分析社会资本再生产运动的两个理论前提是什么？

2. 社会总资本简单再生产的图式如何表示？社会总资本简单再生产顺利进行的实现条件是什么？

3. 衡量一个国家产业结构是否合理的主要标准是什么?

4. 经济增长与经济发展之间存在怎样的关系?

5. 影响和制约经济发展的主要因素有哪些?

## 八、论述题

1. 试述个别资本和社会资本运动的异同点。

2. 试述社会总资本运行的核心问题。

3. 试述马克思两大部类理论与三次产业类型划分理论的关系。

4. 为什么社会总资本扩大再生产要顺利进行必先具备前提条件?为什么前提条件具备后还要具备实现条件?社会总资本扩大再生产的实现条件是什么?

5. 在技术进步的扩大再生产条件下,为什么生产资料必然优先增长?

## 九、计算题

1. 设:社会两大部类预付资本的情况如下:

Ⅰ $12\ 000c+1\ 500v$;Ⅱ $3\ 000c+750v$。两大部类 $c$ 中固定资本都占 60%,使用年限均为 5 年,当年更新 1/5;剩余价值率为 100%。

问:

(1)当年社会总产品价值是多少?

(2)为实现扩大再生产,第一部类积累率为 60%,第一、二部类追加资本的有机构成提高到 9∶1,剩余价值率不变,追加不变资本全部为流动资本,第二年社会资本扩大再生产后的社会总产品价值比第一年增加了多少?

(3)请写出社会资本扩大再生产的前提条件和实现条件。

(4)通过上述两大部类的计算,说明了社会资本再生产的哪些基本规律性?

2. 设:社会两大部类预付资本的情况如下:

Ⅰ $24\ 000c+3\ 000v$;Ⅱ $6\ 000c+1\ 500v$。两大部类 $c$ 中固定资本都占 50%,使用年限均为 5 年,当年更新 1/5;剩余价值率为 100%。

问:

(1)当年社会总产品价值是多少?

(2)为实现扩大再生产,两大部类积累率为 60%,第一部类追加资本的有机构成提高到 11∶1,则第二部类追加资本的有机构成比例应是多少?

(3)假设追加的不变资本仍按照原来的比例用于购买固定资本和流动资本,按第二年社会资本扩大再生产的结果,两大部类生产的发展速度各为多少?

(4)请写出经济增长与经济发展的关系。

# 第七章

# 社会总资本运行中的市场

## 一、概念题

1. 市场 2. 市场机制 3. 市场经济 4. 社会主义市场经济 5. 市场体系 6. 市场主体 7. 市场规则 8. 交易费用

## 二、判断题

1. 市场机制是价值规律、供求规律、竞争规律等市场经济规律发生调节作用的机制。（ ）

2. 价格机制是市场机制的中心机制，它是价值规律的具体表现形式和作用形式。（ ）

3. 市场机制和计划机制是现代社会资源配置的两种主要方式和手段，因此，它们是社会基本经济制度的本质特征。（ ）

4. 当消费者预期某种商品的价格在未来一段时间会上升时，就会减少对该商品的需求；反之，则会增加对该商品的需求。（ ）

5. 供给的变动就是供给量的变动。（ ）

6. 市场调节天然存有事后调节的滞后性，在诱导产业结构演变及高级化进程中速度显得迟缓。（ ）

7. 在简单商品经济条件下，经济危机往往能转化为现实性。（ ）

8. 大规模的固定资本的更新是资本主义经济周期性波动的物质基础。（ ）

9. 市场机制对国民经济总量的调节具有直接性。（ ）

10. 在市场经济中，经济利益是价值规律的作用机制，它通过价格、竞争等方式来实现。（ ）

## 三、单项选择题

1. 市场机制运行的载体和表现形式是（ ）。

A. 商品　B. 货币　C. 价格　D. 市场

2. 具有中心地位的市场机制是(　　)。

A. 价格机制　B. 供求机制　C. 竞争机制　D. 风险机制

3. 现代社会资源配置的一种主要方式和手段是(　　)。

A. 商品经济和计划经济　B. 市场机制和计划机制

C. 商品流通和货币流通　D. 商品生产和商品交换

4. 社会主义市场经济是指(　　)。

A. 社会主义国有经济　B. 社会主义公有制经济

C. 公有制经济与私有制经济的结合　D. 市场经济与社会主义制度的结合

5. 市场体系的基础结构是(　　)。

A. 时间结构　B. 空间结构　C. 主体结构　D. 客体结构

6. 市场调节组织是指(　　)。

A. 微观调节主体　B. 宏观调节主体

C. 市场自身的管理和组织体制　D. 市场管理机构和管理手段体系

7. 成为各种市场主体的市场行为的规范是(　　)。

A. 市场组织　B. 市场规则　C. 市场调节　D. 市场机制

8. 资本主义市场经济的基本矛盾是(　　)。

A. 使用价值和价值的矛盾

B. 具体劳动和抽象劳动的矛盾

C. 私人劳动和社会劳动的矛盾

D. 经济不断社会化与生产资料的资本主义私有制的矛盾

9. 资本主义经济不断地出现周期性波动的物质基础是(　　)。

A. 经济结构的状况　B. 市场环境的制约

C. 大规模的固定资本的更新　D. 资本与投资的结构和水平

10. 资本主义经济危机的实质是(　　)。

A. 商品过剩　B. 生产过剩

C. 生产相对过剩　D. 资本和劳动力过剩

## 四、多项选择题

1. 市场机制主要包括(　　)。

A. 价格机制　B. 供求机制　C. 竞争机制　D. 汇率机制

E. 工资机制

2. 市场是(　　)。

A. 一切商品或劳务交换的场所

B. 商品生产者之间全部交换的总和

C. 调节经济运行的一种机制和运行方式

D. 市场机制运行的载体和表现形式

E. 市场经济存在和发展的基础

3. 市场经济与商品经济的关系是(　　)。

A. 市场经济与商品经济都是以社会分工和不同所有制为基础的
B. 市场经济与商品经济都是通过商品货币的形式交换劳动
C. 市场经济与商品经济都是以追求价值为目的的经济
D. 市场经济是发达的商品经济
E. 商品经济是市场经济存在和发展的基础

4. 影响需求的因素有(　　)。
A. 该商品的价格　B. 消费者的收入水平
C. 相关商品的价格　D. 消费者的偏好
E. 消费者的预期

5. 影响供给的因素有(　　)。
A. 商品自身的价格　B. 生产要素的价格
C. 生产的技术状况　D. 相关商品的价格
E. 生产者对未来的预期

6. 市场机制的功能强点有(　　)。
A. 微观经济均衡功能　B. 资源短期配置功能
C. 市场信号传递功能　D. 科学技术创新功能
E. 局部利益驱动功能

7. 市场机制的功能弱点有(　　)。
A. 市场调节目标偏差　B. 市场调节程度有限
C. 市场调节速度缓慢　D. 市场调节成本昂贵
E. 市场调节成本低廉

8. 市场组织主要包括(　　)。
A. 市场流通组织　B. 市场管理组织
C. 市场调节组织　D. 市场主体
E. 市场客体

9. 市场规则的特点有(　　)。
A. 科学性　B. 系统性　C. 强制性　D. 公平性
E. 开放性

10. 资本主义社会经济周期包括以下四个阶段:(　　)。
A. 危机阶段　B. 萧条阶段　C. 复苏阶段　D. 高涨阶段
E. 徘徊阶段

## 五、辨析题

1. 计划和市场是社会基本经济制度的本质特征。
2. 市场经济和商品经济都是以社会分工和不同所有制为基础的,因此两者无区别。
3. 需要就是需求,生产就是供给,市场均衡就是市场需求与市场供给的绝对平衡。
4. 市场规则实质上就是以法律、法规、契约、公约形式规定下来的市场运行的准则。
5.《新帕尔格雷夫经济学辞典》定义交易费用为:"广义而言,交易成本是指那些在鲁滨孙·克鲁梭(一人世界的)经济中不能想象的一切成本,在一人世界里,没有产权,也没有交易,没有任何形式的组织。”

## 六、案例分析题

1. 案例内容:

2001 年初以来,石油输出国组织七种市场监督原油一揽子平均油价和油价期货市场价格一路下跌,跌到了每桶 25 美元以下这个欧佩克内部参考价。造成国际石油市场价格下跌的主要原因是石油市场的供求关系发生了变化,一方面是由于国际经济增长放慢,尤其是美国经济低迷和亚欧天气转暖,市场对石油的需求量减少;另一方面,伊拉克的石油出口近期恢复到较正常的水平,即每天达 210 万桶。为此,美国能源部、美国石油学会公布的数字显示,美国的石油和成品油库存大幅上升,已达到 2.907 4 亿桶,比 2000 年同期增加了 800 万桶。

由于国际石油需求减少,库存增加,价格上升,所以,欧佩克采取减少石油的供给量,以保持石油价格控制在所定目标每桶 25 美元的水平。由于欧佩克自年初以来两次减少不包括伊拉克在内的十个成员国的原油日开采配额达 250 万桶,使得国际石油成功地控制在所定目标每桶 25 美元的水平上。与此同时,石油输出国成员还是一致同意共同努力将石油产量限制在每天 24.2 百万桶的水平。他们还决定如果石油价格出现“疯涨”的话,他们将增加本国的石油产量;相反,如果国际市场对石油的需求进一步下降,他们也会进一步限制石油的产量,减少供给。

案例问题:根据上述案例,请分析石油价格机制与供求机制的关系。

## 七、问答题

1. 现代市场经济的共性是什么?
2. 资本主义经济危机的直接原因和深层次原因是什么?

## 八、论述题

1. 试述社会主义市场经济的制度特征。
2. 试述健全的市场体系的基本特征。
3. 试述社会生产周期性波动的一般原因。

# 第八章

# 职能资本与平均利润

## 一、概念题

1. 利润　2. 利润率　3. 成本价格　4. 平均利润　5. 平均利润率　6. 生产价格　7. 商业资本　8. 商业利润　9. 生产性流通费用　10. 纯粹流通费用

## 二、判断题

1. 成本价格作为资本家的实际耗费就是生产商品的实际耗费。（　）
2. 利润与剩余价值在本质上是相同的。（　）
3. 在研究利润率平均化问题时是以个别资本作为研究的出发点或基础的。（　）
4. 平均利润率规律是资本主义特有的经济规律。（　）
5. 平均利润率下降趋势规律产生的根本原因是社会平均资本有机构成的不断提高，因而会直线下降。（　）
6. 商业资本是在流通领域中专门从事商品买卖以获取商业利润的职能资本。（　）
7. 商业利润的真正来源是产业工人创造的剩余价值。（　）
8. 生产性流通费用是由商品使用价值的运动引起的。（　）
9. 纯粹流通费用不参与价值或剩余价值的创造。（　）
10. 平均利润率水平的下降意味着剩余价值率的下降。（　）

## 三、单项选择题

1. 成本价格表现为产品价值中的（　）。

A. $v$ 和 $m$ 的价值总和

B. 所费的 $c$ 和 $v$ 的价值总和

C. 生产商品的实际生产费用 $c+v+m$

D. 生产商品的实际生产费用的差额 $m$

2. 企业产品的销售收入扣除成本后的余额是(　　)。
A. 价值　　B. 利润　　C. 成本　　D. 资本
3. 部门内的竞争形成的是(　　)。
A. 商品的价值　　B. 商品的交换价值
C. 商品的使用价值　　D. 商品的市场价值
4. 通过不同部门之间的竞争形成的是(　　)。
A. 剩余价值　　B. 平均利润　　C. 生产价格　　D. 市场价格
5. 超额利润是(　　)。
A. 所费资本低于所用资本的差额
B. 个别价值低于社会价值的差额
C. 个别生产价格低于社会生产价格的差额
D. 购买商品的价格低于销售商品价格的差额
6. 平均利润等于(　　)。
A. 剩余价值除以不变资本　　B. 预付资本乘以平均利润率
C. 剩余价值除以全部预付资本　　D. 社会总剩余价值除以社会总资本
7. 平均利润率规律是(　　)。
A. 发达商品经济的规律　　B. 商品经济的基本经济规律
C. 资本主义特有的经济规律　　D. 社会主义特有的经济规律
8. 商业资本独立后执行的职能是(　　)。
A. 为了获得商业利润　　B. 生产价值和剩余价值
C. 实现价值与剩余价值　　D. 为生产剩余价值做准备
9. 以下属于生产性流通费用的是(　　)。
A. 商业店员的工资　　B. 投在广告上的费用
C. 投在运输业上的费用　　D. 用于簿记和通信上的费用
10. 纯粹流通费用的补偿是(　　)。
A. 来源于对剩余价值的扣除　　B. 来源于对商业利润的扣除
C. 通过商品价值的实现获得补偿　　D. 通过从商品价值中直接获得补偿

## 四、多项选择题

1. 剩余价值($m$)和利润($p$),以及剩余价值率($m'$)和利润率($p'$)的关系是(　　)。
A. $m$ 大于 $p$　　B. $m$ 小于 $p$
C. $m$ 等于 $p$　　D. $m'$小于 $p'$
E. $m'$大于 $p'$
2. 成本价格是(　　)。
A. 所费的 $c$ 和 $v$ 的价值总和
B. 商品销售价格的最低界限
C. 企业在市场竞争中成败的关键
D. 耗费的生产资料价值和劳动力价值的总和
E. 由商品生产中实际耗费的 $c$ 和 $v$ 所构成的价格

3. 利润率同资本有机构成高低的关系是(　　)。

A. 成反比例　B. 成正比例
C. 不成比例　D. 成反方向变化
E. 成正方向变化

4. 平均利润率是(　　)。

A. 剩余价值与可变资本的比率　B. 剩余价值与预付总资本的比率
C. 通过各部门内部的竞争形成的　D. 通过不同部门之间的竞争形成的
E. 剩余价值总额与社会资本总额的比率

5. 平均利润率下降趋势的规律说明(　　)。

A. 利润率是绝对的直线下降　B. 不意味着剩余价值率的降低
C. 意味资本家占有的利润量绝对地减少　D. 不排斥个别时期平均利润率的上升
E. 利润率的下降与利润量的增大通常是相伴发生的

6. 生产价格是(　　)。

A. 生产成本加平均利润　B. 生产成本加各部门的利润
C. 生产成本加超额利润　D. 商品价值 $c+v+m$ 的转化形式
E. 以平均利润的形成为前提的

7. 商业利润(　　)。

A. 主要是由产业工人创造的　B. 主要是由商业店员创造的
C. 是由商业资本家从事商业活动创造的　D. 获得的途径是购买价格低于销售价格
E. 是商业店员在剩余劳动时间内实现的剩余价值

8. 平均利润和生产价格规律的作用是(　　)。

A. 推动资本周转速度的加快
B. 分配社会劳动,调节资源配置
C. 造成平均利润率呈下降趋势
D. 促进企业改革生产技术,提高劳动生产率
E. 调节剩余价值在各部门投资者之间的分配

9. 阻碍平均利润率下降的主要因素是(　　)。

A. 对外贸易的发展　B. 剩余价值率的提高
C. 生产资料价值的降低　D. 相对过剩人口的存在
E. 固定资本的比重增大

10. 商品资本独立化为商业资本的基本条件是(　　)。

A. 具有良好的商品销售环境　B. 有较大的商品销售规模
C. 商业投资者必须有独立投资　D. 商业投资者需要耗费较高的广告费用
E. 商品销售成为商业投资者的独立业务

**五、辨析题**

1. 西方经济学也十分注重对成本价格的研究,其成本价格与马克思主义经济学中的成本价格是完全一致的。

2. 成本价格是商品社会的共有范畴,因此在不同的社会所反映的社会生产关系是相

同的。

3. 平均利润同成本价格和利润相比，更加掩盖了资本主义剥削关系。

4. 商业资本不参与利润率的平均化。

## 六、案例分析题

1. 案例内容：

彩电到底降价了没有？2000 年 10 月，《深圳商报》记者从广东省彩电企业领导座谈会上了解到，当前彩电业平均利润为 6%，已经成为名副其实的微利行业。在这个有康佳、TCL、创维等著名彩电企业首脑们参加的企业会议上，这一利润率没有任何一家企业表示异议。据称，现在 25 英寸、21 英寸彩电已经是“亏本赚吆喝”，不仅无利可图，而且企业还要倒贴成本。能给企业带来利润的是 29 英寸、34 英寸大彩电及新推出的数字电视机。

时间倒退到十年前，中国彩电生产企业平均利润曾经达到 50%以上。这使中国彩电行业迅速完成了原始资本积累，向规模和质量要效益。

案例问题：

(1)上述案例说明了政治经济学的哪一条基本规律？

(2)你认为我国彩电行业的这种现象是否会在其他超额利润的行业出现？为什么？

2. 案例内容：

经过二十多年的持续创新发展，我国已成为世界第一大农村电子商务国，近年来农产品网络零售额保持两位数的增长速度，取得超出预期的成效。2021 年全国县域数字农业农村发展水平评价报告显示，2020 年全国县域农产品网络零售额为 7 520.5 亿元，占农产品销售总额的 13.8%，比 2019 年增长 3.8 个百分点。农村居民通过电商更加注重个性化、品牌化、多元化的消费体验，农村市场的消费潜力不断释放；城镇居民通过电商选择全国各地特色优质农产品，减少交易环节，同时不受地域、时间限制，方便快捷。2020 年我国电商物流农村业务量指数保持增长态势，全年均高于电商物流指数。农村电商促进了农产品进城和工业品下乡，开辟出一条方便、快捷的促进城乡商品“双向流通”的重要渠道。

案例问题：

(1)什么是商业资本？

(2)电子商务对商品流通具有什么意义？

## 七、问答题

1. 成本价格的意义是什么？
2. 利润与剩余价值有何关系？
3. 什么是利润？社会主义公有制企业利润的特点是什么？
4. 阻碍平均利润率下降的主要因素是什么？
5. 决定平均利润率高低的因素是什么？
6. 企业降低成本和增加利润的途径有哪些？
7. 什么是商业资本？商业利润的来源和获得的途径是什么？

## 八、论述题

1. 请从利润率公式的分解中论述决定和影响利润率的主要因素。

2. 为什么说平均利润率下降并不意味着资本家占有的利润量绝对的减少和剩余价值率的降低?

3. 试述价值规律与生产价格规律的关系。

4. 试述商业资本周转的特点及其对平均利润率和价格的影响。

## 九、计算题

1. 某资本家新办一个企业,用 20 万美元建造厂房,又用 20 万美元购买机器、设备,每年厂房、机器设备损耗 10 万美元,资本家购买一年内全部消耗完毕的原材料 20 万美元,雇佣工人一年工资 10 万美元,年产品的总价值为 60 万美元。

问:

(1)成本价格是多少?

(2)利润率是多少?

(3)请写出成本价格的概念及其对企业的意义。

2. 设:产业部门预付的不变资本为 19 200 万元,其中,固定资本 15 250 万元,使用年限为 5 年;可变资本 2 000 万元;剩余价值率 200%。

设:商业部门所用资本与所费资本相等,生产工人的剩余价值率也为 200%,预付资本的情况是:购进商品资本 1 200 万元;保管费用 400 万元(其中:$300c$,$100v$);运输费用 500 万元(其中:$400c$,$100v$);纯粹流通费用 200 万元。

问:

(1)平均利润率是多少?

(2)产业资本家集团获得的平均利润是多少?

(3)商业资本家集团获得的平均利润是多少?

(4)商业部门售卖商品的生产价格是多少?

(5)请写出平均利润和生产价格学说的理论和实践意义。

# 第九章

# 生息资本和利息

## 一、概念题

1. 借贷资本　2. 利息　3. 利息率　4. 金融工具　5. 系统性风险和非系统性风险　6. 金融风险　7. 股份制　8. 股票　9. 股息　10. 股票价格　11. 虚拟资本　12. 创业利润　13. 信用　14. 商业信用　15. 期票　16. 银行信用

## 二、判断题

1. 借贷资本是为了取得利息而暂时贷给他人使用的货币资本。（　）

2. 借贷资本的来源主要是产业资本循环中产生的闲置货币资本。（　）

3. 借贷资本既是资本商品，也是一种所有权资本和财产资本。（　）

4. 利息是资本要素获得的利益回报，是产业部门工人创造的剩余价值或剩余劳动的一部分。（　）

5. 利息作为资本商品的价格，实质上是资本价值的货币表现。（　）

6. 社会主义公有制经济中的利息，实质是公有制经济纯收入的一部分在不同企业和个人间的再分配的具体形式。（　）

7. 在市场经济中，利息率具有调节资本供求，进而调节储蓄和消费的作用。（　）

8. 银行利润的社会性质体现在利润的归属上，而最终又是由银行资本所有权决定的。（　）

9. 银行企业同生产企业和商业企业一样要求获得平均利润率。（　）

10. 金融工具就是金融活动中与资金融通的具体形式相联系的载体，就是股票和债券。（　）

11. 金融风险是金融活动和金融市场的外在属性，它不可能完全准确地由行为人预测。（　）

12. 系统性风险是指某种因素对市场上所有资产都会带来损失的可能性，又称能分散

的风险。 (  )

13. 股份制在资本主义经济中得到广泛发展,因此是资本主义特有的产物。 (  )

14. 股份制是商品经济和社会化大生产的产物,它的发展是对资本主义生产方式本身的扬弃。 (  )

15. 虚拟资本是指以有价证券的形式存在,能够给持有者定期带来一定收入的资本。 (  )

## 三、单项选择题

1. 从转让方式看,借贷资本与普通商品的区别是(  )。
   A. 前者以借贷方式转让,不放弃资本所有权
   B. 后者以买卖形式转让,不放弃商品所有权
   C. 前者以借贷形式转让,放弃了资本所有权
   D. 后者以借贷形式转让,放弃了商品所有权
2. 在市场经济中调节借贷资本供求的经济杠杆是(  )。
   A. 利润率　　B. 利息率
   C. 平均利润率　　D. 剩余价值率
3. 利息的实质是(  )。
   A. 资本商品的价格　　B. 资本商品的货币表现
   C. 资本价值的货币表现　　D. 货币作为生息资本增值的表现
4. 从长期趋势看,利息率的变动(  )。
   A. 具有上升趋势　　B. 具有下降趋势
   C. 呈现相对稳定的水平　　D. 时而上升,时而下降
5. 银行利润的社会性质是由(  )。
   A. 银行利润的来源决定的　　B. 银行利润的生产决定的
   C. 银行资本使用权决定的　　D. 银行资本所有权决定的
6. 金融风险是指(  )。
   A. 可以分散的风险
   B. 不可以分散的风险
   C. 金融活动中与资金融通的具体现实相联系的载体
   D. 经济活动中由资金筹措和运用所造成损失的可能性
7. 决定股份制企业的性质是(  )。
   A. 股份资本的所有权性质　　B. 股份资本的使用权性质
   C. 股份资本的生产组织形式　　D. 股份资本的产权组织形式
8. 股票价格(  )。
   A. 与预期利息成正比,与利润率成反比
   B. 与预期利润成正比,与利息率成反比
   C. 与预期股息成正比,与利息率成反比
   D. 与预期股息成正比,与利润率成反比
9. 股票价格实质上是(  )。

A. 股票的票面金额
B. 股票收入的资本化
C. 市场上交易时形成的价格
D. 实际资产价值的货币表现

10. 作为商业信用工具的商业票据是(　　)。
A. 股票和股息
B. 债券和利息
C. 期票和汇票
D. 消费信用卡和旅行支票

## 四、多项选择题

1. 借贷资本是(　　)。
A. 一种高利贷资本
B. 一种商品的资本即资本商品
C. 一种所有权资本即财产资本
D. 一种最富有拜物教性质的资本形式
E. 为取得利息而暂时贷给他人使用的货币资本

2. 利息是(　　)。
A. 资本价值的货币表现
B. 资本要素获得的利益回报
C. 剩余价值的特殊转化形式
D. 货币作为生息资本增值的表现
E. 产业部门工人创造的剩余价值或剩余劳动

3. 在市场经济条件下,利息总是表现为资本价格的原因是(　　)。
A. 利息是资本财产的自然产物
B. 利息是企业平均利润的一部分
C. 利息是资本所有权在经济上的实现
D. 利息与商品价格决定一样受竞争和供求的调节
E. 利息与商品价格一样具有调节借贷资本供求的作用

4. 社会主义公有制经济中的利息(　　)。
A. 总是表现为资本价格
B. 是资本所有权在经济上的实现
C. 最终来源是社会主义社会的剩余劳动
D. 体现社会主义国家、企业和劳动者个人之间的物质利益关系
E. 实质上是社会主义企业纯收入在社会主义经济内部的再分配

5. 决定利息率高低的因素是(　　)。
A. 企业利润的高低
B. 借贷资本的竞争
C. 习惯和法律传统
D. 平均利润率的高低
E. 借贷资本的供求状况

6. 从利息率变动的长期趋势看呈下降趋势的原因是(　　)。
A. 借贷双方的竞争
B. 平均利润率有下降的趋势
C. 利息率是由习惯决定
D. 利息率是由法律传统决定
E. 借贷资本的供给有超过需求的趋势

7. 以下属于银行资本的物质构成是(　　)。
A. 股票
B. 国库券
C. 商业票据
D. 公司债券

E. 不动产抵押单

8. 银行的业务主要包括(　　)。

A. 吸收存款或吸收资本的负债业务

B. 银行以不动产或动产作为抵押品的贷款

C. 用现金购买未到期的商业票据的负债业务

D. 承购政府公债和公司债券及经营结算业务

E. 银行凭贷款人的信用而发放活期或定期贷款

9. 银行利润的来源主要是(　　)。

A. 承办中间业务的手续费

B. 从事证券交易所获得的收益

C. 对外投资获得的股票红利

D. 贷款利息与存款利息的差额

E. 扣除经营银行业务费用和职员工资后的剩余价值

10. 金融工具(　　)。

A. 主要是股票和证券

B. 是可以降低某些因素对单个资产造成损失的可能性

C. 是金融活动中与资金融通的具体形式相联系的载体

D. 是可以降低某种因素对市场上所有资产带来损失的可能性

E. 内容包括发行者、投资者、期限、价格、收益和流通性

11. 现代市场经济条件下的股份制是(　　)。

A. 法人资产的独立经营形式

B. 联合生产和经营的组织形式

C. 一种联合生产的组织形式和产权组织形式

D. 通过发行股票建立股份公司筹集资金进行生产和经营的形式

E. 不同所有者通过认购股票共同出资创建企业的一种企业组织形式

12. 股票是(　　)。

A. 社员权证券

B. 要式证券和永久证券

C. 有价证券和权利证券

D. 向股票公司投资入股的凭证和所有权证书

E. 营利性和风险性并存的一种财产组织形式

13. 股份公司(　　)。

A. 是现代企业的主要组织形式

B. 是法人资产的独立经营形式

C. 主要有股份有限公司和有限责任公司

D. 是一种联合生产的组织形式和产权组织形式

E. 是高度发达的商品货币经济和社会化大生产的产物

14. 虚拟资本与实际资本的区别是(　　)。

A. 虚拟资本和实际资本两者的总量不一致

B. 虚拟资本价格涨落反映实际资本量的变化

C. 虚拟资本增长速度快于实际资本的增长速度

D. 虚拟资本本身没有价值而实际资本本身有价值

E. 虚拟资本和实际资本都能在实际生产中发挥作用

15. 股份制在推进现代市场经济发展中的重要作用是(　　)。

A. 重新配置资本和优化投资结构的有效手段

B. 加速资本集中成为促进经济发展的有力杠杆

C. 创建了最发达、最完善、最严格的现代企业制度

D. 资本主义生产方式向社会公共生产方式过渡的形式

E. 强化了投机经营的危害性、金融体系和投资者心理的不稳定

16. 信用(　　)。

A. 基本形式为银行信用和消费信用

B. 是以偿还为条件的价值运动的特殊形式

C. 是商品买卖中延期付款或货币借贷活动的总称

D. 具有节约交易成本、促进商品流通和融资功能

E. 是经济关系即商品货币关系的一种特殊运动形式

## 五、辨析题

1. 借贷资本和高利贷资本都是为了取得利息而暂时贷给他人使用的货币资本，具有共同的性质，因此，借贷资本就是高利贷资本。

2. 从严格意义上讲，把利息说成是资本商品的价格是不科学的，但是，在一般情况下，利息又总是表现为资本价格，并在实际经济生活中发挥很大的作用。

3. 利息是资本要素获得的利益回报，因此，在不同的社会制度下利息所表现的性质是相同的。

4. 由于金融风险的存在，必须加强对金融风险的管理，也就是加强对金融业的监管。

5. 在股票市场上，股票价格与实际资本经营效益往往不相称，因此虚拟资本与实际资本是两种完全不同和毫不相关的资本。

6. 有人说股份制姓“资”，因为它出身于资本主义；也有人说股份制姓“公”，因为许多人的资本集合在一起，私就变公了。

## 六、案例分析题

1. 案例内容：

美国著名的经济分析家拉鲁什和 EIR 认为，当今世界金融体系是一种“金字塔”结构，他们对世界金融体系这种“金字塔”结构及其命运进行了剖析。他们认为，当今世界经济巨大的金融财富价值，其形式上是一个倒置的“金字塔”。在“金字塔”的底层是我们的实际的物质产品；在其上是商品和真实的服务商业贸易；再在其上，有复杂的和名义的债务、股票、通货、商品期货等的结构；最后在其顶层是衍生期货以及其他纯粹的虚拟资本。20 世纪 70 年代以来，以金融衍生工具形式出现的虚拟资本的增长与实际资本的增长之间的差距日益拉大，这种金融体系是十分危险的，也是产生世界金融危机的根源。

案例问题：

(1)概述金融工具及其内容。

(2)依据所学的政治经济学原理,请你谈谈对金融衍生工具利弊的看法?

2. 案例内容:

2002年2月6日,爱尔兰联合银行集团(AIB)巨额诈骗案暴露,使AIB集团蒙受重大经济损失,仅2001年税后收入就减少了5.96亿欧元,当天该银行股价下跌15.5%;AIB集团的一级资本和全部资本充足率分别下降0.8%和0.9%。祸首是AIB集团设在美国巴尔的摩的全资附属机构ALLFIRST银行总部的外汇交易员鲁斯纳克,伪造大量外汇交易单据,制造虚假记录。其涉案金额累计5亿英镑,约合7.5亿美元。

案例问题:

(1)什么是金融风险?

(2)结合实际说明应该如何加强金融风险的防范?

## 七、问答题

1. 借贷资本及其主要来源是什么?
2. 借贷资本的特点和本质是什么?
3. 什么是利息率?决定利息率高低的因素以及利息率的作用是什么?
4. 什么是银行利润?银行利润的社会性质是如何体现的?
5. 什么是金融工具?它包括哪些内容?
6. 股票、股票权利及其特征是什么?
7. 什么是商业信用?商业信用的工具及其特点是什么?
8. 什么是银行信用?与商业信用相比,银行信用有哪些特点?

## 八、论述题

1. 试述借贷资本的本质和特点。
2. 试述社会主义公有制经济中利息的实质。
3. 试述金融风险以及在现代市场经济条件下,如何对金融风险进行防范和管理。
4. 试述股份制产生的原因、革命意义和性质。
5. 试述虚拟资本与实际资本的关系。
6. 试述现代股份制的特点和作用。
7. 试述第二次世界大战以后股份制新的变化和特点。
8. 试述信用、信用形式和信用在市场经济发展中的作用。
9. 试述现代意义上的信用和信用制度。

## 九、计算题

1. 设:某银行自有资本130亿美元,其中10亿美元用于经营银行业务费用,120亿美元用于贷款。另又吸收存款800亿美元用于贷款,存款利息率为2%,贷款利息率为5%。

试计算:

(1)银行利润是多少?

(2)银行利润率是多少?

通过以上计算:

(1)请写出银行利润的主要来源。

(2)请回答为什么银行资本要获得平均利润。

2. 设:某银行家自有资本 10.5 亿美元;其中 5 000 万美元用于经营银行业务费用,其余全部贷出,贷款利率为 5%。另吸收存款 90 亿美元,存款利息率为 3%;全部贷出,贷款利率为 5%。银行家用获得的利润创办股份公司,以票面额 100 美元一张发行股票,按股息率 9%向外抛售。

试计算:

(1)银行利润是多少?

(2)银行利润率是多少?

(3)每张股票价格是多少?

(4)银行家通过抛售股票又获取多少利润?

问:通过以上计算,请写出银行利润的概念、来源和社会性质。

# 第十章

# 垄断资本和垄断利润

## 一、概念题

1. 垄断　2. 金融资本　3. 资本参与制　4. 资本输出　5. 国际垄断同盟　6. 垄断价格　7. 垄断利润　8. 垄断竞争

## 二、判断题

1. 垄断价格是凭借垄断地位决定的，因此垄断价格否定了价值规律。　(　　)
2. 垄断削弱了市场竞争，并将逐步消灭市场竞争。　(　　)
3. 商品输出是垄断资本主义的经济特征。　(　　)
4. 资本输出是垄断资本主义的经济特征。　(　　)
5. 高额垄断利润来源于垄断组织最先进的工业设备。　(　　)
6. 垄断利润是资本所有权在经济上的实现形式。　(　　)
7. 金融资本是银行垄断资本与工业垄断资本融合生长而形成的一种新型资本。　(　　)
8. 垄断的形成是资本适应生产社会化发展的结果。　(　　)
9. 法人持股是战后金融资本股权结构的新特点。　(　　)
10. 股权结合、人事参与是金融资本形成的主要途径。　(　　)
11. 垄断企业内部工人创造的剩余价值是垄断利润的唯一来源。　(　　)
12. 在垄断条件下平均利润二重化。　(　　)
13. 第二次世界大战后，发达资本主义国家相互直接投资成为国际资本流动的主要方向。　(　　)
14. 垄断形成后，银行的新作用是扩大信用范围。　(　　)
15. 资本参与是金融寡头实现经济上统治的主要途径。　(　　)
16. 科学技术的重大变革和创新是激发垄断竞争的重要原因。　(　　)

## 三、单项选择题

1. 垄断资本家组建垄断组织的根本目的是(　　)。
   A. 联合起来共同发展　　B. 联合起来推销商品
   C. 消除垄断资本之间的矛盾和竞争　　D. 确保垄断统治和获取高额垄断利润
2. 在生产、商业和法律上都失去了独立性的垄断组织是(　　)。
   A. 卡特尔　　B. 辛迪加　　C. 托拉斯　　D. 康采恩
3. 垄断资本主义阶段银行的新作用集中表现在(　　)。
   A. 它吸收大量存款　　B. 它发放大量贷款
   C. 它是信贷关系的中介人　　D. 它是控制工商企业的万能垄断者
4. 在垄断资本主义阶段,成为全部社会经济活动统治力量的是(　　)。
   A. 工业资本　　B. 银行资本　　C. 金融资本　　D. 产业资本
5. 金融寡头在经济领域的统治主要是通过(　　)。
   A. 暴力掠夺实现的　　B. 资本参与实现的
   C. 直接投资兴办企业实现的　　D. 自身资本积累和积聚实现的
6. 资本输出是(　　)。
   A. 国家垄断资本主义的主要特征
   B. 垄断占统治地位的资本主义的特征
   C. 资本主义各个阶段共有的主要特征
   D. 自由竞争占统治地位的资本主义的特征
7. 垄断资本所有权在经济上实现的基本形式是(　　)。
   A. 剩余价值　　B. 平均利润　　C. 超额利润　　D. 垄断利润
8. 垄断价格的形成意味着(　　)。
   A. 价格可以完全背离价值
   B. 价值规律已不再起作用
   C. 其制定并不能超越市场条件的限制
   D. 生产价格规律在资本主义社会已经不起作用
9. 商品的垄断价格高于或低于价值和生产价格意味着(　　)。
   A. 垄断可以产生新的价值
   B. 垄断价格能够完全脱离价值
   C. 社会商品价格总额会大于或小于价值总额
   D. 商品市场价格总量仍是以价值总量为基础来调节的
10. 垄断资本主义经济活动的基本格局是(　　)。
   A. 绝对的垄断　　B. 垄断消除了竞争
   C. 垄断与竞争并存　　D. 激烈的自由竞争

## 四、多项选择题

1. 垄断形成的原因是(　　)。
   A. 生产高度集中的必然产物　　B. 资本高度集中必然引起垄断

C. 少数大企业为避免两败俱伤而结盟　D. 大企业为获取稳定利润而进行联合
E. 规模经济效益促使少数大资本走向垄断

2. 随着生产社会化发展,比较重要的垄断组织形式有(　　)。
A. 卡特尔　B. 辛迪加　C. 托拉斯　D. 康采恩
E. 跨国公司

3. 垄断资本主义的基本经济特征是(　　)。
A. 垄断　B. 金融资本　C. 资本输出　D. 殖民地垄断
E. 国际垄断同盟

4. 金融资本形成的主要途径是(　　)。
A. 工业垄断资本购买垄断大银行的股票
B. 银行垄断资本购买工业垄断企业的股票
C. 银行垄断资本与工业垄断资本共同创办新企业
D. 银行垄断资本与工业垄断资本互派人员兼任要职
E. 工业垄断资本与银行垄断资本融合生长而形成的资本

5. 资本输出的必要性在于(　　)。
A. 为商品输出开路　B. 资本主义已形成世界体系
C. 为争夺世界市场控制权地位　D. 为控制国外原料产地和其他重要资源
E. 为大量过剩资本寻找高额利润的投资场所

6. 第二次世界大战后发达资本主义国家资本输出(　　)。
A. 以跨国公司为主体　B. 以国家资本输出为主
C. 以生产资本输出为主要形式　D. 以发达国家互相输出为主要流向
E. 以全球资源高效配置为重要目标

7. 资本输出对于输出国的作用在于(　　)。
A. 转移本国的落后产业　B. 获取巨额的海外利润
C. 控制输入国的产品销售市场　D. 占有廉价的生产资料和劳动力
E. 导致产业空心化和投资不足等

8. 垄断价格是(　　)。
A. 由成本价格加平均利润构成　B. 由成本价格加垄断利润构成
C. 由垄断低价和垄断高价组成　D. 垄断资本家取得垄断利润的主要手段
E. 垄断资本家凭借垄断地位规定的商品价格

9. 垄断价格的形成表明(　　)。
A. 垄断价格受替代品竞争的制约
B. 垄断价格受市场供求和成本的制约
C. 垄断价格受价值基础的支配和调节
D. 垄断价格形式上是主观的而内容上是客观的
E. 垄断价格是大大偏离商品价值的一种市场价格

10. 垄断利润是(　　)。
A. 凭借垄断地位获得的利润
B. 超过平均利润的高额利润

C. 来源于垄断企业先进的机器设备的利润
D. 通过资本自由转移而形成的一种利润
E. 垄断资本所有权在经济上的实现形式

11. 垄断利润的主要来源是(　　)。
A. 小生产者创造的一部分价值
B. 垄断企业内部工人创造的剩余价值
C. 落后国家劳动人民创造的一部分价值
D. 非垄断企业工人创造的一部分剩余价值
E. 国内劳动人民必要劳动创造的一部分价值

12. 垄断条件下利润率平均化规律的变化是(　　)。
A. 利润率平均化规律已经消失
B. 在垄断与非垄断两个层次都发生作用
C. 利润率平均化规律只存在于非垄断部门之间
D. 利润率平均化规律只存在于垄断部门之间
E. 形成两个层次两种不同水平的平均利润率

13. 垄断竞争的市场结构具有以下特点(　　)。
A. 产品有差异　　B. 信息较完备
C. 资本集中度较低　　D. 资本集中度较高
E. 存在一定的资本进入壁垒

14. 垄断与竞争并存的原因是(　　)。
A. 中小企业仍然大量存在　　B. 垄断组织不能囊括一切商品生产
C. 垄断不能消除商品经济的竞争基础　　D. 科技进步和创新不断激发新的竞争
E. 发展不平衡规律导致企业资本实力的变化

15. 垄断竞争的特点是(　　)。
A. 垄断企业能消除中小企业　　B. 国内竞争与国际竞争并存
C. 价格竞争与非价格竞争并存　　D. 垄断竞争与非垄断竞争并存
E. 垄断企业与非垄断企业的控制与反控制的竞争

## 五、辨析题

1. 垄断资本主义占统治地位的是金融资本。
2. 垄断价格是垄断资本家凭借垄断地位制定的,因而否定了价值规律。
3. 垄断条件下资本不能在部门之间自由转移,因而不存在利润率平均化规律。
4. 垄断利润完全来源于垄断企业内部工人所创造的剩余价值。
5. 资本输出只存在一种流向,即发达国家向不发达地区和国家进行资本输出。

## 六、案例分析题

1. 案例内容:

微软公司是 20 世纪 90 年代对美国新经济有重要贡献的成功企业。但微软仍遭遇垄断案。对于新兴产业和对经济增长影响较大的企业政府并不放松反垄断行为。1994 年 7 月,美国政府与微软达成一项协议，即不再要求计算机制造商将其视窗操作系统作为必备原件安装。但在1995年11月因与对手网景公司划分浏览器市场遭到拒绝，微软便要求安装视窗操作系统必须同时安装其“探索者”浏览器。1997年10月，微软实施将浏览器与视窗操作系统捆绑出售。捆绑销售使微软市场份额大增，从原有的3%～4%的市场份额上升至50%以上的市场占有率。为此，美国反托拉斯部门与微软公司开始漫长诉讼之路。2000年6月，地方法院法官判决微软公司分解为两个独立公司。政府拆分微软的行为在于保护市场竞争。微软不服又提出上诉。其结果微软虽未被拆分，但上诉法院确认微软的市场垄断事实，违反了美国的反托拉斯法。

案例问题：

(1)微软垄断案反映了垄断企业之间的激烈竞争。你认为垄断与竞争并存的原因是什么？

(2)通过微软垄断案，你从中可以深刻领悟哪些经济学原理？

2. 案例内容：

**外商直接投资对中国经济增长的影响**

| 项目 \ 年份 | 1990 | 1991 | 1992 | 1993 | 1994 | 1995 | 1996 | 1997 | 1998 |
|---|---|---|---|---|---|---|---|---|---|
| 外商直接投资占国内生产总值增长来源的比例(%) | 1.26 | 1.19 | 2.42 | 3.88 | 5.10 | 4.61 | 4.39 | 4.21 | 4.63 |
| 外商直接投资对国内生产总值增长的贡献(%) | 0.05 | 0.11 | 0.34 | 0.52 | 0.64 | 0.48 | 0.42 | 0.37 | 0.36 |

资料来源：陈浪南：《外商直接投资对中国经济增长影响的经验研究》，《世界经济》，2002。

案例问题：

(1)通过考察20世纪90年代外商直接投资对我国经济增长的影响，阐述发展中国家引进外资有哪些积极作用。

(2)引进外资对发展中国家又会产生哪些负面影响？

## 七、问答题

1. 在金融资本形成过程中银行的作用发生了怎样的变化？
2. 金融寡头是怎样实现经济上和政治上的统治的？
3. 从自由竞争中成长起来的垄断为什么不能消除竞争，而是与竞争并存？
4. 随着商品经济和生产社会化的发展，垄断组织形式经历了怎样的演变过程？
5. 垄断资本主义有哪些基本经济特征？

## 八、论述题

1. 试述垄断资本形成的基本动因以及垄断条件下资本竞争的特点。

2. 试述资本输出的必要性和资本输出对输出国和输入国的双重作用。

3. 试比较平均利润和垄断利润的主要区别，并阐述垄断利润出现后对利润率平均化规律的影响。

4. 有舆论经常批评我国国有企业的生产经营集中度太高。请对照发达国家，做出辩证分析。

# 第十一章

# 土地所有权和地租

## 一、概念题

1. 土地制度　2. 土地资本　3. 土地所有权　4. 地租　5. 资本主义地租　6. 社会主义地租　7. 绝对地租　8. 级差地租　9. 垄断地租　10. 土地价格

## 二、判断题

1. 绝对地租产生的原因是农业资本有机构成低于社会资本有机构成。（　　）
2. 资本主义地租是占有农业工人创造的全部剩余价值。（　　）
3. 绝对地租来自农产品的价值和成本价格的差额。（　　）
4. 在租约期限内，级差地租Ⅱ的超额利润由农业资本家获得。（　　）
5. 级差地租来自农产品的社会生产价格与个别生产价格的差额。（　　）
6. 资本主义土地所有制的特点是土地所有权与土地经营权相分离。（　　）
7. 地租是土地所有权在经济上的实现形式，因此征收地租也是社会主义土地公有权的实现形式。（　　）
8. 资本主义地租与封建地租一样体现土地所有者与农业工人两者关系。（　　）
9. 农产品的社会生产价格是由中等地的个别生产价格决定。（　　）
10. 劣等地的个别生产价格决定农产品的社会生产价格。（　　）
11. 在劣等地块追加投资提高产量同样可获得级差地租Ⅱ。（　　）
12. 土地稀缺性和特殊优越性是垄断地租形成的原因。（　　）
13. 土地可作为商品买卖，表明土地有价值。（　　）
14. 土地价格在数量上与预期地租成正比，与利息率成反比。（　　）
15. 政府可利用地租促进土地利用的社会效益和经济效益。（　　）
16. 关于包括土地制度在内的我国社会主义农业的改革和发展目标就是废除人民公社，实行家庭联产承包为主的责任制。（　　）

## 三、单项选择题

1. 土地所有制在法律上的表现是(　　)。
   A. 地租　　B. 土地价格　　C. 土地资本　　D. 土地所有权
2. 地租是(　　)。
   A. 购买土地的价格
   B. 土地所有权在经济上的实现
   C. 社会人地关系及其人与人关系的法定结合形式
   D. 人们在使用土地过程中所结成的各种经济关系
3. 资本主义地租体现了(　　)。
   A. 地主和农民的关系
   B. 农业资本家和农业工人的关系
   C. 土地所有者和农业资本家之间的关系
   D. 土地所有者、农业资本家和农业工人之间的关系
4. 级差地租产生的社会经济原因是(　　)。
   A. 土地经营权的垄断　　B. 土地私有权的垄断
   C. 土地所有权的垄断　　D. 土地生产条件的差别
5. 级差地租是(　　)。
   A. 大土地所有者获得的平均利润
   B. 农产品价值超过生产价格的余额
   C. 不管租种什么土地都必须缴纳的地租
   D. 经营较优土地获得的归土地所有者占有的那部分超额利润
6. 级差地租来自农产品(　　)。
   A. 价值和成本价格的差额
   B. 价值和社会生产价格的差额
   C. 社会生产价格和生产成本的差额
   D. 社会生产价格和个别生产价格的差额
7. 绝对地租产生的条件是(　　)。
   A. 土地的地理位置不同
   B. 土地的肥沃程度不同
   C. 土地的资本主义经营垄断
   D. 农业资本有机构成低于社会平均资本有机构成
8. 构成垄断地租基础的垄断价格的特点是(　　)。
   A. 以价值为基础　　B. 以生产价格为基础
   C. 以特殊土地经营垄断为前提　　D. 以垄断组织凭借其垄断地位为前提
9. 土地价格的实质是(　　)。
   A. 以价值为基础　　B. 资本化的地租
   C. 由社会必要劳动量所决定　　D. 购买土地所支付的货币量
10. 以下不属于农业变化新的特点的是(　　)。

A. 农业生产的企业化　　B. 农业生产的个体化
C. 农业生产的工业化和现代化　　D. 农业生产的专业化和社会化

## 四、多项选择题

1. 土地制度（　　）。
A. 在法律上的表现形式即为土地所有权
B. 基本形式是土地私有制和土地公有制
C. 是社会人地关系及其人与人关系的法定结合形式
D. 是人们在占有、支配和使用土地中结成的经济关系
E. 改革是为了保障人们享有公平利用土地的权利
2. 资本主义地租与封建地租的区别在于（　　）。
A. 前者是土地所有权的实现形式，后者是土地使用权的实现形式
B. 前者以契约关系进行纯经济剥削，后者靠不同程度的超经济强制
C. 前者剥削剩余价值，后者直接剥削剩余劳动或剩余产品
D. 前者以资本主义土地私有制为基础，后者以封建土地私有制为基础
E. 前者反映农业资本家、土地所有者共同剥削农业工人，后者反映封建地主剥削农民的关系
3. 资本主义地租是（　　）。
A. 以资本主义土地私有制为前提的
B. 建立在剥削有人身自由的雇佣工人基础上的
C. 体现土地所有者、农业资本家共同剥削农业工人的经济关系
D. 农业资本家交给土地所有者的超过垄断利润的一部分剩余价值
E. 农业资本家交给土地所有者的超过平均利润的一部分剩余价值
4. 社会主义市场经济条件下的地租（　　）。
A. 是购买土地所有权的价格
B. 是土地公有权在经济上的实现形式
C. 是社会主义联合劳动者经济利益的实现
D. 是以土地所有权与土地使用权分离为前提的
E. 体现国家、集体与土地经营者和使用者之间的经济关系
5. 级差地租产生的条件是（　　）。
A. 土地经营的垄断权
B. 土地的肥沃程度不同
C. 土地的地理位置不同
D. 农产品的社会生产价格与个别生产价格的差别
E. 农业资本有机构成低于社会平均资本的有机构成
6. 级差地租的第二形式是指（　　）。
A. 在优等土地上追加投资的结果
B. 在劣等土地上追加投资的结果
C. 资本投入地理位置不同的地块引起的结果

D. 投入不同地块的资本具有不同生产率的结果
E. 资本投入特别稀缺的土地资源所带来的结果

7. 级差地租(　　)。
A. 产生的原因是土地丰度不同
B. 产生的原因是土地经营权的垄断
C. 产生的原因是土地所有权的垄断
D. 产生的条件是土地优劣不等引起资本生产率不等
E. 产生的条件是社会资本有机构成高于农业资本有机构成

8. 级差地租Ⅰ和级差地租Ⅱ的联系表现在(　　)。
A. 两者的实体都是超额利润
B. 两者的实体都是剩余价值的转化形式
C. 两者都是以劣等地的个别生产价格决定
D. 两者都是以中等地的个别生产价格决定
E. 级差地租Ⅰ是级差地租Ⅱ的基础和前提

9. 绝对地租是(　　)。
A. 只有劣等地才要缴纳的地租　B. 只有优等地才要缴纳的地租
C. 租种一切土地都要缴纳的地租　D. 租种私有制土地要缴纳的地租
E. 租种公有制土地要缴纳的地租

10. 资本主义绝对地租(　　)。
A. 产生的条件是土地差别性
B. 产生的原因是土地经营权的垄断
C. 产生的原因是土地私有权的垄断
D. 实质是农业工人所创造的剩余价值的一部分
E. 实体是农产品价值超过生产价格部分的超额利润

11. 垄断地租是(　　)。
A. 以土地丰度不同为条件　B. 以土地经营权的垄断为原因
C. 以土地所有权的垄断为原因　D. 以土地稀缺性和特殊优越性为条件
E. 由垄断价格构成的超额利润转化而来

12. 土地价格是由以下因素决定的:(　　)。
A. 地租量　B. 贷款利息率　C. 存款利息率　D. 社会利润率
E. 剩余价值率

13. 土地价格是(　　)。
A. 地租的资本化　B. 以价值为基础的
C. 不以价值为基础的　D. 因平均利润率下降而呈现上升趋势
E. 因土地资源的不可再生性呈现上升趋势

14. 地租作为调节经济的一种杠杆有以下作用:(　　)。
A. 调节资本投资方向
B. 促进土地资源的优化配置
C. 调节农产品价格进而调节社会供求关系

D. 调节土地所有者与土地使用者的经济利益关系

E. 促进土地利用的社会效益、经济效益和生态效益的统一

## 五、辨析题

1. 级差地租是由农产品的价值高于社会生产价格的差额构成的。

2. 你是否同意以下观点：在土地私有制条件下，土地经营者一定要向土地所有者缴纳地租；在土地公有制条件下，地租可以灵活存在。

3. 农产品的社会生产价格是由中等地的个别生产价格决定的。因此，优等地能获得超额利润转化为级差地租，中等地和劣等地都没有超额利润，即不缴纳级差地租。

4. 土地经营权的垄断是形成绝对地租的原因。

5. 封建地租是地主直接占有农民或农奴剩余劳动的一般形态。资本主义地租则是农业资本家缴给土地所有者的超过平均利润的那部分剩余价值。

## 六、案例分析题

1. 案例内容：

我国的土地制度是城市土地国有，农村土地集体所有的社会主义土地公有制。根据1982年制定的《宪法》确定土地的无偿使用制度。但为适应经济体制转轨和改革开放的需要，1988年经第七届人大对《宪法》的修改，确定了“土地使用权可以依照法律的规定转让”；1990年5月国务院正式颁布《中华人民共和国城镇国有土地使用权出让和转让暂行条例》，1998年经九届人大四次会议审议、修订并通过的《中华人民共和国土地管理法》规定：“以出让等有偿使用方式取得国有土地使用权”，这为土地有偿使用的全面实行从法律上给予了肯定。

案例问题：

(1)在社会主义土地公有制的条件下，我国从土地的无偿使用制度转变成全面实行土地的有偿使用，其重要的理论依据是什么？

(2)在我国社会主义初级阶段土地的有偿使用，即存在绝对地租具有哪些积极作用？

2. 案例内容：

1979年甘肃省全省平均亩产小麦110.5千克，其中水利灌溉条件较好的酒泉地区平均亩产292千克，中等的庆阳市平均亩产107千克，临存自治州平均亩产124.5千克，而干旱缺水的定西市的平均亩产只有51千克。

案例问题：

(1)阐述级差地租形成的条件和原因。

(2)请说明本案例中哪些地区可获得级差地租。

3. 案例内容：

作为中国的一线城市，上海一直备受瞩目，尤其是在房地产市场上。下面一组数据展示了上海近20年的房价变化情况。从2003年到2022年，上海的房价呈现明显的上升趋势。根据上海市统计局的数据，2003年上海的新建商品住宅平均价格为每平方米约5 800元人民币，而2022年达每平方米约65 000元人民币。这意味着在20年的时间里上海的新建商品住宅价格增长约11倍。尽管上海房价总体呈现上涨趋势，但不同地段房产价格与上涨幅

度均存在较大差异。市中心区域(如黄浦、静安和徐汇)房价相对较高,而远离市中心的区域(如嘉定和奉贤)房价相对较低。更有甚者,上海老洋房每平方米的价格是普通房子的10倍,涨幅远超普通房产。

案例问题:请用政治经济学原理分析上述现象背后的原因。

## 七、问答题

1. 级差地租Ⅰ和级差地租Ⅱ有何异同?
2. 绝对地租形成的条件、原因和构成实体是什么?
3. 土地价格的实质是什么? 土地价格是怎样决定的?
4. 地租作为一种经济杠杆具有哪些积极作用?
5. 垄断地租形成的条件和原因是什么?
6. 邓小平强调的中国特色社会主义农业的改革与发展要有"两个飞跃"是指什么?

## 八、论述题

1. 试述级差地租和绝对地租形成的条件和原因。
2. 为什么说地租是个历史范畴? 试比较封建地租与资本主义地租的主要区别。
3. 什么是绝对地租? 城市经济中绝对地租有什么特点?
4. 在我国社会主义土地公有制的条件下,绝对地租为什么仍然存在? 地租可发挥哪些调节经济的作用? 体现了怎样的社会经济关系?
5. 什么是矿山地租? 矿山地租有什么特点?

## 九、计算题

1. 设:农业部门所用资本和所费资本相等,与工业部门剩余价值率相同。工业部门资本有机构成为 $8c:2v$;农业资本有机构成为 $6c:4v$。社会平均利润率为20%。追加投资产生的超额利润全部转化为地租。

各农业资本家共租种1 000公顷土地,投资情况如下:

| | 优等地 | | 中等地 | | 劣等地 |
|---|---|---|---|---|---|
| | 初次 | 追加 | 初次 | 追加 | |
| 投资(万元) | 10 | 10 | 10 | 10 | 10 |
| 产量(万千克) | 7 | 8 | 5 | 6 | 4 |

试计算:

(1)级差地租Ⅰ是多少?

(2)级差地租Ⅱ是多少?

(3)绝对地租是多少?(以产量为计算)

(4)存款利率为3%时,每公顷土地价格是多少?

2. 因土地资源有限,城市人口稠密,在A、B两块土地连续追加投资增加农产品的供给,如下表所示:

| 土地级别 | 投资资本（元） | 平均利润（元） | 产量（千克） | 个别生产价格 | | 社会生产价格 | | 级差地租 | |
|---|---|---|---|---|---|---|---|---|---|
| | | | | 每百千克（元） | 全部产品（元） | 每百千克（元） | 全部产品（元） | 数量 | 形式 |
| A | 100 | 20 | 400 | 30 | 120 | | | | |
| 第一次追加 | 100 | 20 | 500 | 24 | 120 | | | | |
| 第二次追加 | 100 | 20 | 600 | 20 | 120 | | | | |
| B | 100 | 20 | 600 | 20 | 120 | | | | |
| 第一次追加 | 100 | 20 | 750 | 16 | 120 | | | | |
| 第二次追加 | 100 | 20 | 800 | 15 | 120 | | | | |

试问：

(1)A、B两块土地追加投资能否获得级差地租？

(2)在表格中填上可获得级差地租的形式和数量。

(3)通过计算，请写出级差地租两种形式的关系。

# 第十二章

# 国民收入分配与消费

## 一、概念题

1. 国民收入　2. 国民生产总值　3. 国内生产总值　4. 绿色 GDP　5. 居民储蓄　6. 按劳分配　7. 按生产要素分配　8. 经济公平　9. 消费水平　10. 消费方式

## 二、判断题

1. 社会总产品从价值上分为三个部分：$c+v+m$。（　　）

2. 国民生产总值是既定时期一国国土范围内生产的最终产品和劳务的价值总和。（　　）

3. 任何社会的分配关系都是由一定的生产关系决定的，具有历史的性质。（　　）

4. 作为反映经济增长适度的重要指标，GDP 越高，表明这个国家经济的发展就越好。（　　）

5. 马克思主义把经过初次分配所得的收入称为“原始收入”，把经过再分配而获得的收入称为“派生收入”。（　　）

6. 按劳分配就是将劳动者创造的全部价值都归劳动者个人所有。（　　）

7. 在现阶段我国的分配制度中，按劳分配和按要素分配的地位是完全相同的。（　　）

8. 经济公平就是社会成员的收入完全均等。（　　）

9. 对于企业或社会来说，最高效率意味着特定范围内的福利得到最大增进或财富得到最大增加。（　　）

10. 强调共富共享为主要内容的社会公平意味着社会稳定、社会有秩序，追求公平意味着创造一个经济发展的基本条件。（　　）

11. 社会主义条件下居民个人消费与社会主义公有制相联系，体现社会主义的性质。（　　）

12. 消费结构的变动在总体上遵循由生存需要到发展需要，再到享受需要这样的顺序。（　　）

## 三、单项选择题

1. 马克思主义经济学对国民收入的界定是指（　　）。
   A. 一国在一定时期内所生产的全部最终产品
   B. 一国居民在一定时期内所生产的全部最终产品
   C. 一国居民在一定时期内所生产的全部最终产品的价值总量
   D. 社会总产品中扣除用来补偿已经消耗的生产资料之后的余额
2. 一国在一定时期内所生产的全部最终产品的价值总量是（　　）。
   A. 国民收入　B. 初级产品　C. 中间产品　D. 最终产品
3. 一定时期中一国领土范围内所生产的全部最终产品的价值总量是（　　）。
   A. 国民收入　B. 国内生产总值　C. 国民生产总值　D. 国民生产净值
4. 国民收入的初次分配是指（　　）。
   A. 在国家机关和军队内部进行的分配
   B. 在文化科学和教育内部进行的分配
   C. 在金融、旅游等服务行业内进行的分配
   D. 在创造国民收入的企业内部进行的分配
5. 决定国民收入量的因素是（　　）。
   A. 自然资源的数量　B. 生态环境的保护
   C. 居民储蓄率的提高　D. 生产资料和劳动力的投入量
6. 绿色 GDP 是指（　　）。
   A. GDP 减去固定资本的折旧　B. GDP 减去自然资产的损失
   C. GDP 减去国民生产净值后的余额　D. GDP 减去生产部门的间接税的余额
7. 在社会主义初级阶段实行的按劳分配是（　　）。
   A. 全社会统一的分配原则
   B. 全社会唯一的分配原则
   C. 仅限于公有制经济内部的分配原则
   D. 仅限于非公有制经济内部的分配原则
8. 市场型按劳分配（　　）。
   A. 用劳动券来实现　B. 用社会凭证来实现
   C. 要借助货币来实现　D. 要直接用劳动时间来实现
9. 在公有制经济中属于按要素分配的方式是（　　）。
   A. 职工持股分红　B. 职工的工资收入
   C. 职工的奖金收入　D. 职工的岗位津贴
10. 居民的储蓄是指（　　）。
   A. 居民待实现的购买力　B. 居民现实的购买力
   C. 居民的各类缴纳的税费　D. 居民个人物质文化需要的满足程度

## 四、多项选择题

1. 决定国民收入量的因素是(　　)。
   A. 劳动生产率的提高　　B. 居民储蓄率的提高
   C. 生产劳动的投入量　　D. 生产资料使用效率的提高
   E. 科学技术、管理水平和社会分工的发展
2. 国民收入进行再分配的必要性在于(　　)。
   A. 增加劳动者的就业　　B. 提高社会劳动生产率
   C. 发展非物质生产部门　　D. 建立社会保障和后备金
   E. 满足人民的物质和文化生活的需要
3. 居民储蓄的动机一般有(　　)。
   A. 保险动机　　B. 盈利动机
   C. 进行生产动机　　D. 个人负担动机
   E. 提高生活水平的动机
4. 以下关于按劳分配的说法中,正确的有(　　)。
   A. 按劳分配可以实现劳动者收入的绝对平等
   B. 社会分工的存在是实行按劳分配的重要原因
   C. 按劳分配在不同生产力水平下的实现方式是不同的
   D. 在社会主义初级阶段按劳分配不是唯一的分配方式
   E. 在市场经济条件下按劳分配的主体是企业而不是社会
5. 市场型按劳分配方式的特点是(　　)。
   A. 按劳分配的依据是社会平均劳动
   B. 按劳分配的主体是企业而不是社会
   C. 按劳分配的分配是借助货币进行的
   D. 按劳分配是社会统一和唯一的分配原则
   E. 按劳分配仅局限在公有制经济内部的分配原则
6. 社会主义市场经济下按生产要素分配的依据是(　　)。
   A. 当前还存在多种所有制形式　　B. 当前还存在生产要素所有权
   C. 还存在多层次的社会生产力　　D. 市场经济存在价值规律
   E. 还存在社会分工和城乡差别
7. 经济公平应该包括(　　)。
   A. 制度公平　　B. 权利公平　　C. 机会公平　　D. 结果公平
   E. 收入均等
8. 公平与效率的关系应该是(　　)。
   A. 公平的分配是效率提高的前提和保证　B. 效率的提高可以促进公平分配的实现
   C. 公平与效率是互相依存和促进的关系　D. 要求获得效率必须以牺牲公平为条件
   E. 要求获得分配公平必须以牺牲效率为条件
9. 社会主义条件下居民个人消费的性质特点是(　　)。
   A. 以实现共同富裕为目标　　B. 以实现个人需求为目标

C. 以生产不断增长为基础的消费　　　　D. 与社会主义生产目的相联系
E. 与资本雇佣劳动生产相联系

10. 影响居民消费水平的因素有(　　)。
A. 总消费内部的比例　　　　　　　　B. 国民生产总值的总规模
C. 社会劳动生产率及其增长速度　　　D. 消费品价格水平及其内部比价
E. 消费者与消费资料的结合方式

## 五、辨析题

1.“分配方式本质上毕竟要取决于可分配的产品的数量。”

2. 马克思主义经济学的国民收入概念与西方经济学的国民生产净值和狭义国民收入概念完全相等。

3. 经济公平的结果就是收入的均等化或收入的平均化。

4. 从内在机理角度看,公平与效率是相互促进和相互依存的。

5. 消费具有双重性质:自然属性与社会属性,其社会属性就是人们在实际支配或取得生活资料过程中结成的人与人之间的社会消费关系。

6. 从全社会角度来看,居民消费水平的提高不应影响积累的增加,不能超过国民收入和劳动生产率的提高。

## 六、案例分析题

案例内容:

2000年12月,深圳市政府下发了《进一步推行按劳分配与按生产要素分配相结合分配制度的指导意见》(简称《指导意见》),推行按劳分配与按生产要素分配相结合制度,这是深圳在分配制度改革上的一次重大突破。《指导意见》明确提出了关于国有企业资本、管理和技术等要素参与分配的若干政策性意见。强调放开员工持股的比例和行业限制。对经政府部门批准的国有资本退出的企业,取消原来35%～50%的持股比例限制。扩大员工购股的资金来源,除个人现金出资外,还可以采取向公司股东借款、银行贷款、公益金划转购股等方式。员工持股的公司中,国有股可采取优先股的办法,在保证国有股份的前提下,不参与企业的决策和生产经营,以充分调动员工的经营积极性。另外,对获得超额垄断利润的政策垄断性企业的工资分配加强调控,实施“国家工资控制线”,防止过度增长。对供电、供水、公交等影响国计民生的公益性企业,实行“员工平均工资不低于社会平均工资”;对高新技术企业,允许其工资水平高于一般企业的工资水平。

案例问题:请根据本章知识分析上述案例中分配制度改革的原因。

## 七、问答题

1. 决定国民收入量的因素有哪些?

2. 初级社会主义按劳分配制度的特点是什么?

3. 影响居民消费结构的因素是什么?

## 八、论述题

1. 试述我国现行的收入分配制度的内容、原因及其特点。
2. 试述收入分配中公平与效率之间的辩证关系。
3. 试述资本主义与社会主义条件下居民消费性质的不同。

# 第十三章

# 国家调节微观经济

## 一、概念题

1. 公共产品　2. 竞争性　3. 排他性　4. 市场的不完全性　5. 市场的不完善性　6. 信息不对称　7. 市场管理　8. 价格管理　9. 行业管理

## 二、判断题

1. 市场机制低效率或无效率地配置资源，被称为市场失灵。（　）
2. 公共产品必须由国家或政府来提供才是有效率的。（　）
3. 国家调节微观经济是各国现代市场经济发展的重要内容。（　）
4. 市场自身具有维护竞争的自动机制，可以实现完全竞争。（　）
5. 由国家提供公共产品即意味着公共产品必须由国家来生产。（　）
6. 社会主义国家调节微观经济是建立在以公有制为主体、国有经济为主导、多种所有制形式并存的经济基础上的。（　）
7. 社会主义国家对微观经济的调节不仅是管理微观经济，而是作为占主导地位的国有产权的所有权的主体，具有所有权主体的功能，其控制经济的活动范围比西方发达国家要大得多，承担的功能要广泛得多。（　）
8. 在社会主义市场经济中，国有经济的存在就是为了弥补市场缺陷。（　）
9. 在社会主义市场经济中，国有经济应该全部退出竞争性领域，只生产公共产品。（　）
10. 国有经济作为各国经济发展过程中国家调节微观经济不可缺少的经济载体，其最重要的条件就是国有经济能够为一个国家的经济带来整体绩效。（　）

## 三、单项选择题

1. 市场机制低效率或无效率地配置资源是（　）。
   A. 市场失灵　　B. 市场调节　　C. 市场竞争　　D. 市场垄断

2. 具有排他性又具有竞争性的产品是(　　)。
A. 公共产品　B. 私人产品　C. 土地产品　D. 劳动产品
3. 由国家提供公共产品意味着(　　)。
A. 国家必须直接经营公共部门
B. 国家必须直接生产公共产品
C. 国家可以通过购买私人所生产的产品和服务来提供
D. 国家不可以通过购买私人所生产的产品和服务来提供
4. 国家对自然资源实施管理的目的是(　　)。
A. 合理利用自然资源　B. 对国土进行全部规划
C. 对国土资源进行开发　D. 对国土资源进行立法
5. 国家对行业管理是以(　　)。
A. 行业的结构为指导　B. 行业的规模为指导
C. 行业的发展为指导　D. 国家的产业政策为指导
6. 政府对于出口产品给予出口退税属于政府调节微观经济的(　　)。
A. 数量调节措施　B. 质量调节措施
C. 出入调节措施　D. 价格调节措施
7. 资本主义国家调节微观经济的基本特征之一是(　　)。
A. 以现代市场经济为基础的
B. 以社会利益总代表身份来调节的
C. 以经济活动秩序制定者身份来调节的
D. 以市场机制为唯一调节经济活动的手段
8. 在社会主义市场经济中,国有经济应(　　)。
A. 充分发挥在国民经济中的主导作用
B. 仅仅为了发挥弥补市场缺陷的作用
C. 仅仅发挥向社会提供公共产品的作用
D. 仅仅发挥为非国有经济拾遗补阙的作用

## 四、多项选择题

1. 公共产品的最显著特征是(　　)。
A. 非竞争性　B. 非排他性　C. 垄断性　D. 公益性
E. 竞争性
2. 国家一般提供以下公共产品(　　)。
A. 国防安全　B. 公共文化　C. 市政工程　D. 法院
E. 教育
3. 国家之所以成为公共产品提供者,是因为(　　)。
A. 公共产品的生产成本需要社会负担
B. 实现经济快速持续发展的目标
C. 社会分工的深化导致生产的社会化和专业化程度不断提高
D. “免费乘车者”的存在使私人不愿意提供公共产品

E. 由私人提供公共产品会导致低效率或公共产品供给不足

4. 在市场经济条件下公共引导的原因是(　　)。

A. 市场具有不完全性　　B. 市场具有不完善性
C. 市场存在外部性　　D. 市场信息不对称
E. 市场信息不完全

5. 国家从微观角度进行公共引导来弥补市场失灵的方式是(　　)。

A. 产权引导和产业引导　　B. 产品引导和价格引导
C. 产品引导和技术引导　　D. 信息引导和消费引导
E. 竞争引导和对外贸易引导

6. 国家管理微观经济的内容主要有(　　)。

A. 自然资源和环境保护　　B. 行业管理和市场管理
C. 价格管理和经济合同管理　　D. 广告和商标管理
E. 劳动力市场管理

7. 以下属于市场失灵的是(　　)。

A. 垄断　　B. 价格信号扭曲　　C. 假冒产品　　D. 外部效应
E. 生态环境破坏

8. 以下不属于公共管理的是(　　)。

A. 行业管理　　B. 价格管理　　C. 发行国库券　　D. 环境保护
E. 提供公共产品

9. 社会主义国家调节微观经济的特点是(　　)。

A. 更强调提高人口素质
B. 更注重积极引进先进技术
C. 更注重培育市场和完善市场
D. 更高度重视防止污染、保护生态平衡
E. 更强调基础设施建设改善社会的福利状况

10. 社会主义国有经济的主导作用体现在(　　)。

A. 国家直接经营国有企业　　B. 基础服务功能和支柱构筑功能
C. 流通调节功能和技术示范功能　　D. 社会创利功能和产权引导功能
E. 国民经济所有领域和行业占主体地位

## 五、辨析题

1. 在市场经济的发展过程中，尽管资本主义国家和社会主义国家都意识到了“政府失灵”的问题，但中外各国调节微观经济仍然是各国发展市场经济的重要内容。

2. 由国家提供公共产品意味着必须由国家直接来生产公共产品。

3. 吸烟者在公共场所吸烟，危害了其他人的身体健康而又没有支付补偿，这属于生产的不经济。

4. 外部的不利影响或外部不经济最直接的后果是造成环境污染。

5. 在社会主义市场经济中，国有企业和国有经济的存在就是为了弥补市场缺陷。

## 六、案例分析题

1. 案例内容：

20 世纪初的一天，列车在绿草如茵的英格兰大地上飞驰。车上坐着英国经济学家庇古(A. C. Pigou)。他边欣赏风光，边对同伴说：列车在田间经过，机车喷出的火花(当时是蒸汽机)飞到麦穗上，给农民造成了损失，但铁路公司并不用向农民赔偿。这正是市场经济的无能为力之处，称为"市场失灵"。

将近 70 年后，1971 年，美国经济学家乔治·斯蒂格勒(G. J. Stigler)和阿尔钦(A. A. Alchian)同游日本。他们在高速列车(这时已是电气机车)上见到窗外的禾田，想起了庇古当年的感慨，就问列车员，铁路附近的农田是否受到列车的损害而减产。列车员说，恰恰相反，飞速驰过的列车把吃稻谷的飞鸟吓走了，农民反而受益。当然铁路公司也不能向农民收"赶鸟费"。这同样是市场经济无能为力的，也称为"市场失灵"。

同样一件事情在不同的时代与地点结果不同，两代经济学家的感慨也不同。但从经济学的角度看，火车通过农田无论结果如何，其实说明了同一件事：市场经济中外部性与市场失灵的关系。

案例问题：

(1)什么是市场失灵？造成市场失灵的主要原因是什么？

(2)请运用经济学原理分析说明两代经济学家的感慨。

2. 案例内容：

有人主张，可能赚钱的行业都让私人去搞，社会主义国家应像西方发达国家一样专干私人不愿干的行业，因此，国有经济必须退出一切可能盈利的竞争性行业，而不管该企业现在是否有高盈利和高绩效。

案例问题：你认为上述言论是否正确？为什么？

## 七、问答题

1. 国家调节微观经济的必要性何在？
2. 国家调节微观经济的方式是什么？
3. 国家成为公共产品提供者的原因是什么？
4. 国家提供公共产品和服务的范围及主要内容是什么？
5. 国家管理微观经济包括哪些范围？

## 八、论述题

1. 试述国家从微观角度对经济的调节和公共引导。
2. 试述资本主义国家调节微观经济的基本特征。
3. 试述社会主义市场经济国家调节微观经济的独特性。
4. 试述社会主义国家的国有经济及其职能和在社会主义市场经济中的主导作用。

# 第十四章

# 国家调节宏观经济

## 一、概念题

1. 宏观调节 2. 基本需要 3. 间接调节 4. 直接调节 5. 总需求和总供给 6. 经济适度增长 7. 经济结构 8. 可持续发展 9. 人文发展指数 10. 价格指数 11. 国家预算 12. 财政政策 13. 货币政策

## 二、判断题

1. 社会化大生产客观上要求国家实行宏观经济调控。 ( )

2. 国家的宏观调节就其本质来讲，是以市场机制自身的存在并充分发挥对一般社会资源配置的基础性作用或决定性作用为前提的，因此可以取代市场经济的优势功能。 ( )

3. 优化经济结构就是要保持经济中各个部分之间的合理比例。 ( )

4. 国际收支平衡包括两个方面的内容：一是资本流出与流入的平衡，二是进口与出口之间的平衡。 ( )

5. 货币政策是政府运用国家预算和税收等手段，通过对国民收入的分配和再分配，来实现社会总供需平衡的一种经济政策。 ( )

6. 紧缩的财政政策会使财政收入减少，财政支出增加，从而使社会需求受到控制。 ( )

7. 总需求是家庭和政府对产品和服务需求的总和。 ( )

8. 总供给是一个国家所有商店的全部商品数量。 ( )

9. 西方发达国家最主要和最经常使用的宏观经济政策是货币政策。 ( )

10. 经济杠杆主要有税收、信贷、价格、汇率、财政补贴、工资等，特点是与社会各方面的经济利益密切相关。 ( )

## 三、单项选择题

1. 在市场经济条件下国家的宏观调控是(　　)。
   A. 以自然经济为基础的　　B. 以产品经济为基础的
   C. 以计划机制调节为基础的　　D. 以市场机制调节为基础的
2. 经济体制与经济制度的关系是(　　)。
   A. 经济体制是经济制度的内容
   B. 经济制度是经济体制的形式
   C. 经济制度不同的国家可以选择相同的经济体制
   D. 经济制度不同的国家其经济体制也一定不相同
3. 国家进行宏观调节经济的重要依据之一是为了能更有效地调整(　　)。
   A. 经济制度　　B. 经济体制　　C. 经济结构　　D. 经济规模
4. 以下属于国家间接调节宏观经济的方式的是(　　)。
   A. 定量供给　　B. 额度控制
   C. 行政调拨　　D. 调整货币供给量
5. 充分就业是指(　　)。
   A. 所有的人都有工作　　B. 有劳动能力的人都有工作
   C. 不存在经济性失业的就业状态　　D. 不存在自然性失业的就业状态
6. 按照固定比例对社会产品所进行强制无偿的分配是(　　)。
   A. 国家税收　　B. 国家预算　　C. 财政补贴　　D. 发行国债
7. 利用财政政策扩大社会总需求应该(　　)。
   A. 增加税收　　B. 增加补贴　　C. 发行公债　　D. 增加预算收入
8. 采用货币政策扩大社会总需求应该(　　)。
   A. 提高再贴现率　　B. 提高存款准备金
   C. 中央银行买进政府债券　　D. 中央银行卖出政府债券
9. 政府利用经济利益来调节经济主体行为的手段是(　　)。
   A. 行政手段　　B. 经济手段　　C. 法律手段　　D. 计划手段
10. 法律手段运用的特点之一是(　　)。
   A. 全局性　　B. 无偿性　　C. 经济性　　D. 权威性

## 四、多项选择题

1. 社会主义国家实行宏观经济调控的必要性是(　　)。
   A. 实行经济体制改革调整的需要　　B. 实现经济发展战略目标的需要
   C. 转变国家政府经济职能的需要　　D. 推动市场经济良性发展的需要
   E. 生产社会化和经济全球化发展的需要
2. 社会主义国家调节宏观经济是(　　)。
   A. 以直接调节为主、间接调节为辅　　B. 以间接调节为主、直接调节为辅
   C. 以市场经济的存在和发展为基础　　D. 以计划经济的存在和发展为基础
   E. 由直接调节和间接调节方式构成

3. 经济发展战略目标是(　　)。
A. 可以完全依靠市场调节来实现的
B. 不能单纯依靠市场调节来实现的
C. 短期内经济发展活动所要实现的具体目标
D. 较长期内经济发展活动所要实现的基本目标
E. 由人均国民收入的增长率等社会指标来体现的
4. 国家间接调节宏观经济(　　)。
A. 主要依靠经济手段来实现
B. 主要运用行政手段来实现
C. 主要依靠其所控制的经济资源来实现
D. 主要是以价格调节为主来影响市场运行
E. 主要是以指令性计划为主来影响市场运行
5. 国家调节宏观经济的主要目标是(　　)。
A. 控制失业率以实现充分就业　B. 保持总供求平衡与适度经济增长
C. 优化经济结构和实施可持续发展　D. 提高社会成员生活水平和生活质量
E. 基本稳定物价总水平和实现国际收支平衡
6. 经济结构优化就其内容来说,主要包括(　　)。
A. 保持所有制结构的优化　B. 保持国民经济结构的优化
C. 保持投资结构和消费结构的优化　D. 保持资源结构和技术结构的优化
E. 保持产业结构的合理化和高级化
7. 国家调控社会总供给与社会总需求的平衡(　　)。
A. 包括供求总量平衡和结构平衡　B. 包括积累基金平衡和消费基金平衡
C. 体现为价值总量平衡　D. 表现为总供给大于总需求
E. 表现为总需求大于总供给
8. 国家实行宏观经济调节的经济政策体系主要包括(　　)。
A. 财政政策　B. 货币政策　C. 收入政策　D. 产业政策
E. 消费政策
9. 作为调节宏观经济活动的财政政策包括(　　)。
A. 国家预算　B. 国家税收　C. 发行国债　D. 财政补贴
E. 公开市场业务
10. 当总需求大于总供给时,选择财政政策调节是通过(　　)。
A. 减少税收和回收公债　B. 增加税收和发行公债
C. 减少补贴和预算支出　D. 增加补贴和预算支出
E. 提高银行存贷款利息
11. 货币政策调节宏观经济活动的手段包括(　　)。
A. 国家预算　B. 利率手段　C. 公开市场业务　D. 再贴现手段
E. 存款准备金手段
12. 采用货币政策对经济过热进行调节时应该(　　)。
A. 提高再贴现率　B. 降低再贴现率

C. 提高存款准备金　　D. 降低存款准备金
E. 中央银行买进政府债券

13. 产业政策对供给总量的调节功能主要体现在(　　)。
A. 扶持和发展主导产业　　B. 促进落后产业改造和淘汰
C. 组织合理分配资源的产业关系　　D. 组织资源充分利用的产业竞争秩序
E. 组织高效使用资源的大批量生产体系

14. 政府对经济运行进行宏观调节所运用的经济杠杆(　　)。
A. 主要包括税收、信贷、价格、汇率和工资
B. 主要包括经济法规、经济司法和经济计划
C. 其特点是同社会各方面的经济利益密切相关
D. 其特点具有强制性、全局性、平等性和政策性
E. 是适合市场经济的间接调节手段和宏观调节的重要手段

15. 作为政府调节宏观经济活动的法律手段(　　)。
A. 主要包括经济立法和经济司法
B. 主要包括短期、中期和长期经济计划
C. 依靠国家的法权力量来调节经济
D. 依靠国家的行政机构来调节经济
E. 具有权威性、直接性、速效性和无偿性特点

16. 计划调节手段正确运用可以(　　)。
A. 促进经济均衡发展　　B. 促进资源配置的优化
C. 替代市场机制发挥作用　　D. 弥补“市场失灵”的不足
E. 促进可持续发展目标的实现

## 五、辨析题

1. 经济体制就是经济制度,两者没有什么不同。

2. 我国对经济活动进行宏观调节的方式主要是直接调节。

3. 充分就业是指劳动力资源利用的生理界限和每个愿意工作的人都百分之百地可以找到工作。

4. 政府对经济运行进行宏观调节的主要手段就是经济手段,除此以外没有其他的手段。

## 六、案例分析题

1. 案例内容:

1929～1933 年美国经济出现了大萧条。其主要表现是:

一是产量和物价大幅度下降。1929 年中期,美国一些主要产品的产量开始下降。到同年秋季,局势已非常明显,无论是制造业还是建筑业,都在大幅度减少。1929～1934 年美国 GDP 是呈下降趋势的,从 1929 年的 3 147 亿美元下降到 1934 年的 2 394 亿美元,5 年间下降了 24%。而消费价格指数在萧条期间也一直呈下降趋势,1933 年的 CPI 与 1929 年相比下降了 24.6%。

二是股市暴跌。在1929年9月到1932年6月期间，股市暴跌85%。因此，人们几乎把大萧条与股市崩溃当作一回事。而实际上，在股市崩溃之前，经济下降始于1929年8月，并且持续到1933年。股市崩溃只是大萧条的一个重要表现。随后，证券市场终于走向下跌。经过9月份逐步下跌和10月初局部上升之后，到10月末，证券市场陷入了混乱。10月24日，即著名的“黑色星期四”那天，证券交易额达1 300万股，证券市场一天之内蒙受的损失开创了历史最高纪录。

三是奇高的失业率。大萧条带来大量失业。1929～1933年，GNP下降近于30%，失业率从3%升至25%。1931～1940年的10年间，失业率平均为18.8%，其范围从1937年底的14.3%到1933年高达24%之间。现在国际上通常将12%的失业率作为临界线，因而大萧条时期持续10年之久接近20%的失业率确实称得上畸高的失业率。

案例问题：

(1)大萧条产生的主要原因是什么？

(2)根据政治经济学原理，你认为应该采取什么办法加以解决？

2. 案例内容：

1997年10月，全国零售物价指数首次出现负增长(－0.4%)，以后持续6个月保持这一趋势。从1997年下半年开始到1999年7月，我国物价已经连续22个月下降，物价不振，商品积压严重，而且到2001年初这种现象还没完全消失，新中国成立以来也是没有出现过的。按经济学的解释，这是典型的通货紧缩。

案例问题：

(1)通货紧缩及其特征是什么？

(2)根据政治经济学原理，你认为应该如何治理通货紧缩？

3. 案例内容：

“八九风暴”(指1989年8、9月份全国各地发生的挤兑、提款、抢购风潮)标志着通货膨胀预期在我国的形成。1988年、1989年，我国通货膨胀从1987年的7%上涨到18%。1991年我国通货膨胀再次攀升，从2%跃到20%以上。物价上涨了，钱不值钱了。标准粉原来每斤0.18元涨到1.00元；大米从0.23元涨到1.70元；瘦猪肉1994年初还是4.50元，到年终变成了7.50元；一双皮鞋从10多元、数十元涨到了数百元，所有的物价都成倍地上涨了。

案例问题：

(1)什么是通货膨胀？

(2)通货膨胀对社会经济发展会产生什么影响？

(3)根据政治经济学原理，你认为应该如何抑制通货膨胀？

4. 案例内容：

1997年末，由于国内一些因素的变化，再加上东南亚金融危机的催化，中国出现了市场疲软、经济活动放缓的病象。从1998年初开始更进入了通货紧缩，即物价总水平持续下降的状态。需求不足、产品滞销与企业利润减少和紧缩开支之间互相影响，形成了恶性循环。从1998年起政府采取了一系列反衰退的经济措施。到2000年初，我国经济增长速度下滑的趋势得到遏制，经济生活中出现了积极的变化，2000年实现了8%的GDP增长。

在推动经济转机的原因的问题上，经济学界存在着很不相同的认识，从而对今后的政策着力点有不同的想法。

一种观点认为，促成经济根本性变化的基本原因，是政府在过去三年中采取的积极的财政政策和扩张的货币政策。在这三年中，发行了3 600亿元的国债，用来进行基础设施和其他方面的投资。再配合适度扩张的货币政策和刺激消费的政策，增加了需求，拉动了增长率回升，今后仍然主要依靠积极的财政政策和货币政策来支持持续稳定的经济增长。

另一种观点并不否认积极的财政政策在遏制经济下滑中所起的作用，但是认为仅仅靠以积极的财政政策为主的需求政策并不足以造成经济发展态势的根本转变。中国经济在2000年出现重大转机的原因，从政策层面说，不能仅仅归因为以积极的财政政策为主体的扩张性的需求政策，而应归因为需求方面和供给方面双管齐下的"两手政策"。2000年的重大转机，是"两手政策"共同起作用的结果。

案例问题：

(1)财政政策及其组成是什么？

(2)财政政策的目标及主要的政策手段是什么？

(3)你赞同上述哪种观点？为什么？

5. 案例内容：

从1996年5月1日开始，到1999年6月10日，中央银行先后7次降低金融机构法定存贷款利率，一次下调准备金率。一年期存款利率从1996年5月1日前的10.98%降为2002年的2.25%，下降了近80%；同期一年期贷款利率从12.06%降为5.94%，下降了50.7%。存贷款利率下降幅度是我国历史上最大的。金融机构在中国人民银行的存款准备金率由13%下调到8%，并开始收取利息税。

案例问题：

(1)货币政策和货币政策目标及调节手段是什么？

(2)根据政治经济学原理，你如何认识利率下调的功能？

## 七、问答题

1. 什么是宏观调控体系？如何完善宏观调控体系？
2. 我国宏观调控的任务和目标是什么？
3. 怎样理解我国宏观调控方式要以间接调控为主？
4. 供给与需求的辩证关系是怎样的？
5. 我国宏观调控主要运用哪些手段？
6. 我国是怎样利用财政政策对经济进行宏观调控的？

## 八、论述题

1. 试述社会主义市场经济条件下，加强国家宏观调控的必要性。
2. 试述保持社会总供给与总需求平衡的意义和途径。
3. 试述社会主义国家宏观调控的经济政策。

# 第十五章

# 国家垄断经济

## 一、概念题

1. 国家垄断经济　2. 国家自然垄断经济　3. 国家垄断资本主义　4. 国家市场垄断经济　5. 国家行政垄断经济

## 二、判断题

1. 资本主义国有企业的实质仍是资本主义性质的企业。（　　）
2. 资产阶级国家为国有垄断资本进行资本积累的主要途径是国家投资。（　　）
3. 国家垄断资本主义对经济发展既具有积极作用也具有消极作用。（　　）
4. 国家自然垄断经济是指国家对自然垄断部门，包括对公共产品进行的排他性控制的经济形式。（　　）
5. 现实中大多数垄断不受政府机构的管制。（　　）
6. 垄断对社会有百害而无一利，所以各国都反对垄断。（　　）
7. 衡量国家垄断资本主义发展水平通常使用的主要指标，是国家财政支出用于社会资本再生产过程的增长速度，及其在国民生产总值中所占的比重。（　　）
8. 国家垄断经济的产生与市场失灵直接相关。（　　）
9. 社会主义经济中的国家垄断，首先也是以行政型的国家垄断经济形式出现的。（　　）
10. 国家垄断资本主义克服了资本主义制度内在的固有矛盾和历史局限性。（　　）

## 三、单项选择题

1. 国家垄断经济形成的原因之一是（　　）。

A. 商品经济发展的结果　　B. 存在生产资料的私有制
C. 存在生产资料的公有制　　D. 存在多方面的"市场失灵"

2. 不通过竞争就直接建立的垄断现象是（　　）。

A. 自然垄断　　B. 市场垄断
C. 国家市场垄断经济　　D. 国家行政垄断经济
3. 国家垄断资本主义产生的根本原因是(　　)。
A. 科学技术发明的必然产物
B. 市场经济的迅速发展要求
C. 实行生产资料的全部国有化
D. 生产高度社会化和资本主义基本矛盾尖锐化
4. 国家垄断资本主义最重要的形式是(　　)。
A. 国有企业　　B. 国私合资企业
C. 国家调节经济　　D. 国家投资形成国有垄断资本
5. 国家垄断资本主义的发展(　　)。
A. 代表了个别资本家的利益　　B. 符合垄断资本家的整体利益
C. 改变了经济的资本主义性质　　D. 消灭了私人垄断资本主义的基础
6. 国家垄断资本主义发展的基础是(　　)。
A. 资本输出　　B. 国有垄断资本
C. 私人垄断资本　　D. 资产阶级国家
7. 国家垄断资本主义的实质是(　　)。
A. 带有社会主义因素的资本主义
B. 消除生产无政府状态的资本主义
C. 现代市场经济条件下的资本主义
D. 资产阶级国家同垄断资本结合的资本主义
8. 社会主义国家垄断经济存在的基础是(　　)。
A. 国有参股经济　　B. 中外合营垄断经济
C. 国家对垄断企业的调节　　D. 国有独资和控股的垄断企业
9. 社会主义的国有垄断资本的特征在于(　　)。
A. 国家自然垄断经济　　B. 国家市场垄断经济
C. 国家行政垄断经济　　D. 为劳动人民根本利益服务
10. 社会主义国家的国有垄断资本存在的范围、规模和数量应该(　　)。
A. 小于资本主义国家的国有垄断资本
B. 大于资本主义国家的国有垄断资本
C. 相当于资本主义国家的国有垄断资本
D. 完全等同于资本主义国家的国有垄断资本

## 四、多项选择题

1. 国家垄断经济形成的一般原因是(　　)。
A. 社会化大生产要求经济的协调发展
B. 市场机制不能保证社会资源最优配置
C. 市场机制调节难以达到供求均衡状态
D. 国家需要直接掌握垄断资本调节经济

E. 国家需要利用私人垄断资本调节经济

2. 国家垄断经济的一般形式有（　　）。

A. 国家自然垄断经济　　B. 国家市场垄断经济

C. 国家行政垄断经济　　D. 国家政权与私人垄断资本的结合

E. 国家对社会经济运行进行排他性控制的经济形式

3. 国家市场垄断经济是（　　）。

A. 国家调节国有和非国有垄断经济

B. 对公共产品进行的排他性控制的经济

C. 对国有垄断企业进行参股以实现国家垄断资本的利益

D. 对非国有垄断企业进行参股以实现国家垄断资本的利益

E. 通过自由竞争形成的对非国有垄断组织进行的排他性控制

4. 国家垄断资本主义是（　　）。

A. 以垄断为基础的资本主义

B. 以市场经济为基础的资本主义

C. 以自由竞争为基础的资本主义

D. 资产阶级国家和垄断资本相结合的资本主义

E. 国有垄断资本和私人垄断资本相结合的资本主义

5. 资本主义国家垄断经济形成的主要途径是（　　）。

A. 将私营企业国有化

B. 对外贸易实行的国家统制

C. 国家预算拨款建立国家垄断企业

D. 通过“赎买”方式改造民族资本主义经济

E. 通过股份制对私人垄断企业进行兼并、控制和改造

6. 广义的国家垄断资本主义是指（　　）。

A. 国有企业　　B. 国有垄断资本

C. 国私合资企业　　D. 国家调节经济

E. 国有垄断资本和私人垄断资本的结合

7. 私人垄断资本主义向国家垄断资本主义过渡（　　）。

A. 改变了生产关系的资本主义性质

B. 是资本主义生产社会化的客观要求

C. 是资本主义基本矛盾发展的必然结果

D. 能够从根本上解决资本主义的基本矛盾

E. 在一定程度上促进了资本主义生产的发展

8. 国家垄断资本主义的作用表现在（　　）。

A. 推动世界贸易的增长　　B. 加快了国家间的技术交流

C. 消除了经济危机的频繁出现　　D. 改变了社会贫富悬殊的状况

E. 为社会生产力发展创造了基础性条件

9. 社会主义条件下的国家垄断经济主要体现在（　　）。

A. 国有参股经济

B. 国家对外国垄断资本的限制
C. 国家直接掌握国有垄断资本
D. 国家与私人垄断资本在国际范围内的结合
E. 国家通过对垄断企业调节引导垄断经济发展

10. 社会主义国家中外合营垄断经济的作用是(　　)。
A. 创造了就业机会　　B. 促进了国有企业的改革
C. 增加了国家的财政收入　　D. 弥补了国家建设资本的不足
E. 促进了产品和产业的升级换代

## 五、辨析题

1. 国家垄断资本主义和社会主义国家垄断经济没有根本的区别。
2. 垄断资本主义国家对经济的宏观管理和调节代表着每一个资本家的利益。
3. 社会主义国家垄断经济对社会主义经济发展具有正面效应,没有负面效应。
4. 社会主义国家独资或控股的垄断企业应该完全以利润最大化为经营目标。
5. 国家垄断资本主义是从第二次世界大战结束后产生和开始形成的。

## 六、案例分析题

1. 案例内容:

第二次世界大战后直至 20 世纪 70 年代末是发达资本主义国家国家所有制发展的新阶段。这一时期国有资本急剧扩大,国有制已成为发达资本主义国家多元所有制结构不可忽视的组成部分。下表集中反映了这一变化。

**1977 年主要资本主义国家国有企业在重要经济部门中的比重(%)**

| 部门<br>国别 | 邮电 | 无线电广播通信 | 电力 | 煤气 | 石油 | 煤炭 | 铁路运输 | 航空 | 钢铁 | 汽车 | 造船 |
|---|---|---|---|---|---|---|---|---|---|---|---|
| 英国 | 100 | 100 | 100 | 100 | 25 | 100 | 100 | 75 | 75 | 50 | 100 |
| 法国 | 100 | 100 | 100 | 100 | — | 100 | 100 | 75 | 75 | 50 | — |
| 联邦德国 | 100 | 100 | 75 | 50 | 25 | 50 | 100 | 100 | — | 25 | 25 |
| 意大利 | 100 | 100 | 75 | 100 | — | — | 100 | 100 | 75 | 25 | 75 |
| 比利时 | 100 | 100 | 25 | 25 | — | — | 100 | 100 | 50 | — | — |
| 荷兰 | 100 | 100 | 75 | 75 | — | — | 100 | 75 | 25 | 50 | — |
| 奥地利 | 100 | 100 | 100 | 100 | 100 | 100 | 100 | 100 | 100 | 100 | — |
| 西班牙 | 100 | 50 | — | 75 | — | 50 | 100 | 100 | — | 50 | 75 |
| 瑞典 | 100 | 100 | 50 | 100 | — | — | 100 | 50 | — | 75 | 75 |
| 美国 | 100 | — | 25 | — | — | — | 25 | — | — | — | — |
| 日本 | 100 | 100 | — | — | — | — | 75 | 75 | — | — | — |
| 加拿大 | 100 | 25 | 100 | — | — | — | 75 | 75 | — | — | — |
| 澳大利亚 | 100 | 100 | 100 | 100 | — | — | 100 | 75 | — | — | — |

资料来源:英国《经济学家》,1978 年 12 月 30 日。

案例问题：

(1)为什么国有经济能成为资本主义国家所有制结构的组成部分？

(2)你如何认识资本主义国家的国有经济性质？

2. 案例内容：

我国电信管理体制和运营机制不断变化，市场竞争格局已经形成，目前我国五大电信运营商分别是中国电信、中国移动、中国联通、中国广电、中信网络，其中中国移动通信集团公司是全球第一大的移动运营商。各电信集团相互竞争，促进了信息产业的发展。

从数据来看，2022 年电信业务收入累计完成 1.58 万亿元，比上年增长 8%。按照 2021 年价格计算的电信业务总量达 1.75 万亿元，同比增长 21.3%。全国电话用户净增 3 933 万户，总数达到 18.63 亿户。5G 网络建设稳步推进，网络覆盖能力持续增强，截至 2022 年底全国移动通信基站总数达 1 083 万个，全年净增 87 万个，其中 5G 基站 231.2 万个，全年新建 5G 基站 88.7 万个，占移动基站总数的 21.3%，占比较 2021 年末提升 7 个百分点。

电信行业实施重点企业规模化、集团化的发展战略，中国电信、中国移动和中国联通由国资委直接管理，迅速增强了国有资产的控制力。相关政府部门通过行政许可等方式限制新兴运营商进入电信市场，保证现有国企主导国家通信网络的基础硬件设施，并对价格歧视、滥用市场支配地位等违反市场秩序的行为进行监督和制裁。

案例问题：

(1)国家垄断经济的一般形式是什么？

(2)社会主义国家垄断经济对社会主义经济发展有什么作用？

## 七、问答题

1. 国家垄断形成的一般原因是什么？它有哪些形式？
2. 什么是国家自然垄断经济？什么是自然垄断？自然垄断主要包括哪些范围？
3. 什么是国家市场垄断经济？国家市场垄断经济有哪三种状况？
4. 国家垄断资本主义是怎样形成的？其形式和实质是什么？

## 八、论述题

1. 试述第二次世界大战后国家垄断持续迅速发展的原因。
2. 试述国家垄断资本主义对经济发展的两重作用。
3. 试述国家垄断资本主义不可能克服资本主义制度内在的固有矛盾和历史局限性的原因。
4. 试述社会主义国家垄断经济的形式和特征。
5. 试述现代市场经济中社会主义国家垄断经济与各种竞争的关系。

# 第十六章

# 国际贸易和国际金融

## 一、概念题

1. 国际分工　2. 国际贸易　3. 世界市场　4. 汇率　5. 关税

## 二、判断题

1. 当今国际分工体系是建立在平等、协商基础上的。（　）
2. 第二次世界大战后，国际贸易中国别地位发展趋于不平衡。（　）
3. 国际金本位制是一种以美元为中心，以黄金为基础的国际货币制度。（　）
4. 牙买加体系是一种严格、稳定的国际货币制度。（　）
5. 如果一定数量的外国货币比以前换得较少的本国货币，则说明本国货币的币值在下降，称为外汇汇率下降。（　）
6. 第二次世界大战以后，国际贸易主要在发达国家之间进行，主要是物品，尤其是制成品的贸易。（　）
7. 当一国政府征收关税时，可以增加本国从国际贸易中得到的好处。（　）
8. 对物品增收关税提高了物品的价格，因此会减少交易量。（　）
9. 各国之所以采取贸易保护主义政策，是因为从国际贸易中得益的人数少于从中受损的人数。（　）
10. 在汇率的直接标价法下，如果一定数量的外国货币换得了比以前较多的本国货币，则说明本国的货币币值上升。（　）

## 三、单项选择题

1. 国际分工的基础是（　）。

A. 一国的技术进步　　B. 一国内部的分工

C. 一国生产力的发展　　D. 一国的政策和法律

2. 国际贸易的基础是(　　)。
A. 国际分工　　B. 国内分工　　C. 间接贸易　　D. 转口贸易
3. 国际贸易按国境或关境可划分为(　　)。
A. 总贸易和专门贸易　　B. 出口贸易和转口贸易
C. 出口贸易和进口贸易　　D. 直接贸易和间接贸易
4. 当代在世界市场上居于统治地位的是(　　)。
A. 联合国　　B. 世界银行
C. 发展中国家　　D. 发达资本主义国家
5. 两种货币之间的比价是(　　)。
A. 关税　　B. 汇率　　C. 商品价格　　D. 国际收支
6. 决定一国在国际金融方面的实力和地位的是(　　)。
A. 国际贸易的状况　　B. 外汇汇率的状况
C. 国际收支的状况　　D. 进出口关税的高低
7. 当一国的货币贬值时该国生产的产品(　　)。
A. 将变得绝对便宜　　B. 将变得绝对昂贵
C. 将变得相对便宜　　D. 将变得相对昂贵
8. 在外汇市场中外汇的价格取决于(　　)。
A. 商品的需求和供给　　B. 货币的需求和供给
C. 劳务的需求和供给　　D. 外汇的需求和供给

## 四、多项选择题

1. 国际分工的形式有(　　)。
A. 垂直型分工　　B. 渗透型分工　　C. 水平型分工　　D. 混合型分工
E. 间接型分工
2. 国际分工对世界经济发展的积极作用表现在(　　)。
A. 可以扩大生产规模,增加产品产量
B. 可以增加产品品种,实行产品系列化
C. 有利于发挥各国生产优势,提高产品质量
D. 有利于各国改进生产技术,提高产品效能
E. 有利于提高各国劳动生产率,增进经济福利
3. 第二次世界大战后国际贸易新的特点是(　　)。
A. 贸易区域集团化趋势增强　　B. 国际贸易中资本货物的比重扩大
C. 国际贸易中原料和食品的比重扩大　　D. 国际贸易增长速度超过世界生产速度
E. 国际贸易中发达国家所占比重持续上升
4. 世界市场的特征有(　　)。
A. 自发性　　B. 竞争性　　C. 垄断性　　D. 不稳定性
E. 不平等性
5. 狭义的外汇(　　)。
A. 主要是指自由外汇

B. 主要是指记账外汇
C. 主要是指汇率或汇价
D. 是以外币表示的用于国际结算的支付手段
E. 是以不同形式表示的能够进行偿付的国际债权
6. 汇率的标价方法主要有(　　)。
A. 直接标价法　　B. 间接标价法
C. 应付标价法　　D. 应收标价法
E. 完全标价法
7. 货币主义理论认为影响汇率变动的主要因素是(　　)。
A. 对汇率的预期　　B. 对政府政策的预期
C. 对通货膨胀的预期　　D. 两国间相对的国民收入的增长率
E. 两国间相对的货币供应量的增长率
8. 关税是(　　)。
A. 对本国出口商品所征的税　　B. 外国对其出口品施加的限制
C. 对所进口的外国商品所征的税　　D. 对可进口的外国商品数量的限制
E. 禁止外国以低于成本的价格出口商品
9. 当关税被引入时,(　　)。
A. 国内生产者受损,因为在较低的价格下他们售出较少商品
B. 国内消费者受损,因为他们购买商品时将付出较高的价格
C. 国内生产者得益,因为在较高的价格下他们售出更多的商品
D. 国内消费者得益,因为他们以较低的价格得到同样数量的商品
E. 国内生产者得益,因为在较高的价格下他们能售出同样数量的商品
10. 当一国货币贬值以后该国(　　)。
A. 进口品的价格就会提高　　B. 进口品的价格就会下降
C. 国内的价格水平就会提高　　D. 产品竞争力下降,出口就会减少
E. 产品就更具竞争力,出口就会增加

## 五、辨析题

1. 国际分工是以国内分工为基础的,但又与一国内部的社会分工有重要区别。
2. 国际贸易结算包括贸易结算和非贸易结算。
3. 国际贸易中的直接贸易、间接贸易与转口贸易都是商品生产国与商品消费国进行的商品交换。
4. 汇率的直接标价法与间接标价法都是以一定单位的外国货币为标准折算的。
5. 提高关税可以保护国内市场,对本国经济发展有益而无害。

## 六、案例分析题

1. 案例内容:
2022 年 3 月,美联储宣布开始加息,上调联邦基金利率目标区间 25 个基点到 0.25%至 0.5%之间,这是美联储自 2018 年 12 月以来首次加息,之后美联储连续十次加息,截至

2023 年 5 月累计加息幅度高达 500 个基点，联邦基金利率目标区间处于 5%至 5.25%之间。美联储基准利率提高对全球经济造成了诸多影响。2022 年 28 个新兴市场选择跟进加息，但是被迫紧缩的货币政策与透支发力的财政政策互斥而行，进一步加重了多数新兴市场国家的债务负担，债务危机风险不断提升，造成多个国家经济增长减速。英国广播公司（BBC）在分析中提到，美联储加息意味着美元有更高的利息回报和金融资产回报，导致新兴市场的国际资金流入美国市场，使本国货币面临贬值压力。

案例问题：请从国际贸易和国际金融的角度分析美联储加息对全球经济产生的影响。

2. 案例内容：

近年来，美国对中国芯片产业的限制不断升级，从限制华为、中兴等个别企业采购高性能芯片，到开始全面限制各种半导体材料、设备和制成工艺。拜登政府对美国多家半导体制造商下达禁售令，这些企业包括为全球的晶圆代工厂提供重要工艺的应用材料（Applied Materials）、泛林集团（Lam Research）和科磊（KLA）。同时，美国积极游说荷兰、日本等国，希望其限制本国企业对华出口制造先进芯片的核心设备光刻机（EUV）。2022 年 8 月，美国商务部加强对电子设计自动化（EDA）软件的出口管制，凡向中国企业出口 EDA 软件的行为均需申请许可。同年 9 月，美国商务部下令收紧美国芯片设计公司英伟达（NVIDIA）和超威半导体（AMD）的对华高性能芯片出口。

案例问题：根据以上材料，分析政治因素在国际贸易中的作用。

## 七、问答题

1. 国际分工有哪几种具体的形式？

2. 为什么说“世界市场既是资本主义的前提，又是它的结果”？

3. 外汇在促进国际贸易和世界经济发展中的作用是什么？

4. 关税对国民经济发展的双重经济效应是什么？

5. 对某种物品征收关税，该物品的国内价格、出口价格、进口量以及国内的生产量将受到怎样的影响？

## 八、论述题

1. 试述国际分工对世界经济发展的双重作用。

2. 试述国际贸易既为资本主义生产方式的确立提供了历史前提，又是资本主义生产方式的必然产物。

## 九、计算题

1. 假设美元和德国马克的汇率为 1 美元兑 2 马克。

问：

(1)用美元表示的马克汇率是多少？

(2)售价 250 马克的相机的美元价格是多少？

(3)售价 1 000 美元的计算机的马克价格是多少？

2. 假设日本的年利率为 4%，美国的年利率为 9%。现期汇率为每美元兑换 100 日元，但预期一年内汇率将变为每美元兑 95 日元。某人现有 1 000 美元，拟存款一年。一种可能是将 1 000 美元存入美国的银行；另一种可能是将 1 000 美元兑换为日元后，存入日本的银行。

请问：预期在哪个国家存款收益高？高多少？

# 第十七章

# 国际价值规律及其表现

## 一、概念题

1. 国际价值　2. 国际价格　3. 绝对利益　4. 比较利益陷阱　5. 零和博弈

## 二、判断题

1. 在世界市场上，各国间的商品交换是以商品的国际价格为基础进行的。（　　）

2. 国际价值不是由国别价值，即个别国家的社会必要劳动时间决定的。（　　）

3. 如果在较好条件下生产的商品的出口量，大大超过在中等条件和较差条件下的商品的出口量，那么，国际价值仍然不可以由较好条件下生产的那部分商品来调节。（　　）

4. 商品的国际价格是商品国际价值的货币表现，商品的国际价值是商品国际价格变动的基础和中心。（　　）

5. 超额利润是个别生产价格低于社会生产价格的差额。（　　）

6. 绝对利益学说是英国经济学家亚当·斯密最先提出的。（　　）

7. 一个国家各行各业的生产也许都处于绝对不利的地位，它就不能参与可以获利的贸易。

8. 对于广大的发展中国家来说，“比较利益陷阱”只是一种理论上的可能性。（　　）

## 三、单项选择题

1. 由世界劳动的平均单位决定的价值是（　　）。

A. 个别价值　B. 社会价值　C. 国别价值　D. 国际价值

2. 国别价值低于国际价值的差额是（　　）。

A. 超额利润　B. 国际超额利润

C. 超额剩余价值　D. 超额平均利润

3. 绝对利益学说的提出者是（　　）。

A. 马歇尔　B. 马克思　C. 亚当·斯密　D. 大卫·李嘉图

4. 比较利益学说的提出者是(　　)。

A. 马克思　B. 马歇尔　C. 亚当·斯密　D. 大卫·李嘉图

5. 后进国家在实行对外开放的过程中避免“比较利益陷阱”的措施是(　　)。

A. 培植竞争优势　B. 培植比较优势

C. 培植绝对优势　D. 以上都不对

## 四、多项选择题

1. 影响国际价值的因素主要有(　　)。

A. 商品价值　B. 劳动强度

C. 劳动生产率　D. 国际分工的广度和深度

E. 国际贸易参与国的贸易量

2. 决定国际价格的主要因素有(　　)。

A. 商品价格　B. 国际价值

C. 国际竞争　D. 国际市场的供求关系

E. 国际市场上货币流通量

3. 获取国际超额利润的手段有(　　)。

A. 降低国别价值　B. 实行不等价交换

C. 实行超经济强制　D. 实行商品廉价倾销

E. 降低国别生产成本

4. 外国商品对民族工业的冲击主要表现在(　　)。

A. 原有的民族工业可能被打垮　B. 原有的民族工业可能被消灭

C. 新兴的民族工业可能提前建立　D. 新兴的民族工业可能延后建立

E. 新兴的民族工业可能无法建立

5. 构成一个基本的博弈问题的要素有(　　)。

A. 零和博弈　B. 非合作博弈

C. 博弈的参加者　D. 博弈各方的策略

E. 博弈各方的效用函数

## 五、辨析题

1. 国际价格的波动，使之不等于国际价值，违背了价值规律。

2. 假定有一个比较落后的国家，在两种商品或者说所有商品的生产成本方面，都相对于对方国家的同种商品处于绝对劣势地位，它就不能参与国际贸易。

3. 比较利益学说揭示了相对成本的重要意义和贸易的互利性质，是一个完美的国际贸易理论基础。

4. 由于我国劳动力资源丰富和劳动成本低，所以我国的劳动密集型产品具有竞争优势。

## 六、案例分析题

1. 案例内容：

假设世界上只有A、B、C、D四个小麦生产兼输出国，其中A国允许小麦自由地输出入，其他三国不允许小麦自由地输出入。如果在某一年内，A国生产小麦5 000万吨，其中出口1 000万吨；B国生产小麦1 500万吨，出口500万吨；C国生产小麦600万吨，出口200万吨；D国生产小麦400万吨，出口100万吨。根据国际商品的概念，只有自由地输出入的商品及参与国际贸易的商品(如各国的出口商品)，才能计入国际商品的数量。这样，该年国际小麦量是5 000＋500＋200＋100＝5 800(万吨)。如果这年国际小麦需求量也为5 800万吨(包括A国国内消费量4 000万吨，但不包括其他三国的国内消费量)，且A、B、C、D四国每吨小麦生产所耗费的物化劳动和活劳动总量分别是40、50、60和45劳动小时，那么，这年小麦的国际价值为：(5 000×40＋500×50＋200×60＋100×45)÷5 800＝41.64(小时/吨)。

现在如果A国生产小麦100万吨，出口50万吨；C国生产小麦6 000吨，出口5 500吨，其他条件不变，则该年小麦的国际价值为：(100×40＋500×50＋5 500×60＋100×45)÷(100＋500＋5 500＋100)＝58.63(小时/吨)。

显然，这就表明：在较差条件下生产的商品的国别价值，不能由较好条件下生产的商品的国别价值平衡，其量相当大，那么国际价值就由在较差条件下生产而出口的大量商品来调节。

如果上述例子中B、C国每吨小麦生产所耗费的死劳动和活劳动总量分别为41、42劳动小时，则这年小麦的国际价值为：(5 000×40＋500×41＋200×42＋100×45)÷5 800＝40.24(小时/吨)。此时，国际价值由国际社会必要劳动时间决定，也就是由生产该商品各个国家的社会必要劳动时间决定，而基本上与各个国家参与国际贸易的该商品的数量无关。特别极端的是，若A、B、C、D四国的小麦的国别价值均为40小时/吨，则无论各国出口小麦的数量如何，小麦的国际价值都是40小时/吨。

如果这年小麦的国际社会需要量不是5 800万吨，而是5 600万吨，即小麦供大于求，小麦生产实际耗费的劳动时间大于国际社会总劳动中分配给它应该耗费的劳动时间，那么，小麦的国际价值就会发生变动。变动的趋向取决于小麦的需求弹性和供给弹性。如果需求弹性和供给弹性之和等于1，国际价值仍由实际耗费的劳动时间决定；如果需求弹性和供给弹性之和大于1，国际价值将高于实际耗费的劳动时间；如果需求弹性和供给弹性之和小于1，国际价值将低于实际耗费的劳动时间。

案例问题：根据上述案例，说明国际价值是如何决定的。

2. 案例内容：

欧佩克(OPEC)从1998年3月确定2 297.6万桶/日产量限额到2000年3月，成员国较好地遵守了限产纪律，使限产促价取得效果。2000年3月世界石油消费量为7 700万桶/日，而由于欧佩克限产，世界石油总产量仅为7 500万桶，形成200万桶供应缺口。这是2000年油价上涨的基本原因之一。

欧佩克是否会继续推动国际油价上升呢？从条件来看，根本性的原因是技术发展和非欧佩克供应国的增加，以及石油期货市场对价格的影响大大削弱了欧佩克左右市场的能力。

尤其是西方国家建立的大量战略石油储备对国际石油危机有巨大的潜在遏制力。

从欧佩克国家的利益来看，长期维持高油价也是不利的：一是会导致更多的非欧佩克石油进入市场；二是会促使替代能源加快发展，不利于维持欧佩克石油出口；三是会导致制造业生产成本上升，进而使欧佩克国家进口成本增加；四是会使海湾国家的海外资产收益减少，以及世界石油需求的长期低迷。

因此，欧佩克希望的是一个石油消费国和出口国都能够接受的价位，而不是尽量提高油价。为了避免油价过高，欧佩克在2000年3月就制定了一个新的价格浮动带作为油价稳定的机制和依据，即欧佩克综合价连续10个工作日超过这个范围的时候，欧佩克就要通过增产或减产的手段，对价格进行调整。这些行动充分反映欧佩克坚持国际石油价格稳定和反对国际油价过度上涨的立场。

案例问题：

(1)利用“囚徒困境”的博弈模型，解释石油输出国组织的限额和突破。

(2)欧佩克的各个国家能团结一致地限产促价，是否违背了博弈论的有关原理？为什么？

## 七、问答题

1. 什么是国际价值？影响国际价值的因素有哪些？

2. 获取国际超额利润有哪些重要手段？

## 八、论述题

试述亚当·斯密的绝对利益理论与大卫·李嘉图的比较利益理论有何不同。

## 九、计算题

1. 如果将参加国际贸易的国家划分为甲、乙、丙三个国家，生产某商品的国别价值分别为20美元、30美元、40美元，贸易量分别为30、50、20(单位)。

请按世界劳动的平均单位计算：

(1)该商品的国际价值是多少？

(2)甲、乙、丙三个国家的国际价值总量是多少？

2. A、B两个企业利用广告进行竞争。若A、B两企业都做广告，在未来销售中，A企业可以获得20万元利润，B企业可以获得8万元利润；若A企业做广告，B企业不做广告，A企业可以获得25万元利润，B企业可以获得2万元利润；若A企业不做广告，B企业做广告，A企业可以获得10万元利润，B企业可以获得12万元利润；若A、B两个企业都不做广告，A企业可以获得30万元利润，B企业可以获得6万元利润。

(1)请画出A、B两个企业的支付矩阵；

(2)求纳什均衡解。

# 第十八章

# 经济全球化和国家经济安全

## 一、概念题

1. 商业资本国际化　2. 借贷资本国际化　3. 产业资本国际化　4. 经济全球化　5. 国际经济秩序　6. 国际经济旧秩序　7. 国际经济新秩序　8. 国家经济安全

## 二、判断题

1. 广义地说，资本国际化是经济全球化的一个内容。（　　）

2. 第二次世界大战后，资本国际化的突出特点是商业资本国际化。（　　）

3. 第二次世界大战后，产业资本国际化迅速发展的根本原因在于随着垄断资本的大量发展和实力的增长，出现了庞大的过剩资本。（　　）

4. 全球化经济就是全球化资本主义体系。（　　）

5. 经济全球化建立在一定的国际分工基础上。（　　）

6. 从对外直接投资的形式看，跨国兼并和收购是跨国公司对外直接投资的主要形式。（　　）

7. 发达国家和发展中国家在经济全球化过程中处于完全不平等地位，这种不平等主要表现在制定和履行经济全球化的制度和规则上。（　　）

8. 国际经济新秩序就是指联合国 1974 年通过的《建立新的国际经济秩序宣言》以及提出的建立国际经济新秩序的 20 项原则。（　　）

## 三、单项选择题

1. 商业资本国际化的主要形式是（　　）。

A. 国际贸易　　B. 国际直接投资

C. 国际间接融资　　D. 跨国兼并和收购

2. 第二次世界大战后资本国际化的基本特征是（　　）。

A. 商业资本的国际化　　B. 借贷资本的国际化
C. 产业资本的国际化　　D. 贸易与资本的全球化

3. 产业资本国际化最重要的载体和主角是(　　)。
A. 辛迪加　　B. 卡特尔　　C. 托拉斯　　D. 跨国公司

4. 决定经济全球化进程和性质的是(　　)。
A. 社会主义国家　　B. 发展中国家
C. 落后的资本主义国家　　D. 发达的资本主义国家

5. 发达国家与发展中国家在经济全球化过程中(　　)。
A. 处于完全平等的地位
B. 处于完全对立的地位
C. 发展中国家比发达国家享有更多权利
D. 发达国家在制定和履行制度和规则上占主导地位

6. 区域经济一体化意味着(　　)。
A. 地区内各国之间壁垒的加强　　B. 地区内各国之间壁垒的消除
C. 地区内各国之间竞争的消除　　D. 地区内各国之间贸易的消除

7. 新、旧殖民主义产生和存在的根源是(　　)。
A. 资本主义经济制度　　B. 经济区域化的发展
C. 世界经济的全球化　　D. 世界经济政治发展不平衡

8. 建立新国际经济秩序的一项重要内容是(　　)。
A. 废除对外资企业的限制和监督
B. 建立以垂直型分工为基础的生产体系
C. 建立以发达国家为主的国际货币金融体系
D. 维护本国的资源主权和反对贸易保护主义

9. 产品市场受制于他国控制属于(　　)。
A. 金融风险　　B. 产业风险　　C. 市场风险　　D. 国家支付危机

10. 在当代,国家对外政策和行为的依据应该是(　　)。
A. 企业利润最大化　　B. 居民收入最大化
C. 维护国家利益和国家经济安全　　D. 维护国家利益和世界金融安全

## 四、多项选择题

1. 资本国际化主要包括(　　)。
A. 社会分工国际化　　B. 科学技术国际化
C. 产业资本国际化　　D. 商业资本国际化
E. 借贷资本国际化

2. 当今国际金融市场的特点是(　　)。
A. 国际信贷市场迅速发展　　B. 国际债券市场迅速发展
C. 货币资本国际流动的加速发展　　D. 跨国银行的迅速崛起加速发展
E. 私人借贷资本急剧上升而国家借贷资本日益下降

3. 第二次世界大战后产业资本国际化的原因有(　　)。

A. 国际贸易和国际信贷市场的迅速发展
B. 国际分工和专业化协作发展的必然趋势
C. 新科技革命提供了必要的物质技术条件
D. 西方发达国家产业结构加速升级的结果
E. 垄断资本的发展出现了日益庞大的过剩资本

4. 产业资本国际化的主要表现是(　　)。
A. 私人对外投资额迅速增长
B. 跨国公司成为西方对外投资的主体
C. 对外投资的主要形式为跨国兼并和收购
D. 对外直接投资主要流向发达国家
E. 对外直接投资主要流向发展中国家

5. 经济全球化的主要内容有(　　)。
A. 市场国际化　B. 分工国际化　C. 生产全球化　D. 贸易全球化
E. 资本全球化

6. 经济全球化形成趋势的因素主要是(　　)。
A. 生产的全球化和贸易的全球化
B. 资本的全球化和市场的全球化
C. 各国经济体制的趋同消除了体制障碍
D. 微观经济主体趋利动机推动了全球化发展
E. 信息技术的进步降低了远距离控制的成本

7. 经济全球化的双重效应是(　　)。
A. 使资源得以在全球范围内进行配置
B. 使各国企业有可能充分发挥竞争优势
C. 使科学技术活动趋于全球化促进发展
D. 使发展中国家有可能充分实现“后发优势”
E. 使发展中国家在不对等条件下蒙受巨大权益损失

8. 制定世界经济运行制度和规则并监督其执行的世界经济组织是(　　)。
A. 联合国(UN)　B. 世界银行(WB)
C. 二十国集团(20G)　D. 世界贸易组织(WTO)
E. 国际货币基金组织(IMF)

9. 区域经济组织的形式主要有(　　)。
A. 经济同盟　B. 关税同盟　C. 货币同盟　D. 共同市场
E. 自由贸易区

10. 国际经济新秩序的主要内容是(　　)。
A. 争取海运权
B. 维护资源主权
C. 改善国际贸易和技术转让条件
D. 改革以不合理分工为基础的世界经济结构
E. 建立维护发展中国家经济利益的国际货币金融体系

11. 经济全球化对国家经济安全的危害因素主要有(　　)。

A. 产业风险　　B. 金融风险

C. 国家信贷危机　　D. 国家支付危机

E. 弱化了国家和民族界限

12. 经济全球化对发展中国家的(　　)具有负效应。

A. 经济主权　　B. 经济制度　　C. 产业结构　　D. 金融市场

E. 市场占有率

13. 在参与经济全球化过程中要坚持的原则有(　　)。

A. 利益原则　　B. 全球原则　　C. 变动原则　　D. 持续性原则

E. 制度趋同原则

## 五、辨析题

1. 资本国际化是资本主义商品经济发展到一定高度的必然产物。
2. 经济全球化是经济国际化的高级阶段。

## 六、案例分析题

1. 案例内容:

第二次世界大战后,特别是20世纪50年代后期以来,随着主要发达资本主义国家经济的发展及其对外直接投资的增加,作为国际直接投资和生产国际化的载体——跨国公司有了急剧而广泛的发展。目前,从对外直接投资的存量和流量的发展来看,跨国公司已不再是发达国家的专利,发展中国家也有跨国公司,但发达国家的投资和引资行为仍是对外直接投资的主体。

1996年排名世界100家最大的跨国公司中,通用电气公司名列第一,海外资产达828亿美元,总资产724亿美元,海外销售额211亿美元,总销售额92亿美元,海外就业人数为8.4万人,总就业人数为23.9万人。英荷壳牌石油公司居第二,然后依次为福特汽车公司、埃克森石油公司、通用汽车公司、IBM等。这100家公司1995～1996年的海外总资产增加了6%,达1.8万亿美元。

全世界前300家跨国公司大约控制着世界1/4的生产资金,有5万亿美元之多。一般大跨国公司的年销售额可以与大部分国家的国内生产总值相比。英荷壳牌石油公司在50个国家开发石油,在34个国家有炼油厂,在100多个国家的市场上销售产品,其销售额大约等于伊朗的国内生产总值。三井与通用电气法国分公司的销售额加在一起,要超过丹麦、葡萄牙、土耳其国内生产总值之和,比整个撒哈拉沙漠以南的非洲地区的生产总值还多5 000亿美元。

联合国1997年世界投资报告指出,70%的国家间技术专利转让费在母公司与它们在外国的子公司之间进行,这说明跨国公司在全球的技术转移方面也起着重要的作用。

案例问题:

(1)什么是跨国公司?第二次世界大战后跨国公司迅速而广泛发展的原因是什么?

(2)你认为中国是否要培育和发展自己的跨国公司?为什么?

2. 案例内容:

资料一：根据《北京青年报》1996 年 7 月 15 日的报道，截至 1996 年上半年，外资已经充分进入下列与我们日常生活息息相关的民族工业：

第一，洗衣粉行业。据统计，我国年产 8 万吨以下洗衣粉的北京“熊猫”、四川“双猫”、南京“加佳”已分别与美国“宝洁”、日本“花王”、德国“汉高”、英国“利华”合资，外国品牌已占去我国洗涤市场的 3/4。

第二，饮料行业。美国的“可口可乐”“百事可乐”高价收购“天府可乐”等名牌商标，饮料市场几乎全部成了外国品牌的天下，只剩下“健力宝”等少数的民族品牌在外国品牌中挺立。

第三，自行车行业。自行车行业合资、外资企业已有 200 多家，外国品牌的自行车产量已占到全国产量的 30%。

第四，彩电行业。据调查统计，进口彩电在北京、上海、广州所占的市场份额分别高达 50%、72%和 96%。

第五，啤酒行业。国内 60 家年产 5 万吨以上的啤酒厂中，有 70%与外商合资，而且大多数是国货名牌厂家，像北京的双合盛五星啤酒厂被美国亚洲战略投资公司以 60%的比例控股，北京啤酒、杭州啤酒和烟台啤酒与香港中策公司合资，广州啤酒厂被生力啤酒厂租赁，美国 AB 公司在武汉设立中德啤酒厂，澳大利亚富士达公司收购了天津渤海啤酒厂，只剩下燕京啤酒厂与珠江啤酒厂等少数几家仍维持自身的独立。

第六，照相机行业。除上海海鸥等几个牌子还在生产外，其余全部换上了洋名。

资料二：1997 年 7 月 22 日《中国经营报》报道：

据有关资料显示，国际跨国公司已占领了中国彩电市场的 60%，洗发、护发用品市场的 80%，外国公司生产的软饮料在中国四大城市的市场占有率高达 85%，1992 年进入中国的“麦当劳”快餐已把国内众多的快餐企业击得溃不成军；今年夏天，北京街头几乎所有的冷饮网点都被国外的“和路雪”和“雀巢”覆盖……

养育了三代中国人的八大饮料名牌中的七个被可口可乐、百事可乐纷纷合资，有人戏称为“水淹七军”。

案例问题：

(1)什么是国家经济安全？

(2)大量外资涌入中国，是否会危及中国的经济安全？为什么？

(3)你认为在对外开放中如何维护我国的国家经济安全？

## 七、问答题

1. 当今国际金融市场有何特点？
2. 产业资本国际化有哪些主要表现？
3. 在经济全球化过程中，如何维护国家经济安全？

## 八、论述题

1. 试述经济全球化的主要成因。
2. 试述新国际经济秩序的主要内容。

# 尾论

# 经济制度的演变

## 一、概念题

1. 基本经济制度　2. 经济体制　3. 制度环境　4. 社会主义初级阶段

## 二、判断题

1. 社会经济制度概括了全部经济关系，其中最根本的是财产关系，即生产资料所有制。（　）

2. 经济体制内容只指所有制形式，不包括经济运行机制。（　）

3. 西方新制度学派认为制度的功能在于它能提供激励，因此要构建激励机制。（　）

4. 马克思主义承认人在制度演变中的重要作用，但社会制度演变不是人为的过程。（　）

5. 现实的社会主义国家生产力落后于发达的资本主义国家，因此不能认为社会主义生产关系能够以比资本主义生产关系更快的速度推动生产发展。（　）

6. 我国社会主义初级阶段生产呈现出马克思主义创始人不可能预料的特点。（　）

7. 联合劳动是一种比雇佣劳动更高级的社会形式。（　）

8. 在社会主义初级阶段旧的分工已经消失，劳动已不是谋生手段。（　）

9. 在全球经济中，社会主义国家和资本主义国家的经济利益既有对立性，也有统一性。（　）

10. 现代资本主义私人资本已转化为社会资本，因而现代资本主义不再处在垄断资本主义发展阶段上。（　）

## 三、单项选择题

1. 马克思主义经济学定义的经济制度是指（　　）。

A. 经济规则　　B. 经济关系　　C. 政治规则　　D. 行为规则

2. 马克思主义经济学认为制度演变的基本形式是（　　）。
   A. 诱致性制度变迁　　B. 强制性制度变迁
   C. 突发性制度变迁　　D. 改良形式和革命形式
3. 马克思主义经济学认为制度变化的原因和方式是（　　）。
   A. 个人的创造作用　　B. 集团的创造作用
   C. 阶级和阶级斗争作用　　D. 国家和政府管理作用
4. 马克思主义制度理论的精华在于（　　）。
   A. 从经济制度的外在矛盾说明制度和制度变迁
   B. 从经济制度的内在矛盾说明制度和制度变迁
   C. 运用“成本—收益”方法说明制度和制度变迁
   D. 运用“需求—供给”方法说明制度和制度变迁
5. 资本主义经济制度的本质特征是（　　）。
   A. 以雇佣劳动为特点　　B. 以农奴劳动为特点
   C. 以徭役劳动为特点　　D. 以自给自足生产为特点
6. 社会主义社会划分阶段的直接依据是（　　）。
   A. 生产力　　B. 生产关系　　C. 经济运行机制　　D. 社会伦理道德
7. 社会主义的本质特征是（　　）。
   A. 公有制　　B. 股份制　　C. 雇佣劳动　　D. 联合劳动
8. 社会主义制度与资本主义制度之间（　　）。
   A. 会相互转化　　B. 不会相互转化
   C. 不存在一些共同利益　　D. 不可能存在合作共事

## 四、多项选择题

1. 马克思主义制度演变理论的要点包括（　　）。
   A. 经济制度是发展变化的
   B. 经济形态的发展变化是人为过程
   C. 经济形态的发展变化是一个自然历史过程
   D. 经济制度演变的基本形式是改良与革命
   E. 社会制度演变不断从低级形态上升到高级形态
2. 马克思主义承认人在制度演变重要作用的原因是（　　）。
   A. 人是经济关系的承担者　　B. 人是利益关系的承担者
   C. 人是社会历史活动的主体　　D. 人是进行阶级斗争的工具
   E. 人是推动制度演变的工具
3. 资本主义经济制度的一般特征是（　　）。
   A. 为交换而进行的生产　　B. 为资本家利益而生产
   C. 生产资料归资本家私人所有　　D. 依靠市场和价格来分配资源和收入
   E. 依靠国家和法律来分配资源和收入
4. 与封建制度相比，资本主义制度的历史进步性主要是（　　）。
   A. 国家地域的扩张　　B. 商品经济的发展

C. 个别资本规模扩大　　D. 使人成为独立自由的人
E. 比封建制度更快的速度推动生产力发展

5. 我国现阶段社会主义经济制度的特征是(　　)。
A. 以共同富裕为目标　　B. 加强政府的宏观调控职能
C. 发挥市场对资源配置的基础作用　　D. 公有制为主体、多种所有制共同发展
E. 按劳分配为主、按生产要素贡献分配相结合

6. 社会主义经济制度的进步性在于(　　)。
A. 联合劳动是基础　　B. 政府的宏观调控
C. 社会制度更为优越　　D. 计划机制配置资源
E. 市场机制配置资源

7. 资本主义无法根除的主要矛盾是(　　)。
A. 生产和消费的矛盾　　B. 政府与企业的矛盾
C. 无产阶级与资产阶级的矛盾　　D. 垄断资本与中小资本的矛盾
E. 社会化生产与资本主义私人占有的矛盾

8. 社会主义与资本主义两种经济制度是(　　)。
A. 具有统一性　　B. 具有对立性
C. 具有转化性　　D. 本质不同的两种社会制度
E. 存在一些共同利益的两种社会制度

## 五、辨析题

1. 有人认为,一些国家从社会主义经济制度改变为资本主义经济制度,说明社会主义取代资本主义已不是人类社会的必然规律了。

2. 有人认为,发达资本主义国家资本进一步社会化,股份公司普遍建立、股权极大分散,私人资本转化为社会资本,这就意味着资本主义私有制会发生本质的变化。

## 六、案例分析题

案例内容:

从 1990 年 6 月开始,俄罗斯采取激进的方式转向现代资本主义自由市场经济。俄罗斯经济改革的实质是在向市场经济过渡中舍弃社会主义经济制度,复旧现代资本主义的自由市场经济形态,推行自由市场化加私有化。俄罗斯改革采取激进的“休克疗法”,放开价格、实行私有化,其结果使国民经济长期负增长。20 世纪 90 年代,俄罗斯的 GDP 几乎减少了一半,GDP 总量只有美国的 1/10 和中国的 1/5。通货膨胀极为严重,居民生活水平急剧恶化。恩格尔系数从 1990 年的 0.292 提高到 1996 年的 0.434,其中城市家庭从 0.281 提高到 0.434,农村家庭从 0.25 提高到 0.426。这一切导致俄罗斯综合国力明显下降。

案例问题:

(1)俄罗斯经济改革的实质是什么?

(2)你是怎样认识经济制度由低级向高级发展变化的规律的?

## 七、问答题

1. 资本主义制度的局限性和过渡性体现在哪些方面?

2. 我国社会主义初级阶段的生产关系呈现出哪些马克思主义创始人不可能预料的新特点?

## 八、论述题

1. 试述马克思主义制度演变理论的主要内容。

2. 试述社会主义社会将要经历的三个历史发展阶段。

# 答案要点

## 导论　政治经济学述要

### 一、概念题

1. 经济学:研究物质资料的生产、交换、分配和消费等经济关系和经济活动规律及其应用的科学总称。

2. 政治经济学:研究人类社会中支配物质生活资料的生产和交换的规律,是其他各个经济学科的理论基础。

3. 生产力:人们运用生产资料,创造社会物质和精神财富的能力,是推动社会生产发展的决定因素,也称社会生产力。

4. 劳动对象:人们在物质生产过程中将劳动力加于其上的一切东西。

5. 劳动资料:人们在劳动过程中用以改变或影响劳动对象的一切物质资料和物质条件。

6. 生产关系:人们在生产和再生产过程中结成的各种经济关系,是人们最基本的社会关系。

7. 生产方式:生产力和生产关系的统一,构成物质资料的生产方式。其中,生产力是生产方式的物质内容,生产关系是生产方式的社会形式。

8. 经济基础:生产关系的总和构成社会的经济基础。

9. 上层建筑:在经济基础上建立起来的政治法律制度以及与它相适应的政治、法律、哲学、宗教、文艺等意识形态,统称为上层建筑。

10. 经济规律:经济现象和经济过程内在的、本质的、必然的联系,它体现着经济过程的必然趋势。

## 二、判断题

| | | | | | | |
|---|---|---|---|---|---|---|
| 1.× | 2.× | 3.× | 4.× | 5.√ | 6.√ | 7.√ |
| 8.√ | 9.√ | 10.√ | 11.√ | 12.√ | 13.× | 14.× |
| 15.× | 16.√ | 17.√ | 18.√ | | | |

## 三、单项选择题

| | | | | | | |
|---|---|---|---|---|---|---|
| 1.A | 2.B | 3.D | 4.A | 5.B | 6.D | 7.A |
| 8.D | 9.D | 10.D | 11.C | 12.B | | |

## 四、多项选择题

| | | | | | |
|---|---|---|---|---|---|
| 1.ABCDE | 2.ACD | 3.ABCDE | 4.ABD | 5.ABCD | 6.ABCD |
| 7.BCDE | 8.BCDE | 9.ACE | 10.ABDE | | |

## 五、辨析题

1. 正确。

占主导地位的生产资料所有制决定了人们在生产中的地位和产品的分配形式。

2. 错误。

与自然规律相比，经济规律有两个主要特点：一是经济规律会随经济条件的变更而变化；二是经济规律的作用发挥会受到人的认识能力和利益关系的制约。

3. 错误。

(1)市场活动也是有人参与的，其主体就是人。市场调节说到底，是经济活动的自然人和法人的行为变动，也可以说是企业的行为或调节，如产品、价格和竞争等方面的所作所为。因此，市场调节规律和国家调节规律都是在形式上具有人的活动主观性，在内容上具有人的活动客观性。

(2)良性而有效的微观和宏观经济活动，要求在企业和政府工作的所有人，均应努力使人的主观能动性符合有人参与的经济活动的客观规律性，以便实现主客观的有效统一性。

4. 正确。

(1)资源没有充分利用的较低增长速度，不利于充分就业、积累财富和提升福利，而资源粗放利用的较高增长速度，又不利于保护生态环境、节约资源和积累真实财富。

(2)要辩证分析和对待国内生产总值这一指标，它既有积极作用，又有严重缺陷，不应过度追求；经济增长与经济发展，经济效率、经济效益与经济绩效，都是有异同点的，应突出经济发展的整体绩效优先的经济增长速度才是最佳速度。

## 六、案例分析题

1. 答：(1)一个完整的经济理论包括定义、假设、假说和预测等。假设是某一理论所适用的条件。因为任何理论都是有条件的、相对的，所以在理论形成中适当地运用假设，是经济理论形成的重要方法。

(2)马克思在政治经济学的研究中，主要运用的是唯物辩证法，包括矛盾分析法、科学抽象法、历史与逻辑相一致的分析方法和定性与定量相结合的方法。

(3)除了运用唯物辩证法以外,还需要运用综合方法、归纳方法、演绎方法以及规范方法和实证方法等认识手段,适当借鉴系统论、伦理学和心理学等的某些方法和范畴。所有这些共同构成马克思主义政治经济学的方法论体系。

2. 答:(1)应该承认,数学是辅助经济理论研究的一个很有益的方法。

首先,经济学与其他社会科学的重要区别之一是它要研究经济中的数量关系。经济现象之间的关系可以用数量关系来表示,经济变量可以定量化,这就为经济学的数学化提供了可能。

其次,在经济理论研究中恰当地运用数学方法,可以使正确的理论和科学的研究成果表达得更为准确和精确,可以更好地检验结论和前提是否一致或矛盾,可以更有力地增强研究成果中的结论。

最后,经济学的最终目的是要解决实际问题,借助数学工具所建立的经济模型对实际经济问题的解决起了重要的作用。

(2)但是,在经济理论研究中不能滥用数学。

第一,数学不是经济学本身,而是一种工具。数学本身不能创造任何经济理论,不能创造任何经济范畴和经济规律。

第二,数学是从前提出发,经过逻辑推理,得出结论的。在经济研究中运用数学时,要结论正确,首先要求前提正确。从错误的前提出发,不管用了多少数学和多么复杂的数学,都不可能得出正确的结论。

第三,数学可以给错误的经济理论披上科学的外衣,但不可能赋予错误理论以科学的内容。离开了思想,工具就是没有意义的。第四,经济学分析的工具也不只是数学一种,应提倡经济学研究方法的多元化而不是数学化。

3. 答:(1)观点正确。说明政治经济学的阶级性是客观存在的。

(2)政治经济学理论发展史表明,政治经济学的阶级性是由政治经济学的研究对象所决定的。政治经济学的研究对象是生产关系及其发展规律,而生产关系在阶级社会中就是各阶级之间的利害关系。所以,政治经济学的研究直接触及各阶级的切身利益。

(3)事实上,几乎所有的经济学家在研究、解释和试图解决经济问题时,总是自觉或不自觉地站在特定的立场上,代表特定的阶级或阶层利益,接受反映特定阶级或阶层利益的价值判断。这是由于政治经济学研究的内容直接涉及社会各阶级的切身利益,代表不同阶级利益的经济学家,对于社会经济关系必然具有不同的认识和解释。因此,政治经济学具有鲜明的阶级性。

(4)历史上不同阶级的代表人物,为了本阶级的利益先后创立了为本阶级利益服务的经济理论,这样就产生了不同阶级的政治经济学。

## 七、问答题

1. 经济规律的客观性与人们认识和利用经济规律之间的关系是什么?

答:(1)经济规律是不以人的意志为转移的,它在一定的经济条件下产生并发生作用。

(2)人不能违背、制定、改造、消灭经济规律。

(3)人们能够发现、认识和利用经济规律。

2. 生产力与生产关系之间是什么关系？

答：(1)生产力决定生产关系的性质和发展变化。

(2)生产关系对生产力发展有反作用，表现在：一是适应就推动生产力发展；二是不适应就阻碍生产力发展。不适应有两种情况，即落后于生产力或“超前”于生产力。

(3)生产关系一定要适应生产力性质，是社会发展的普遍规律。

3. 与自然规律相比，经济规律有哪些特点？

答：(1)大多数经济规律都不是长久不变的。它只能在一定的历史阶段发生作用，随经济条件的变更而变化。

(2)经济规律的作用，必须通过人的经济行为和经济活动而得到发挥，并直接涉及人们的物质利益。因此，人们在利用经济规律时，经常会受到认识能力和利益关系的限制，从而使经济规律的作用受到干扰。

4. 社会主义公有制企业生产目的的特点是什么？

答：(1)社会主义公有制具有双重生产目的，其中，纯粹商业性企业和非商业性企业直接的生产目的有区别，但所有公有制企业的最终生产目的都是为了最大限度地满足全体人民的物质和文化需要(含生态环境的需要)。

(2)生产新价值和公有剩余价值是为生产使用价值服务的，因而体现了“人民主体性”和民生导向性的生产目的。

5. 什么是按比例分配社会劳动的规律？其内在要求是什么？

答：(1)按比例分配社会劳动的规律(简称按比例规律)是社会生产与社会需要之间矛盾运动以及整个国民经济协调发展的规律。

(2)其内在要求是：表现为人、财、物的社会总劳动要依据需要按比例地分配在社会生产和国民经济中，以便保持各种产业和经济领域的结构平衡；在社会再生产中，各种产出与社会需要在使用价值结构和价值结构上均保持动态的综合平衡，从而实现在既定的生产经营水平下以最小的劳动消耗来取得最大的生产经营成果；广义的经济结构协调表现为合理化和不断高级化，包括产业结构、地区结构、外贸结构、企业结构、技术结构、供求结构、实体经济与虚拟经济结构等。

## 八、论述题

1. 试述马克思主义政治经济学研究对象的特点。

答：(1)马克思主义政治经济学研究对象是社会生产关系及其运动规律。

(2)马克思主义政治经济学研究的起点与终点都是人，认为经济学是一门社会科学，经济运行的方式是变化发展的，其在不同的经济关系下具有独特的社会内容和运动形式。

(3)当代马克思主义政治经济学，其一是以物质和文化生产力的发展为出发点；其二是重点研究资本主义和社会主义社会的经济关系和经济制度，并涵盖资源配置、经济运行、经济行为、经济发展和人的福利等基本层面的内容；其三，阐释的主要是制度和理论层面，而非技术和应用层面。

2. 试述中国特色社会主义政治经济学必须坚持科技领先型的持续原则。

答：(1)政治经济学的原理之一，是生产力决定生产关系，经济基础决定上层建筑，生产关系和上层建筑又具有反作用；其中，生产力是最革命、最活跃的因素，而科技具有引领生产力发展的决定性功效，掌握先进科技和管理方式的人，对生产力起着核心作用。人口的生产应与物质文化生产相协调，由自然环境构成的自然力应与劳动力和科技力相协调。

(2)强调解放和发展生产力是初级社会主义的根本任务，是社会主义本质的组成部分之一，是社会主义社会的物质技术基础，经济建设是中心工作。

(3)强调人口、资源与环境三者关系的良性化，应构建“人口控减提质型社会”“资源节约增效型社会”“环境保护改善型社会”的“三型社会”，高水平地实现可持续发展。

(4)强调自主创新，建设创新型国家，创新是发展的第一动力，要实施创新驱动战略。

(5)经济运行从“自发性”到“自觉化”的演进，要建立政府、市场、科技相结合的三元机制系统，体现出科技这一“决定性”元素的作用，需要在战略高度上认识科技引领配置资源的重要作用。

3. 试述中国特色社会主义政治经济学必须坚持自力主导型的开放原则。

答：(1)政治经济学的原理之一，是依据国际分工、国际价值规律、国际生产价格、国际市场、国际贸易、国际金融、经济全球化等理论，在一国条件具备的情况下经济适度对外开放，有利于本国和世界的经济增长、资源优化配置、产业和技术互动、人才发挥作用等；一国对外经济开放的方式、范围和程度等，应视国内外复杂多变的情况而灵活有序地进行，发展中国家对发达国家的开放更要讲求战略和策略，因为开放的实际综合利益具有一定的不确定性。

(2)强调中国要在自力更生主导的基础上坚持双向对外开放基本国策，善于统筹国内和国际两个大局，利用好国际和国内两个市场、两种资源，发展更高层次的开放型经济，积极参与互利共赢型的全球经济治理，同时坚决维护中国发展利益，积极防范各种风险，确保国家经济安全。

(3)强调引进来与走出去并重、后发优势与先发优势并重的方针，要大力发展中方控股份、控技术(核心技术和技术标准)和控品牌(世界名牌)的“三控型”跨国公司，防止陷入传统的“比较优势陷阱”，实行自主知识产权优势理论和战略。

4. 试述马克思主义政治经济学是实践性、阶级性与人文性的统一。

答：(1)马克思主义政治经济学是对前人优秀成果的批判地继承和对资产阶级社会经济生活实践的科学总结和反思的结晶，本质上是一门实践的科学。

(2)作为政治经济学研究对象的生产关系本质上就是人们的物质利益关系。在存在对立阶级的情形下，政治经济学的一个客观内容就是表现为阶级性。马克思主义经济学所说的阶级性，首先主要是指经济方面的含义，其次才是指由这种经济含义所决定或派生的政治含义和意识含义。

(3)马克思主义政治经济学是工人阶级政治经济学，工人阶级是先进生产力和先进文化的代表，与人类社会发展的方向一致。所以，只有代表工人阶级的政治经济学，才能达到阶级性和科学性的统一。

(4)政治经济学是一门社会科学，而人文性是一切社会科学的基本内涵和标志。政治经济学的人文性表现为：一是某种阶级性；二是表现为一定的国度性；三是表现为对人类的终极关怀。

(5)马克思主义政治经济学的科学性，是建立在它的实践性、阶级性和人文性之坚实基础上的。

# 第一章　商　品

## 一、概念题

1. 商品:用来交换的劳动产品,具有使用价值和价值两因素或两种属性,它体现一定的社会生产关系。

2. 交换价值:一种使用价值同另一种使用价值相交换的量的关系或比例,是价值的表现形式。

3. 价值:凝结在商品中的无差别的人类一般劳动,体现商品生产者之间相互比较劳动和交换劳动的经济关系,是商品的社会属性。

4. 抽象劳动:撇开劳动的具体形式的无差别的人类一般劳动,体现商品生产者之间的经济关系,是劳动的社会属性。

5. 商品经济:以商品交换为特征或以出卖为目的而进行生产的经济形式。

6. 复杂劳动:需要经过专门培养与训练、具有一定文化知识和技能的劳动者才能从事的劳动。

7. 社会必要劳动时间:在现有的社会正常的生产条件下,在社会平均的劳动熟练程度和劳动强度下,制造某种使用价值所需要的劳动时间。

8. 劳动生产率:劳动生产的能力或劳动生产的效率,用单位时间内生产的产品数量或生产单位产品所消耗的必要劳动时间来表示。

## 二、判断题

1. ×　2. ×　3. √　4. √　5. √　6. √　7. ×
8. √　9. ×　10. √

## 三、单项选择题

1. A　2. B　3. C　4. A　5. A　6. A　7. C
8. B　9. C　10. A

## 四、多项选择题

1. ACD　2. CE　3. AB　4. ABCDE　5. ABCDE

## 五、辨析题

1. 正确。

价值是抽象劳动的凝结,任何劳动都是在一定的社会条件下进行的,因此总是反映了商品生产者相互交换劳动的社会关系。

2. 错误。

商品是用于交换的劳动产品。使用价值和价值的矛盾统一构成了商品。因此,即使是劳动产品但不用于交换,也就不是商品。

3. 正确。

在商品经济，人们自己的一定的社会关系是以商品形式和商品价值关系表现的。

4. 错误。

交换价值是价值的表现形式，价值是交换价值的基础。

5. 正确。

劳动生产力与商品使用价值量呈正比，与单位商品价值量呈反比。

## 六、案例分析题

1. 答：这种观点是错误的。

(1)科学地分析劳动的形态和本质，可以见得，劳动价值论的本质依在。在科学技术日益发达的今天，劳动形态发生了极大改变，以知识劳动为标志，知识经济只是改变了劳动的形态，没有改变本质。

(2)知识劳动仍然是人类劳动，是人的体力和脑力的消耗，只是脑力消耗的比重明显大于体力的耗费。

(3)知识劳动表现在生产力的三要素上没有改变其劳动的性质：

一是劳动和劳动主体本身仍然是体力和智力的耗费，劳动主体只是具有更高智能的劳动者。

二是劳动工具更为先进，电子化、自动化的生产工具在社会生产的各个领域广泛运用，但归根结底还是人手的延伸。

三是劳动对象进一步拓展。新能源、新材料逐渐发现，合成材料等新的劳动对象使劳动对象极大扩展。但这仍是劳动者作用其上的物质形态，劳动对象和劳动工具均是活劳动的"吸收器"。

2. 答："智能机器也能创造价值"的观点是错误的。"无人工厂"的出现，并不意味着智能机器能创造剩余价值。活劳动是价值的唯一源泉，机器、知识、信息是不能创造价值的。无论是智能机器、知识、信息还是其他要素，依然是物，是生产资料的一部分，它们在生产过程中只是当作劳动资料发挥作用，只能把自身的"旧价值"转移到产品之中，而不会出现新增的部分。此外，"无人工厂"也无法真正做到"无人"，仍需编程人员、维修人员等复杂劳动力的参与，这些劳动力会创造新价值。

3. 答：(1)商品的价值量是由生产这一商品的社会必要劳动时间决定的。

(2)用社会必要劳动时间计量价值，不论操作有多么困难，从理论上讲是可行的，因为时间能够简单相加。劳动价值论虽然比较抽象，但简洁明了有说服力。相反，西方经济学用效用计量价值却遇到了难以逾越的障碍。在微观经济学的教科书中，既可看到效用最大化原理，又会发现大量的"无差异曲线"，不得不混用基数效用和序数效用两种方法。

(3)量化主观效用既讲不通，也行不通。首先，消费者购买经常以非理性的判断为依据，难以解释为数学上精确的效用论。其次，效用不存在同质的可比性，只能用价格推想效用，再用效用决定价格，陷入同义反复，难以自圆其说。再次，人们的消费需求有顺序性，首先是生存，然后才是其他，因此很难想象谁会同时把所有商品都纳入他的效用函数。

4. 答：(1)生产物质商品的劳动是创造价值的生产性劳动。

(2)从事有形和无形商品场所变更的劳动是创造价值的生产性劳动。

(3)生产有形和无形精神商品的劳动是创造价值的生产性劳动。

(4)从事劳动力商品生产的服务劳动是创造价值的生产性劳动。

(5)那些属于不为市场交换的目的或不进入市场交换而进行的活动和服务劳动,尽管其活动或服务劳动有财务收支、劳动报酬、服务收费等经济问题,也是社会重要的劳动领域和服务部门,但总体上不是商品,不是为市场商品交换而从事的生产性服务劳动。

(6)从经济实践及其逻辑出发,纯粹买卖、纯粹中介和纯粹监督之类的活动或服务劳动没有新增加一个商品,也就没有创造和生产商品的新价值。不过,若从"有作用"这个特殊意义来说此类劳动,那么,自然它们都有"价值"了,但已是非劳动价值论意义上的创造"价值"。

(7)不能把一切服务劳动,乃至社会上所有的有效劳动和有益劳动,统统说成是创造商品新价值的,这就有意或无意地混淆了现实经济生活中不同的劳动分工和活动性质。

(8)不能认为一切同国内生产总值相关的活动都是生产劳动,因为这会有意或无意地否定价值创造与价值分割、国民收入的初次分配与再分配,以及不同类型的劳动在本质上的差异。

5. 答:(1)手机价格下降反映了商品价值量变动规律,即单位商品价值量与体现在其中的劳动量成正比,与这一劳动的生产率(也称劳动生产力)成反比。为此,随着手机行业劳动生产率不断提升,单个手机的价值呈现下降趋势,手机的价格自然也呈现下降趋势。

(2)部分高性能智能手机价格上涨,则与其额外投入的研发、设计等劳动有关。高性能智能手机的生产通常伴随更多的研发等复杂劳动的投入,这使单个手机的价值不降反升,从而使其价格也呈现平稳甚至提升的趋势。

(3)部分高性能智能手机价格上涨,还与相关企业的垄断地位有关,即企业可以凭借垄断地位制定高于商品价值的垄断高价。

## 七、问答题

1. 为什么说商品是使用价值和价值的矛盾统一体?

答:(1)统一性表现为使用价值和价值的相互依存、相互作用。任何商品必须首先能满足人的某种需求,其次是必须凝结为无差别的一般劳动,并体现于价值以供交换。

(2)矛盾性表现为使用价值和价值的相互排斥、相互对立。商品生产者生产的直接动机是实现价值,而使用价值只是价值的物质承担者;使用价值和价值的实现是通过市场交换以两者的分离为条件的。

2. 商品经济的含义、产生条件和特点是什么?

答:(1)商品经济是以商品的交换为特征或以出卖为目的而进行生产的经济形式。

(2)商品经济产生的前提是社会分工。商品由不同的所有者或利益主体支配是决定性因素。

(3)商品经济最明显的特点是:直接为市场交换而生产,生产借助市场交换而进行。在商品经济条件下,劳动产品转化为商品,劳动者的劳动也因商品交换而被承认为社会总劳动的组成部分。

## 八、论述题

1. 试述马克思关于劳动价值学说的主要内容及意义。

答:(1)一切劳动,从一方面看,是人类劳动力在生理学意义上的耗费;作为相同的或抽象的人类劳动,它形成商品价值。

(2)一切劳动,从另一方面看,是人类劳动力在特殊的有目的形式上的耗费;作为具体的有用劳动,它生产使用价值。

(3)具体劳动和抽象劳动是同一劳动过程的两个方面;具体劳动反映的是人与自然的关系,是劳动的永恒属性;抽象劳动反映的是社会生产关系,是劳动的社会属性,是历史范畴。

(4)劳动两重性理论是马克思的重大贡献,是理解马克思主义政治经济学的枢纽:首先,为劳动价值论奠定了坚实的基础;其次为剩余价值论奠定了理论基础;最后,为资本有机构成理论、资本积累理论、资本主义再生产理论等一系列理论提供了理论基础。

2. 试分析私人劳动和社会劳动的矛盾是商品生产的基本矛盾。

答:(1)以社会分工和生产资料私有制为存在条件,生产商品的劳动具有私有性质,是私人劳动;由于社会分工,商品生产者又是相互联系和相互依赖的,私人劳动的总和构成了社会总劳动,生产商品的劳动又具有社会性质。

(2)私人劳动要被承认为社会劳动,只有通过交换。

(3)私人劳动与社会劳动的矛盾,是商品内在各种矛盾的根源。

(4)私人劳动与社会劳动的矛盾,决定商品生产者的命运。

3. 随着社会劳动生产力的提高,商品价值量的变化将呈现怎样的态势?

答:(1)在生产资料和自然环境等劳动的客观条件变好的情况下,随着劳动生产力的提高,单位时间生产的商品数量增加,生产单位商品的社会必要劳动时间将随之减少。但是,同一劳动时间里创造的价值总量是不变的。

(2)在商品生产和商品交换条件下,如果个别劳动时间少于社会必要劳动时间,商品生产者就处于较为有利的地位,就能实现较多的商品价值;反之,则处于不利甚至破产的地位。商品价值量的变化规律,使商品生产者就社会必要劳动时间展开激烈的竞争,从而有效地促进社会技术进步。

(3)这也使我们看到,随着科学技术的发展,劳动生产力将不断提高,单位使用价值包含的价值量日益减少将成为必然趋势。但是,主要由科学技术发展而引起的劳动的日益复杂性又会使社会总价值增大。

# 第二章　货　币

## 一、概念题

1. 货币:充当一切商品的一般等价物的特殊商品,体现商品生产者之间的社会经济关系。

2. 价值尺度:货币用于表现其他商品的价值并衡量商品价值量大小,是货币的基本职能之一。

3. 价格:商品价值的货币表现,它与商品价值变化呈正比,与货币价值的变化呈反比。

4. 商品流通:以货币为媒介的商品交换,是货币流通的基础。

5. 世界货币:货币超越国界在世界市场上发挥一般等价物的作用,是国际贸易产生和发展的产物。

6. 货币流通规律：决定一定时期内商品流通中所需货币量的规律。一定时期内流通中所需货币量，与商品价格总额呈正比，与同一单位货币流通速度呈反比，是金融货币作为流通手段时的货币流通规律的内容。

7. 纸币：由国家发行并强制使用的价值符号。

8. 通货膨胀：流通中的价值符号过度发行而引起的通货贬值和物价上涨的经济现象。

9. 通货紧缩：纸币发行量少于商品流通所需金属货币量所引起的一般物价水平的持续下跌，即物价出现负增长的经济现象。

10. 价值规律：商品价值量的决定和实现的规律。这一规律的基本内容是：商品的价值由生产该商品的社会必要劳动时间决定，商品的交换依据商品的价值量相等的原则进行。

## 二、判断题

1. √　2. √　3. ×　4. ×　5. √　6. √　7. √
8. ×　9. ×　10. √

## 三、单项选择题

1. A　2. D　3. D　4. C　5. B　6. B　7. C
8. A　9. C　10. C

## 四、多项选择题

1. ABC　2. ABCD　3. ABCDE　4. ABC　5. ABE　6. ABD
7. BCDE　8. ACDE　9. ABCE　10. ABCD

## 五、辨析题

1. 正确。

货币是商品交换发展的结果。最初充当货币的商品即货币商品，在商品交换的发展过程中，充当一般等价物的商品就逐渐稳定在一种商品上，即货币。

2. 正确。

(1)货币的出现使商品世界分成了两极：一极是各种各样的商品，它们都有特殊的使用价值，要求转化为价值；另一极是货币，它直接以价值的化身出现，可以代表任何一种商品的价值。

(2)货币的出现，使一切商品都必须转化为货币，它的价值才能得以实现。这使得商品交换能以最高效率和最低成本进行，从而极大地促进了商品交换的发展。

3. 正确。

货币充当流通手段后，使商品的交换过程在时间上和空间上分开了。商品所有者可在甲地乙时卖出商品，而在丙时丁地购买商品，这就有可能导致一些商品生产者因对市场预测不准确而使生产的商品卖不出去，造成生产的相对过剩。

4. 正确。

由于信用买卖的发展，在商品生产者之间形成了相互依存的债权债务关系和支付锁链。

货币作为支付手段，使商品流通和货币流通在时间和空间上分离，包含了支付链关系破坏的可能。

5. 错误。

流通中所需要的货币量同商品价格总额呈正比，与单位货币的流通速度呈反比。

6. 错误。

在同一货币流通速度不变的条件下，待售商品数量增加或商品价格水平提高时，增加货币的发行量，就不一定会引起通货膨胀。

7. 错误。

价格围绕价值上下波动是价值规律的作用表现形式。

8. 正确。

价格是价值的货币表现。受币值变化、供求矛盾、垄断操纵、政策性限制和保护等因素影响，价格会偏离价值。

9. 正确。

(1)价格变动始终是围绕价值这一中心而上下波动的，变动幅度一般不会与商品价值相差太远。

(2)从社会整体看，总价格和总价值是基本一致的；从一个或长或短时期看，同类商品价格其平均趋势仍与价值相一致。

10. 错误。

通货紧缩的后果是：

(1)持续的通货紧缩会使消费者推迟购买，以等待更低价格的出现，使产品销售困难，生产信心缩减。

(2)产品供给过剩的矛盾会迫使企业削减生产，从而造成开工不足，导致就业减少。

(3)消费者的货币收入因失业增加会相应减少，并出现消费需求不足的情况。

(4)会引发银行业危机，大大提高实际利率水平，引发企业破产的浪潮，以至于使局部的债务链条中断，从而导致整个信用体系的紊乱甚至崩溃，最终导致经济衰退或萧条。

## 六、案例分析题

1. 答：津巴布韦通货膨胀的背后是纸币流通规律在发挥作用。纸币流通规律，是指流通中的纸币总量所代表的价值量决定于货币需要量的规律。当纸币发行量超过商品流通所需要的金属货币量时，便会使单位纸币代表的价值下降，从而引起货币贬值、物价上涨的通货膨胀现象。而纸币之所以有以上流通规律，归根结底，是因为纸币本身没有价值，其以国家强制力为基础，为此不能执行贮藏手段，全部发行的纸币均在流通中。2018 年以后津巴布韦的通货膨胀再次严重，也反映了导致通货膨胀的原因是多种的，生产体系的失衡、货币体系的不完善、国际物价水平的变化等都会发挥影响和作用。

2. 答：(1)价值规律是商品经济的基本规律，其基本内容是：商品的价值量由生产商品的社会必要劳动时间所决定，商品按照价值量相等的原则进行交换；其表现形式是：受供求影响，商品的价格围绕价值上下波动。

(2)根据案例中的信息，榴莲价格之所以阶段性走高，是因为前一阶段榴莲降价导致需求旺盛，且由于榴莲易坏，使供给相对受限，加之各类营销活动进一步激发了需求。榴莲价格的这一变化并没有违背价值规律，而恰恰是价值规律表现形式的体现。这种价格与价值的背离之所以没有违背价值规律，是因为：

第一，价格仍以价值为中心进行波动；

第二，虽然从短暂和个别看价格经常背离价值，但从长期和整个社会看总价格和总价值基本是一致的。

## 七、问答题

1. 货币的价格标准和价值尺度之间存在怎样的关系？

答：(1)货币的价值尺度是指货币在表现其他商品的价值并衡量商品价值量大小，是货币的基本职能之一。货币的价格标准是指被确定的货币单位及其等份。

(2)联系：

货币执行价值尺度的职能是通过价格标准来实现的，价格标准是为了货币执行价值尺度职能而做出的技术规定。

(3)区别：

第一，价值尺度用来衡量各种不同商品的价值；价格标准则代表一定的金属重量，用来衡量货币本身的数量。

第二，作为价值尺度，货币金属本身的价值会随着劳动生产率的变动而变动；作为价格标准与劳动生产率的变动无关。

第三，价值尺度是在商品经济发展中自发产生的，而价格标准则是由国家法律规定的。

2. 流通中所需要的货币量的决定因素及其变动与货币需要量变动的关系是什么？

答：(1)流通中所需要的货币量取决于下列因素：

一是待流通的商品数量；

二是商品价格水平；

三是货币流通速度。

(2)商品价格与商品数量的乘积就是商品价格总额。在一定时期，流通中所需要的货币量与商品价格总额呈正比，与同一单位货币流通速度呈反比。这就是金属货币流通规律。

3. 纸币流通规律及其基础是什么？

答：(1)纸币流通规律是指流通中纸币总量所代表的价值量决定于货币需要量的规律。

(2)纸币是由国家发行并强制使用的价值符号。由于纸币是金属货币的符号，它代替金属货币执行流通手段的职能，因此，纸币流通规律是以金属货币流通规律为基础的。纸币发行量应根据金属货币流通规律决定的货币需要量来确定。

4. 价值规律在社会主义市场经济中的作用有何特点？

答：(1)社会主义市场经济是以初级公有制为基础的市场经济，因此，价值规律不再是唯一的调节者。

(2)在社会主义市场经济条件下，生产资料公有制在所有制结构中占主导地位，可以通过有效的宏观调节和对国民收入实行再分配来削弱价值规律的消极影响，使两极分化控制在合理的范围之内。

## 八、论述题

1. 试述价值规律的内容、表现形式及其作用。

答:(1)商品的价值量决定于生产该商品的社会必要劳动时间,商品的交换依据商品的价值量相等的原则进行。

(2)第二种含义的社会必要劳动时间:商品价值是由当时社会平均生产条件下生产市场上这种商品的社会必需总量所必要的劳动时间决定。

(3)价格由价值决定并受供求关系影响,使其始终围绕价值上下波动,从而成为价值规律在价值实现中的表现形式。

(4)一般作用:第一,调节生产资料和劳动力在各个部门之间的分配。第二,刺激商品生产者改进生产技术,改善经营管理,提高劳动生产率,从而促进社会生产力的发展。第三,调节商品生产经营者的利益分配。

(5)价值规律的调节作用具有局限性和破坏性,并不能保证社会生产"自然地、和谐地"进行。在不同社会制度下,价值规律作用范围、程度和形式都有所不同。

2. 试述通货紧缩、产生通货紧缩的原因和通货紧缩对经济发展的危害。

答:(1)通货紧缩是指纸币发行量少于商品流通所需金属货币量所引起的一般物价水平的持续下跌,即物价出现负增长(由于货币价值含量上升而造成的名义物价下降)。

(2)两种价格下降不构成通货紧缩:

一是由于生产效率和竞争成本优势,产品到达最终消费者的流通成本更低,致使产品价格趋于下降;

二是企业通过增加产品数量并提高产品质量,使相对价格有所下降。

(3)产生原因:与货币政策、生产能力过剩、有效需求不足、政府支出缩减和放松管制等因素有关。

(4)危害:

一是持续的通货紧缩会使消费者推迟购买,以等待更低价格的出现,使产品销售困难,生产信心缩减;

二是产品供给过剩的矛盾会迫使企业削减生产,从而造成开工不足,导致就业减少;

三是消费者的货币收入因失业增加会相应减少,并出现消费需求不足的情况;

四是会引发银行业危机,大大提高实际利率水平,引发企业破产的浪潮,以至于使局部的债务链条中断,从而导致整个信用体系的紊乱甚至崩溃,最终导致经济衰退或萧条。

3. 试述通货膨胀及其后果。

答:(1)通货膨胀是指流通中的价值符号过度发行而引起的通货贬值和物价上涨的经济现象。

(2)通货膨胀在一定时期内可以增加一部分需求,从而刺激生产,出现经济的虚假繁荣。但通过增发货币所增加的需求,由于没有相应的物资供应作保证,因此不能根本解决生产和有支付能力需求之间的矛盾。

(3)在私有制社会,通货膨胀是剥削阶级及其国家掠夺社会财富的重要手段。在社会主义市场经济条件下,如果国民经济比例失调,财政发生大量赤字,银行贷款失控,也可能导致通货膨胀。

(4)严重的通货膨胀将危及国民经济的正常运行,甚至引发社会动荡。

### 九、计算题

1. 解:根据劳动生产率与单位商品价值量成反比的原理:劳动生产率=1/单位商品价值量。

因为:去年劳动生产率=1/1=1

所以,今年劳动生产率=1×(1+25%)=125%

由此:今年的单位商品价值量=1/125%=100/125=0.80(元)

根据供求对价格的影响作用原理:

因为:社会生产的使用价值量为 1 000 万件,社会需求商品使用价值量为 1 500 万件

所以:社会必需的价值量为 0.80×1 500=1 200(万元)

由此:单位商品价格:0.80×1 500/1 000=1.20(元)

单位商品价格高于价值:1.20-0.80=0.40(元)

答:(1)该商品单位价格为 1.20 元。

(2)单位商品价格高于价值 0.40 元。

(3)单位商品价值量与劳动生产率是反比例的关系。

(4)通过上述的计算,说明了商品价值不是由某个生产者个人生产一定量商品或某个商品所必要的劳动时间决定,而是由社会必要劳动时间、由当时社会平均生产条件下生产市场上这种商品的社会必需总量所必要的劳动时间决定。

2. 解:根据一定时期流通中所需要的货币量公式:

当年所需要的货币流通量=(14 000+4 000-3 500-2 500)÷8=1 500(亿元)

纸币贬值后每 1 元值=流通中所需要的货币量÷流通中实际发行货币量

=1 500÷2 000=0.75(元)

1-0.75=0.25(元)

答:(1)年商品流通所需要的货币量为 1 500 亿元。

(2)纸币每元贬值了 0.25 元;纸币贬值后每元值 0.75 元。

(3)货币流通规律的基本公式是:流通中所需要的货币量=商品价格总额÷同一单位货币的平均流通速度,用公式表示:$M=PQ/V$。

(4)通过上述的计算,说明了纸币流通规律是以货币流通规律为基础的,因为纸币只是价值符号,其发行限于它象征性代表的金银的实际流通数量。纸币发行量超过了商品流通所需要的金属货币量,就会引起货币贬值、物价上涨的现象,即出现通货膨胀。

# 第三章 资本和剩余价值

### 一、概念题

1. 资本:带来剩余价值的价值,它是一种生产关系,是一个历史范畴。

2. 资本的总公式:资本直接在流通领域内表现出来的运动形式,即 $G-W-G'$。

3. 价值增值过程:超过补偿劳动力价值所需劳动时间而延长了的价值形成过程。

4. 剩余价值:由工人创造的超过劳动力价值的价值,体现了投资者与工人的某种经济关系。

5. 生产劳动和非生产劳动:生产劳动是指劳动者为创造物质财富而付出的劳动,包括物质生产领域中的劳动,作为生产过程在流通领域中继续的那部分劳动,如包装、保管以及货物运输等。

非生产劳动是指所有与创造物质财富无关的劳动。

6. 不变资本和可变资本:不变资本是指购买生产资料的资本,在生产过程中只变换了它的物质形态转移原有的旧价值,并不改变自身的价值量。

可变资本是指购买劳动力的资本,在生产过程中通过对劳动力的使用能够创造出比劳动力自身价值更大的价值,发生了价值量的增值,是剩余价值的真正源泉。

7. 剩余价值率:剩余价值与可变资本的比率,反映了实际使用可变资本的增值程度,即工人创造剩余价值的能力。

8. 必要劳动和剩余劳动:必要劳动是指在再生产劳动力价值的时间内所耗费的劳动。

剩余劳动是指工人为投资者创造剩余价值的时间内所耗费的劳动,是剩余价值的实体。

9. 超额剩余价值:单个企业通过提高劳动生产率使自己的商品个别价值低于社会价值,但仍按社会价值出售从而得到的剩余价值。

10. 绝对价值生产和相对剩余价值生产:绝对价值生产是指在必要劳动时间不变的条件下,通过劳动日的绝对延长而生产剩余价值的生产方法,是相对剩余价值生产的起点。

相对剩余价值生产是指在劳动日长度不变的条件下,通过缩短必要劳动时间而相应延长剩余劳动时间生产剩余价值的生产方法。

11. 剩余价值规律:在市场经济条件下,私有资本和公有资本的投资者在直接或最终的生产目的上有一定的区别,但投资者进行生产的一般目的是追求剩余价值最大化,达到这一目的的手段是尽可能地增加对劳动者的剩余劳动的占有。

12. 简单协作:许多劳动者在同一个生产过程和在同一投资者指挥监督下有组织地共同协作劳动的一种劳动形式。

13. 机器协作:许多台同种的工具集合在一个工厂里,由同一个动力机产生动力,通过传统机构把它们带动起来生产同样产品的生产形式。

14. 业主制:在这类企业中,出资人是企业财产的唯一所有者,同时又是企业经营者的一种小规模的企业组织。

15. 合伙制:一种由两个或两个以上的人共同投资并分享收益、共同监督和管理的企业制度。

16. 股份合作制:股份经济和合作经济相互融合、渗透而形成的一种新的组织形式和企业制度。

17. 公司制:随着大规模资本联合、协作生产而产生的,适应社会化大生产要求的产权明晰、以法人财产制度为基础的现代企业制度。

18. 工资:本质是劳动力价值或价格,在不同的社会制度下反映着不同的生产关系。

19. 奖金:是劳动力价值的一种转化形式,其实质是对劳动者超额劳动支付的价值。

20. 津贴:是对特殊条件下工作的劳动者的额外劳动和对某种艰苦劳动的补偿。

21. 计时工资和计件工资:计时工资是指按照劳动时间来支付工资的形式,是基本的工资形式。

计件工资是指按照标准质量的劳动成果的数量支付工资的形式，是计时工资的转化形式。

22. 名义工资和实际工资：名义工资是指劳动者实际得到的一定数量的货币工资。

实际工资是指劳动者用货币工资所能实际买到的消费资料和劳务，反映着人们的实际生活水平。

随着社会生产力的发展，名义工资和实际工资都呈上升趋势。

## 二、判断题

| | | | | | | |
|---|---|---|---|---|---|---|
| 1. √ | 2. × | 3. × | 4. √ | 5. √ | 6. × | 7. √ |
| 8. × | 9. × | 10. √ | 11. √ | 12. × | 13. √ | 14. √ |
| 15. √ | 16. √ | 17. √ | 18. √ | 19. √ | 20. × | |

## 三、单项选择题

| | | | | | | |
|---|---|---|---|---|---|---|
| 1. D | 2. B | 3. B | 4. A | 5. A | 6. B | 7. D |
| 8. C | 9. C | 10. B | | | | |

## 四、多项选择题

| | | | | | |
|---|---|---|---|---|---|
| 1. CDE | 2. ABDE | 3. BD | 4. ABCD | 5. ABCDE | 6. ACE |
| 7. ACE | 8. CD | 9. ABCDE | 10. ACDE | 11. ABDE | 12. ACDE |
| 13. ABCDE | 14. BCD | 15. BE | 16. ABCD | 17. DE | 18. ABC |
| 19. ABCDE | 20. CD | | | | |

## 五、辨析题

1. 错误。

作为货币的货币和作为资本的货币不仅在流通形式上有区别，而且作为货币只在一般商品流通中起媒介作用，目的是实现不同商品交换；作为资本的货币，目的是经过流通使预付货币的价值增值。货币只有当它作为带来剩余价值的价值时，才成为资本。

2. 正确。

剩余价值的生产离不开流通过程，即购买生产资料和劳动力为剩余价值生产做准备。但剩余价值生产是在生产领域中由劳动者与生产资料相结合而产生的。

3. 正确。

劳动力的使用即劳动。它作为具体劳动，能创造出使用价值；作为抽象劳动，不仅能创造新价值，而且能创造出超过劳动力自身的价值即剩余价值。

4. 错误。

生产劳动是劳动者为创造物质财富而付出的劳动，它包括物质生产领域中的劳动、作为生产过程在流通领域中继续的那部分劳动（如包装、保管以及货物运输等）。

5. 错误。

在人与自然的物质转换过程中，只有人们所投入的必要的、有效的共同创造价值和剩余价值的劳动才是总体劳动。

6. 错误。

在剩余价值生产过程中，不变资本只是变换了它的物质存在形式，通过劳动者的具体劳动转移了原有的旧价值，并没有改变自身的价值量。因此，不变资本作为活劳动的吸收器，是价值增值的必要条件，但本身不会发生价值增值，所以不是剩余价值的源泉。

**六、案例分析题**

1. 答：(1)资本是带来剩余价值的价值，它是一种生产关系，是一个历史范畴。从资本的价值运动形式看，资本具有一般共同属性：一是垫支性；二是运动性；三是增值性。资本与不同社会经济制度结合在一起，表现为不同的社会属性，这体现资本的特殊性质。

(2)资本的数量界限保证投资者基本脱离生产劳动，这时投资者才能成为资本家。资本家是拥有足够资本量，以至可以依据其资本额的直接收益满足自身生活需要和扩大再生产或再投资需要的资本所有者。

(3)第一，如果通过自身的努力，积累起来了超过他人的资本，这种资本的形成途径就是合理的，是完全符合社会主义市场经济原则和道德规范的，社会应当大力推崇这样的资本家形成的社会生产和再生产活动，它是经济发展和推动社会进步的重大力量之一。由这种资本去增值自身，只要增值过程中没有暴力、没有阴谋盘算，其收益就是合理的。在政策上应该保护这些个人正常资本的形成，保护他们正常的资本收益权。

第二，对于那些通过占有不同的自然条件和社会条件形成的收入大大超过他人而成为资本家的人来说，通常情况下，他们的收入中也有他们的大量的体力与智力支出在内。但由于各种条件的不同形成的较大量的资本积累，并不是来自资本所有者的劳动能力与智力，它不应该被资本所有者全部占有。实际上，自然条件与社会条件本身就是社会财富，它应当由社会的每个成员所共有，因此，对于这种情况下一些人得到的超高收入，应当通过政策的途径对其进行必要的社会扣除。

第三，至于那些通过非正常途径取得超高收入而成为资本家者，由于收入的形成和资本的形成中充满了不平等、不道德、不仁义，甚至充满了残酷的掠夺与占有，它既不符合社会主义市场经济的规范，也与社会主义的道德规范相冲突。因此，对于这样的收入形成的资本应坚决取缔。

(4)承认和有效地保护个人对合法的私有财产的占有关系，对于发展社会主义市场经济有着十分重要的作用。不能把私有财产同剥削关系完全等同。剥削是以不平等方式(非市场关系)支配和控制他人的剩余劳动。它主要包括两种情况：一是通过强制的暴力和阴谋盘算而剥夺他人的生产资料、流通资料甚至于生活资料的行为，以及凭借由此形成的生产资料、流通资料的所有权，无偿占有他人劳动的行为。二是资产所有者或资本使用者超出其所有权权益或使用权权益限定而无偿占有他人权益的行为。

2. 答：(1)案例中所描述的“加班”现象的实质是绝对剩余价值生产。在必要劳动时间不变的条件下，由于劳动日的绝对延长而生产的剩余价值是绝对剩余价值。这种生产方法是绝对剩余价值生产。

(2)以上“加班”现象之所以会出现，是剩余价值规律发挥作用的结果。剩余价值规律，是指投资者生产的直接目的是追求剩余价值，达到这个目的的手段是扩大和增加对剩余劳动的占有。无论是“硬核奋斗”还是“996”“大小周”，归根结底是通过延长劳动时间，增加对剩余劳动的占有，从而实现资本所有者对剩余价值的追逐。

(3)以上“加班”现象还反映出当代剩余价值生产的新特点，即提供剩余价值的手段更加文明，从过去的“科学管理”转向所谓的“人本管理”，通过奖惩制度、企业文化等软性手段掩盖一部分剥削的实质。

3. 答：(1)案例反映了剩余价值规律。剩余价值规律，是指投资者生产的直接目的是追求剩余价值，达到这个目的的手段是扩大和增加对剩余劳动的占有。根据这一规律，在私有制条件下，自动化机器甚至智能机器的使用并不会成为解放劳动者的路径，而往往成为进一步加强对劳动者剥削的手段和方式。

(2)案例还反映出数字技术条件下剩余价值生产的新特点：

一是数字技术条件下的剥削更为隐蔽。因为劳动者仅与智能系统或者智能系统所控制的自动化机器发生交互，而智能系统又是根据劳动者的生产数据来动态调整自动化机器以及整个生产流程，这使整个过程变得更为客观。与此同时，资本所有者隐匿于数字技术之后，似乎与生产过程毫不相干，其与劳动者之间的直接冲突和矛盾变得隐性化、间接化。

二是数字技术条件下的剥削更为强化。在数字技术条件下，资本对劳动者的监视是全方位的，这使劳动者进一步隶属于资本，资本对劳动者的控制和剥削进一步强化。

## 七、问答题

1. 为什么说剩余价值的产生既在流通中又不在流通中？

答：(1)在商品流通过程中，无论是等价物交换还是不等价物交换，都不能产生剩余价值。

(2)在流通之外，商品生产者之间没有接触，他们只是同自己的商品发生关系。这种关系只能是一定量的劳动凝结在商品中形成价值，但不能在这之外增加价值量。

(3)货币到资本的转化，必须在流通领域中，又必须不在流通领域中，这是解决资本总公式的矛盾的条件。

2. 为什么说劳动力成为商品是货币转化为资本的前提？

答：(1)货币要转化为资本，就必须带来剩余价值，资本是带来剩余价值的价值。

(2)剩余价值是在生产领域中产生的，它是由雇佣工人剩余劳动创造的、超过劳动力价值以上的、被资本家无偿占有的价值。但它的产生不能离开流通领域。

(3)只有通过流通领域，资本家才能购买到特殊商品劳动力，它的使用不仅能创造价值，而且能创造比自身价值更大的价值，才可能使货币转化为资本。

3. 生产性劳动与非生产性劳动有何区别？

答：(1)从一般劳动过程考察，生产劳动是劳动者为创造物质财富而付出的劳动，它包括物质生产领域中的劳动、作为生产过程在流通领域中继续的那部分劳动(如包装、保管以及货物运输等)；所有与创造物质财富无关的劳动都是非生产劳动。

(2)从商品生产过程考察，一切加入商品生产的劳动，不管这个劳动是体力劳动还是非体力劳动、个体劳动还是团体劳动、直接劳动还是间接劳动，只要所投入的是必要的和有效的共同创造价值和剩余价值的劳动就是生产劳动；否则是非生产劳动。

(3)从生产关系角度考察，在资本主义条件下，为资本家生产或带来剩余价值的劳动就是生产劳动，否则是非生产劳动；在公有制经济条件下，一切为公有资本提供公有剩余价值或公有利润的劳动视为社会主义性质的生产劳动。

4. 资本的本质是什么？区分不变资本和可变资本有何意义？

答：(1)资本是带来剩余价值的价值，资本不是物，而是一种生产关系，是一个历史的范畴。

(2)以生产资料形式存在的这部分资本，它的价值在生产过程中被转移到新产品中去，并不改变自己的价值量，所以叫不变资本。

以劳动力形式存在的资本，它的价值在生产过程中由工人的劳动再生产出来，并且生产出大于它自身的价值，从而使价值发生了增值，所以叫可变资本。

(3)意义：第一，工人的剩余劳动是剩余价值的唯一源泉，资本主义制度就是榨取雇佣工人剩余劳动的剥削制度。第二，为考察资本主义剥削程度提供了科学依据。剩余价值率科学反映了资本家对工人的剥削程度。

5. 相对剩余价值与超额剩余价值有什么区别和联系？

答：(1)相对剩余价值：在劳动日长度不变的条件下，通过缩短必要劳动时间而相应延长剩余劳动时间而产生的剩余价值。

(2)超额剩余价值：商品个别价值低于社会价值的差额。

(3)相对剩余价值和超额剩余价值，都是通过缩短必要劳动时间相对延长剩余劳动时间而获得的剩余价值。

(4)相对剩余价值是整个社会劳动生产率提高的结果；而超额剩余价值是个别劳动生产率提高的结果。

6. 绝对剩余价值与相对剩余价值的关系是怎样的？

答：(1)绝对剩余价值的生产构成资本主义和社会主义的一般基础，并且是相对剩余价值生产的起点；相对剩余价值的生产使劳动的技术过程和社会组织发生根本的革命。

(2)在资本主义制度下，绝对剩余价值生产发展到相对剩余价值生产，使得劳动者从形式上隶属于资本发展到实际上隶属于资本。相对剩余价值生产和绝对剩余价值生产两种方法，是经常相互结合和相互补充的。

(3)在社会主义初级阶段，由社会主义性质决定，社会主义主要是依靠提高劳动生产率，生产更多的相对剩余价值来满足扩大生产和人民生活水平不断提高的需要。

7. 资本主义和社会主义生产一般的直接目的有何不同？

答：(1)生产和追求最大限度的剩余价值，是资本主义和社会主义生产一般的直接目的，也是市场经济的客观要求。

(2)资本主义私有制直接和最终的生产目的，是最大限度地获取私人剩余价值或私人利润，生产使用价值是为生产私人剩余价值和(或)私人利润服务的。

(3)社会主义公有制具有双重生产目的，其中，纯粹商业性企业直接的生产目的是追求最大限度的公有剩余价值，而其他非商业性企业直接的生产目的，是为了最大限度地满足全体人民的物质和文化需要(含生态环境的需要)，但所有公有制企业的最终生产目的都是为了最大限度地满足全体人民的物质和文化需要，并服从于国家出于整体和全局利益的调控，生产新价值和公有剩余价值是为生产使用价值服务的，因而体现了“人民主体性”和民生导向性的社会主义生产特性。

8. 为什么说工资的本质是劳动力价值或价格，而不是劳动的价值或价格？

答：(1)如果劳动是商品，价值量就无法计算；劳动不是独立存在的实体，不能作为商品出卖；把劳动看作商品，不是违反价值规律，就是违背剩余价值规律。

(2)劳动不是商品，劳动力才是商品，劳动者出卖的是劳动力而不是劳动。因此，工资不过是劳动力价值或价格的转化形式，而不是劳动的价值或价格。

(3)马克思在将劳动和劳动力加以区分的基础上，创造了科学的工资理论。

9. 工资的本质及其在社会主义制度以及资本主义制度下的性质与形式有何不同？

答：(1)工资的本质是劳动力价值或价格，在不同的社会制度下反映着不同的生产关系。

(2)资本主义工资是劳动力价值或价格的转化形式，体现资本家对工人的剥削关系。

(3)社会主义工资是社会主义市场型按劳分配的结果和实现形式，其实质是按劳分配制度下归劳动者用于个人生活需要的必要劳动的转化形态。现阶段，全民所有制企业和城镇集体所有制企业劳动报酬的基本形式是货币工资。农村集体经济采取的是联产计酬形式。

## 八、论述题

1. 试述资本主义和初级社会主义的生产过程是劳动过程与价值增值过程的统一？

答：(1)市场经济的生产过程是劳动过程与价值增值过程的统一。

(2)资本主义劳动过程作为资本家消费劳动力的过程，体现两个特点：一是工人在资本家监督下为资本家劳动；二是劳动产品归资本家所有，而与直接生产者无关。剩余价值被资本家无偿占有，体现了资本家剥削工人的经济关系。

(3)在初级公有制经济中，劳动者成为共同占有生产资料和凭借自己的劳动取得报酬的主人，由劳动者创造的剩余价值形成公有利润或公共财产，取之于民，用之于民，体现了劳动者之间共同利益的关系。

(4)价值增值在资本主义社会和社会主义社会都表现为剩余价值的生产过程。作为劳动过程和私人剩余价值生产过程的统一就是资本主义生产过程；作为劳动过程和公有剩余价值生产过程的统一是社会主义生产过程。

2. 试述初级社会主义公有制经济中劳动力的商品性。

答：(1)在初级社会主义公有制条件下，劳动力具有双重身份：一方面，劳动者作为公有生产资料的共同所有者，是公有企业和社会的主人，并通过社会保障和公用事业的受益来体现；另一方面，由于公有资产不能量化到个人，劳动者只能通过劳动合同的形式与企业发生劳动交易关系，劳动者在一定的期限内将自己的劳动力支配权转让给企业。这说明在相当大的程度上劳动力具有商品的属性。

(2)在社会主义市场经济条件下，承认劳动力的商品性但不是说劳动力就是商品，有利于合理配置人力资源，促进个人效率和社会效率的提高。

3. 试述资本的一般性与特殊性。

答：(1)资本是带来剩余价值的价值，是一种社会生产关系，是一个历史的范畴。

(2)从资本的价值运动形式看，资本具有一般共同属性：一是垫支性；二是运动性；三是增值性。

(3)资本与不同社会经济制度结合在一起，表现为不同的社会属性，这体现资本的特殊性质。

(4)在资本主义社会，资本是与生产资料私人所有结合在一起的，其性质就是能带来私人剩余价值的价值，体现了资本对雇佣工人的剥削关系。私人资本及其带来的剩余价值属于资本家所有。

(5)在社会主义公有制条件下，与生产资料公有制结合起来的资本，是由国家或集体所有，表现为国家资本和集体资本，是由公有企业占用的能带来增值的价值。资本增量中的一部分作为利税上缴国家，其余部分转化为垫支资本，构成劳动者的整体利益和长远利益的源泉。因此，它反映了国家、企业与劳动者之间的利益关系，体现了社会主义的生产关系。

4. 试述公司制及其类型与特征。

答：(1)公司制是随着大规模资本联合、协作生产而产生的一种新型的企业制度。

(2)现代公司制企业的主要形式是有限责任公司和股份有限公司。

(3)有限责任公司又称有限公司，是指不通过公开募集股份，也不发行股票，而由为数不多的股东集中组成的公司，股东以其出资额为限对公司承担责任，公司以其全部资产对公司债务承担责任。

(4)股份有限公司又称股份公司，其全部资本分为等额股份，由发起人认购公司应发行的全部股份；或由发起人认购一部分股份，其余部分由社会公开募集。股份公司是一种资产组织形式，本身并不表明所有制的性质。股份公司的性质决定于控股权的性质。

(5)公司制的特点是：

一是公司的资本来源广泛，使大规模生产成为可能；

二是出资人对公司承担有限责任，投资风险相对降低；

三是公司拥有独立的法人财产权，保证了企业决策的独立性、连续性和完整性；

四是所有权与经营权分离，为科学管理奠定了基础。

(6)现代公司是社会化程度很高的企业，是企业制度的一种创新，比业主制和合伙制更为优越，它的出现极大地促进了社会生产力的发展，公司制就是现代企业制度。

5. 试述名义工资与实际工资的关系及其趋势。

答：(1)名义工资是劳动者实际得到的一定数量的货币工资。实际工资是劳动者用货币工资所能买到的消费资料和劳务的数量，是人们实际生活水平的反映。

(2)在市场经济条件下，受供求关系、货币供应量与商品流通需要量等因素的影响，会使劳动者的实际工资与名义工资之间产生差异。

(3)在资本主义发展过程中，总的来说，名义工资呈上升趋势，实际工资呈曲折上升趋势。原因在于：一是社会生产力发展，工人必要生活资料的范围、种类和数量扩大，从而引起实际工资的增长；二是工人阶级长期为争取提高工资的斗争。但这并不意味着工人受剥削程度的减轻。

(4)在社会主义条件下，通过建立起货币工资与物价水平的变动关系，名义工资随物价水平的变动而同方向变动，以确保货币工资增长幅度大于生活资料价格上涨幅度，主动使名义工资和实际工资均逐年有所提升。

6.“凡是直接生产物质商品和文化商品或精神商品，以及直接为劳动力商品的生产和再生产服务的劳动，其中包括自然人和法人实体的内部管理劳动和科技劳动，都属于创造价值的劳动或生产劳动。”请用政治经济学原理分析上述观点的正确与否，并说明理由。

答：(1)上述观点正确，符合劳动价值论以及马克思关于总体劳动的基本理论。

(2)从一般劳动过程考察，生产劳动是劳动者为创造物质财富而付出的劳动，它包括物质生产领域中的劳动、作为生产过程在流通领域中继续的那部分劳动(如包装、保管以及货物运输等)；所有与创造物质财富无关的劳动都是非生产劳动。

(3)从商品生产过程考察，一切加入商品生产的劳动，不管这个劳动是体力劳动还是非体力劳动、个体劳动还是团体劳动、直接劳动还是间接劳动，只要所投入的是必要的和有效的共同创造价值和剩余价值的劳动就是生产劳动；否则是非生产劳动。

(3)从生产关系角度考察，在资本主义条件下，为资本家生产或带来剩余价值的劳动就是生产劳动，否则是非生产劳动；在公有制经济条件下，一切为公有资本提供公有剩余价值或公有利润的劳动视为社会主义性质的生产劳动。

## 九、计算题

1. 解：(1)先求工人生产一吨煤可以为资本家带来的剩余价值量。

商品价值量是由生产费用和剩余价值两个部分构成的，即：$W=K+m$

剩余价值量的计算方法是：$m=W-K$

每月的剩余价值量=(22.65−14.90)×1.88×30

=7.75×1.88×30

=437.10(元)

(2)$m'=m/v$=437.10÷32.24=1 351.58%

答：(1)资本家一个月在牛世清身上榨取的剩余价值为437.10元。

(2)剩余价值率是1 352.58%。

(3)剩余价值是由工人创造的超过劳动力价值的价值，体现了投资者与工人的某种经济关系。决定剩余价值量的主要因素是剩余价值率和可变资本总量，用公式表示：$M=m'\cdot v$。

2. 解：(1)每月固定资产折旧费=60 000÷(12×5)=1 000(元)

每月工人工资=80×50=4 000(元)

每月总产值=(1 000+16 000)$C$+4 000$V$+(4 000×100%)$m$=25 000(元)

单位商品的社会价值=25 000÷10 000=2.5(元)

(2)劳动生产率提高50%，即产量增加到15 000千克，

原料耗费为16 000×(1+50%)=24 000(元)

当月个别价值=(1 000+16 000×1.5)$C$+4 000$V$+4 000$m$=33 000(元)

当月社会价值=2.5×15 000=37 500(元)

本月的超额剩余价值=37 500−33 000=4 500(元)

(3)本月的剩余价值率=(4 500+4 000)$m$÷4 000$v$=212.5%

答：(1)每千克棉纱的社会价值是2.5元。

(2)资本家每月获得超额剩余价值是4 500元。

(3)本月剩余价值率为212.5%。

(4)通过以上的计算，可以得出如下结论：

一是价值增值过程是超过补偿劳动力价值所需要劳动时间而延长了的价值形成过程。

二是工人的一个工作日分为必要劳动时间和剩余劳动时间两个部分，必要劳动时间所创造的价值构成了工人的工资，剩余劳动时间所创造的价值形成了剩余价值。

三是工人的剩余劳动是剩余价值的唯一源泉。

四是剩余价值是由工人创造的超过劳动力价值的价值,体现了投资者与工人的某种经济关系。在资本主义社会,资本是与生产资料私人所有结合在一起的,其性质就是能带来私人剩余价值的价值,体现了资本对雇佣工人的剥削关系。私人资本及其带来的剩余价值属于资本家所有。

五是超额剩余价值是商品个别价值低于社会价值的差额。是通过缩短本企业工人必要劳动时间相对延长剩余劳动时间而产生的剩余价值,是相对剩余价值的特殊表现形式。

# 第四章　资本积累

## 一、概念题

1. 简单再生产和扩大再生产:简单再生产就是按照原有的生产规模不断重复进行的再生产;扩大再生产就是企业把积累的剩余价值转化为新的资本,用来购买追加的生产资料和劳动力,使生产在扩大的规模上不断更新的再生产。简单再生产是扩大再生产的基础和出发点。

2. 资本积累:把剩余价值再转化为资本,即剩余价值的资本化。

3. 资本技术构成和资本价值构成:资本技术构成是指反映生产技术水平的生产资料和劳动力之间的比例关系的资本实物构成;资本价值构成是指一定数量的不变资本和可变资本之间的比例关系。资本的技术构成决定资本的价值构成,资本的价值构成反映资本的技术构成的变化。

4. 资本有机构成:由资本技术构成决定,并反映技术构成变化的资本价值构成,用公式 $C:V$ 表示。

5. 相对人口过剩:劳动力的供给超过了资本对它的需要,其实质是超过资本增值的平均需要而形成的相对多余的劳动人口。

6. 资本积聚:个别资本的总额依靠本企业的剩余价值资本化而增大,它是资本积累的必然结果。

7. 资本集中:是指资本总额由几个资本合并而增大,其主要有两种方式:一是通过竞争,大资本兼并小资本而实现;二是通过中小资本联合为大资本来实现。

8. 资本主义积累的一般规律包含两种截然相反而又相互联系的积累:在一极上,是财富作为资本在资本家手里的积累;在另一极上,是创造这些财富的无产阶级的贫困的积累。

9. 无产阶级的相对贫困和绝对贫困:无产阶级的相对贫困,是指无产阶级的工资收入在国民收入中所占的比重日益下降,工人同资本家之间的贫富差别越来越大;无产阶级的绝对贫困,是指在资本主义制度下无产阶级经济生活状况的绝对恶化,表现为:失业人口的大量增加、实际工资下降、大量工人生活在“贫困线”以下。

10. 资本原始积累:资产阶级用暴力手段剥夺生产者,强迫生产者与生产资料相分离,并使生产资料和货币财富迅速集中在自己手中的过程,是发生在资本主义生产方式确立之前的原始资本的形成过程。

## 二、判断题

1. √ 2. √ 3. × 4. √ 5. √ 6. √ 7. √
8. × 9. √ 10. × 11. √ 12. × 13. √ 14. √
15. ×

## 三、单项选择题

1. C 2. A 3. A 4. B 5. D 6. D 7. B
8. A 9. D 10. D

## 四、多项选择题

1. ABCDE 2. AD 3. BCE 4. ABCD 5. ABC 6. BDE
7. CE 8. BCE 9. CE 10. ACDE 11. ABCDE 12. BCD
13. AC 14. AC 15. DE

## 五、辨析题

1. 正确。

在社会主义初级公有制经济条件下，工人在剩余劳动时间内创造的剩余价值转化为上缴国家的利税和企业的留存基金，其中一部分用于再生产的原始资本投入，形成了公有资本。

2. 错误。

资本积累就是剩余价值资本化的过程，因此，剩余价值是资本积累的源泉；而扩大再生产是企业把积累的剩余价值转化为新的资本，用来购买追加的生产资料和劳动力，使生产在扩大的规模上重复进行，所以，资本积累又是扩大再生产的源泉。

3. 正确。

资本有机构成的提高，意味着技术进步和劳动生产率的提高，表现为劳动的量比它所推动的生产资料的量的减少；反映在资本的价值构成上，是不变资本在资本总额中的比例增大，而可变资本的比例相对减少。

4. 错误。

在资本主义生产方式条件下，失业表现为私人资本对劳动力的排挤和压迫，失业服从于私人资本增值的需要；而在社会主义市场经济中，这种排挤和压迫的性质丧失了，社会主义制度为劳动者的充分就业创造了条件。因此对失业的治理上是通过加快发展经济、发展教育和实行计划生育来实现的。

5. 错误。

资本积聚是依靠剩余价值的资本化而来，会增加社会资本总额，但增长速度较慢；资本集中只改变社会资本在资本家之间的重新分配和组合，并不增加社会资本的总额且增长速度快。

6. 错误。

无产阶级贫困的规律是建立在资本主义制度基础上的，只要资本主义制度存在，这个规律是不会改变的。当代无产阶级贫困表现为相对贫困和绝对贫困，相对贫困是无产阶级的工资收入在国民收入中所占的比重日益下降；绝对贫困是指无产阶级的经济生活状况的绝对恶化，表现为失业人口大量增加、实际工资下降和大量工人生活在贫困线下。

7. 正确。

随着资本主义积累，资本主义生产社会化程度越来越高，客观上要求生产资料和产品归生活共同占有。但在资本积累过程中，由于竞争的加剧，生产资料和劳动产品却日益集中在少数大资本家手中，加深了生产的社会化和生产资料资本主义私人占有的矛盾。同时，无产阶级的队伍和阶级觉悟会随着资本积累而不断壮大和提高，成为资本主义制度的掘墓人。

8. 错误。

中国社会主义原始资本积累的作用在于实践了"剥夺剥夺者"的真理，为社会主义经济制度的建立提供了物质基础。社会主义积累目的是要消灭剥削、消除两极分化、实现劳动者的共同富裕。积累的历史趋势是建立共产主义。

## 六、案例分析题

1. 答：(1)并购是指一家企业利用购买另一家企业的资产或股份的方式，以实现对另一家企业的控制或两家企业相互联合的行为。

(2)一是企业不能盲目做大，并购成功的关键是组建新公司的运行质量。即公司的决策体制必须符合现代市场经济发展的客观要求，有一个完善的法人治理组织机构，使得公司决策民主化和科学化。

二是要使企业间的并购产生积极的效应，各方联手后能否在资产和市场方面形成优势互补，管理层之间能否坦率沟通，在重大问题上能否达成一致，并进而制定一体化战略，寻求核心竞争优势，兑现最初的承诺等，这些都是必须注意的。

2. 答：(1)按贫困的形成原因，可以分为一般贫困和阶级贫困两类。一般贫困是针对人民大众而言，是指部分群体的生活条件显著低于社会平均生活条件的情况，其形成原因更为多元，更加具有一般性。阶级贫困则是在私有制和社会分工条件下资产阶级和无产阶级之间的雇佣劳动关系以及资本积累过程的必然结果，更具整体性和历史性。按贫困的程度，可以分为绝对贫困和相对贫困两类。绝对贫困是指生活条件在贫困线以下的情况，相对贫困则是部分群体的工资收入在国民收入中所占比重日益下降的情况。

(2)从贫困原因层面来看，我国脱贫攻坚战要解决的是一般贫困；从贫困程度来看，我国脱贫攻坚战要解决的是绝对贫困。在此基础上，我国全面建成小康社会以及扎实推动共同富裕等举措，则侧重相对贫困问题。

3. 答：(1)美国贫富分化问题反映了资本积累的一般规律，即资本积累必然伴随两种相反的趋势，一极是财富作为资本在资本家手中的积累，另一极是创造财富的无产阶级的贫困的积累，必然造成社会阶级的两极分化。

(2)资本积累一般规律的形成逻辑是：在剩余价值规律的作用下，资本所有者为了追求更多的剩余价值，必然进行资本积累以实现扩大再生产；而出于节约工资成本和获得超额剩余价值等动机，资本积累时会将更多资本追加到生产资料，使资本对劳动力的需求绝对或相对减少，继而导致相对过剩人口的出现；相对过剩人口又成为资本主义生产方式的必要条件，支撑和加强了资本主义的价值增值机制，且资本集中进一步加速了以上过程。其结果就是，财富伴随资本积累和扩大再生产而不断集中到资本所有者手中，劳动者则始终获得工资甚至由于失业处于绝对贫困，贫富差距和两极分化便不断加剧。

## 七、问答题

1. 资本主义再生产和社会主义再生产有何异同？

答：(1)社会再生产就其内容来讲，首先是物质资料的再生产，因此是资本主义和社会主义再生产的手段。

(2)在资本主义社会，物质生产的劳动过程仅仅表现为价值增值过程的手段，目的是把预付资本即作为自行增值的价值再生产出来，再生产的条件是采取资本的形式。

(3)社会主义生产和再生产也要追求价值增值，但根本目的是不断满足人民日益增长的物质和文化生活的需要，虽然再生产的条件同样采取资本的形式，但与资本主义不同，这种再生产以有利于劳动者的方式进行。

2. 资本价值再生产如何揭示不同社会生产过程的特征？

答：(1)从一般的简单再生产过程可以看出，工人不仅创造剩余价值，而且创造了可变资本，并且创造了全部资本。

(2)从资本主义再生产过程看，工人不仅创造了剩余价值，还创造了自身价值，而且还为资本家创造了全部价值，是工人养活了自己并养活了资本家。

(3)从社会主义公有制企业的再生产过程看，工人在必要劳动时间内创造的价值，通过按劳分配构成了自己的收入，在剩余劳动时间内创造的剩余价值上缴国家，形成社会主义公有资本，由所有劳动者共同使用。

3. 影响或决定资本积累量的基本因素有哪些？

答：(1)剩余价值率的高低。在其他条件不变的情况下，资本积累量与剩余价值率成正方向关系。

(2)劳动生产率的高低。在其他条件不变的情况下，劳动生产率提高与企业的资本积累量成正方向关系；与社会资本积累量成反方向关系。

(3)所用资本和所费资本的差额的大小。在其他条件不变的情况下，所用资本和所费资本的差额越大，则使资本积累量增大；反之亦然。

(4)预付资本的多少。在其他条件不变的情况下，预付资本量越大，可变资本量就越大，剩余价值量也就越多，从而资本积累量就越大。

4. 为什么说相对过剩人口是资本主义制度的必然产物，同时又是资本主义存在和发展的必要条件？

答：(1)随着资本积累和个别资本的增大，资本有机构成不断提高，引起资本对劳动力需求的相对下降，形成相对过剩人口。

(2)相对过剩人口是相对资本增值的需要来说是过剩的。人口的过剩是相对的而不是绝对的，是由资本主义制度造成的，是资本主义所特有的人口规律。

(3)相对过剩人口是资本主义社会的产业后备军，是资本主义生产方式存在和发展的必要条件：一是可以满足资本主义生产周期波动的需要；二是产业后备军的存在也是资本家加强剥削在业工人的条件。

5. 社会主义市场经济条件下治理失业、实现充分就业的途径有哪些？

答:(1)加快经济发展是扩大就业、减少失业的根本途径。

(2)大力发展教育事业,特别是职业教育和继续教育,建立和完善劳动力的再就业机制。

(3)严格实行计划生育,控制人口增长,以降低劳动力供给增长的速度。

6. 资本主义积累的一般规律及其实质是什么?

答:(1)资本主义积累的一般规律是随着资本积累的增长,必然伴随资本的积聚和集中,促使资本有机构成的提高,使得社会财富越来越集中在少数资本家手中,同时,无产阶级的队伍也在不断扩大,产业后备军日趋庞大,无产阶级遭受的劳动折磨及其贫困状况也就越加严重。

(2)实质是资本主义制度必然造成社会阶级的两极分化。

7. 什么是无产阶级相对贫困化?无产阶级绝对贫困化主要表现在哪些方面?

答:(1)无产阶级相对贫困化是指无产阶级的工资收入在国民收入中所占的比重日益下降,即在无产阶级创造的价值中,无产阶级的工资所占的比重越来越小。

(2)无产阶级绝对贫困化是指在资本主义制度下,无产阶级的经济生活状况的绝对恶化。具体表现为失业人口大量增加、实际工资下降和大量工人生活在贫困线以下。

8. 资本主义原始积累及其实质是什么?

答:(1)资本主义原始积累是生产者和生产资料相分离,即资产阶级用暴力手段剥夺生产者,强迫生产者与生产资料的分离,并使生产资料和货币财富迅速集中在自己手中的过程。

(2)资本主义原始积累的实质是通过暴力剥夺的手段为资本主义生产方式的建立创造经济条件。剥削广大农民是资本原始积累全部过程的基础。

## 八、论述题

1. 试述商品生产所有权规律及其在资本主义和社会主义条件下的转变。

答:(1)商品生产所有权规律是指按等价交换原则实行商品交换的商品经济规律。商品生产所有权规律是建立在自己劳动的基础上的。

(2)在私人资本积累的情况下,使商品生产所有权规律转变为资本主义占有规律,即剩余价值规律,资本家凭借对生产资料的所有权,无偿占有他人劳动产品的权利。特点是以等价交换的形式掩盖无偿占有工人剩余劳动的内容。

(3)商品生产所有权规律转变为资本主义占有规律,没有破坏等价交换规律,实际上,资本主义占有规律恰恰是在商品生产所有权规律的基础上形成的,而且正是对剩余价值规律应用的结果。

(4)在社会主义市场经济条件下,商品生产所有权规律转变为公有制企业联合起来的劳动者共同占有的规律。在社会主义生产资料公有制的基础上,生产资料是联合起来的劳动者共同所有的公共财产。生产中,劳动者以所有者的身份与生产资料结合,共同进行商品生产,形成以共同经济利益为目的的价值增值关系。

2. 试述资本的技术构成、价值构成和有机构成的相互关系。

答:(1)生产资料和劳动力之间的比例关系,取决于生产技术的发展水平。资本的这种物质构成,大体反映了当时的技术水平,叫作资本的技术构成。

(2)从资本的价值形态看,不变资本和可变资本之间的比例关系,叫作资本的价值构成。

(3)资本价值构成由技术构成决定,并随着技术构成的变化而变化。但这种变化只是近似的。因为生产资料使用量的增长往往与其价值量的下降并存;而劳动力价值一般并不与生产资料价值发生同等比例的变化。在一般情况下,价值构成总是慢于技术构成的提高速度。

(4)由资本技术构成决定,并反映技术构成变化的资本价值构成,叫作资本的有机构成。用不变资本与可变资本的比例 $C:V$ 表示。

3. 试述在社会主义市场经济条件下,相对人口过剩规律也会发生作用的原因。

答:(1)相对过剩人口是劳动力的供给超过了资本对它的需要,其实质是超过资本增值的平均需要而形成的相对多余的劳动人口。

(2)原因是:

一是产业结构不断调整和优化;

二是现代科学技术不断应用于生产和流通;

三是市场竞争导致一些企业发生亏损或破产;

四是现代商品经济发展的周期性;

五是劳动力的市场调节。

(3)在社会主义市场经济中,失业不表现为私人资本对劳动力的排挤和压迫,失业也不是服从于私人资本增值的需要;这种排挤和压迫的对抗性质丧失了,但其他形式的失业并不会消失,尤其是在全社会生产资料与劳动力最佳配比条件下,社会劳动力的总供给大大超过总需求,这种类型的相对人口过剩或相对劳动力过剩将会在全局上存在。但是社会主义制度为劳动者的充分就业创造了条件。因此对失业的治理上是通过加快发展经济、发展教育和实行计划生育来实现的。

4. 试述资本积累的实质及资本积聚和资本集中的相互关系。

答:(1)资本积累即剩余价值的资本化。资本积累的实质就是:资本家利用无偿占有的剩余价值,进行资本积累,扩大生产规模,从而进一步无偿地占有更多的剩余价值,以增值资本财富。

(2)单个资本依靠剩余价值的资本化来增大自己资本总额,叫作资本积聚,是资本积累的直接后果。众多分散的中小资本通过互相合并而成为少数大资本即是资本集中。资本集中可以采取大资本吞并中小资本和组织股份公司两种形式。

(3)区别:资本积聚会增大社会资本总额,而资本集中不会;资本积聚的增长较缓慢,而资本集中可以在较短时间内集中大量资本。

(4)联系:资本积聚的增长,必然加速资本集中的进展;资本集中的速度加快,会促进资本积聚的发展。

5. 试述资本积累的作用及资本主义积累和社会主义积累的区别与趋势。

答:(1)资本积累的作用:推动了社会生产力的发展;生产社会化的规模迅速扩大;社会分工和生产的专业化获得广泛发展;社会产品得到成倍增长。

(2)随着资本主义积累的增长,必然伴随资本的积聚和集中,促使私有资本有机构成的提高,使得社会财富越来越集中在少数资本家手中,同时,无产阶级的队伍也在不断扩大,产业后备军日趋庞大,无产阶级遭受的劳动折磨及其贫困状况也就越加严重。历史趋势是加深了生产的社会化和生产资料资本主义私人占有的矛盾,最终资本主义必然被社会主义替代。

(3)中国社会主义原始资本积累的作用在于实践了“剥夺剥夺者”的真理，为社会主义经济制度的建立提供了物质基础。社会主义积累的目的是要消灭剥削、消除两极分化、实现劳动者的共同富裕。积累的历史趋势是建立共产主义。

**九、计算题**

解：(1)按原资本有机构成 9∶1，1 万美元可雇用工人＝10 000÷50＝200(名)

(2)资本有机构成提高到 19∶1 后，原资本有机构成变为 95 000$C$∶5 000$V$

追加资本 40 000 美元，按 19∶1 的资本有机构成为 38 000$C$∶2 000$V$

本周可变资本＝5 000＋2 000＝7 000(美元)

可雇佣的工人＝7 000÷50＝140(名)

(3)本周失业人数＝200－140＝60(名)

答：该企业在本周就业人数是 140 名，有 60 名工人失业。

(1)资本有机构成的提高，意味着技术进步和劳动生产率的提高，表现为劳动的量比它所推动的生产资料的量的减少；反映在资本的价值构成上，是不变资本在资本总额中的比例增大，而可变资本的比例相对减少。

(2)随着资本积累和个别资本的增大，资本有机构成不断提高，引起资本对劳动力需求的相对下降，形成相对过剩人口。相对过剩人口是相对资本增值的需要来说是过剩的。

相对过剩人口的存在，一是可以满足资本主义生产周期波动的需要；二是产业后备军的存在也是资本家加强剥削在业工人的条件。

(3)在社会主义市场经济条件下，相对人口过剩规律也会发生作用。其原因是：

一是产业结构不断调整和优化；

二是现代科学技术不断应用于生产和流通；

三是市场竞争导致一些企业发生亏损或破产；

四是现代商品经济发展的周期性；

五是劳动力的市场调节。

但是，在社会主义市场经济中，失业不表现为私人资本对劳动力的排挤和压迫，失业也不是服从于私人资本增值的需要；这种排挤和压迫的对抗性质丧失了，尤其是在全社会生产资料与劳动力最佳配比条件下，社会劳动力的总供给大大超过总需求，这种类型的相对人口过剩或相对劳动力过剩将会在全局上存在。但是社会主义制度为劳动者的充分就业创造了条件。因此对失业的治理上是通过加快发展经济、发展教育和实行计划生育来实现的。

# 第五章　资本循环和周转

**一、概念题**

1. 资本循环：资本顺次改变自己的形式，经过三个阶段，采取三种职能形式，完成三种职能，实现价值增值，最后又回到原来的出发点的整个运动过程。

2. 资本周转：资本周而复始、连续不断的循环。

3. 资本周转时间:资本一次周转所持续的时间,包括资本停留在生产领域和流通领域里的时间。

4. 固定资本和流动资本:固定资本是指以厂房、机器、设备等劳动资料形式存在的生产资本。流动资本是指以原料、燃料、辅助材料等劳动对象和劳动力商品形式存在的那部分生产资本。按价值周转方式划分,固定资本是一次投入,价值是逐步转移到新产品中去;流动资本是一次投入,价值一次全部转移到新产品中去。

5. 固定资本更新:固定资本的各种物质组成在使用寿命终结时所进行的物质上的替换。

6. 折旧:按照固定资本平均损耗的程度把转移的价值从销售商品的收入中提取出来,以折旧基金的形式加以积累,逐步进行补偿的过程。

7. 折旧费:按照固定资本的损耗程度,逐年以一定的比例提取的资本价值。

8. 折旧率:每年提取折旧费占固定资本总价值的比率,计算公式是折旧费除以固定资本原始价值。

9. 物质磨损和精神磨损:物质磨损是指固定资本物质要素受到损失,主要是由使用和自然力的作用而引起;精神磨损是指固定资本在价值上受到的损失,主要是因科学技术的进步和劳动生产率的提高所引起的价值贬值。

10. 预付资本的总周转:资本不同组成部分的平均周转,用公式表示一年内固定资本周转总值加上一年内流动资本周转总值除以预付资本总值。

11. 年剩余价值率:年剩余价值量和预付可变资本的比率。用公式表示:$M'=M/V=m'\cdot v\cdot n/V$。

12. 资本筹集:企业为了生产和经营而筹集所需要的资本。

## 二、判断题

1. √　2. √　3. √　4. √　5. √　6. √　7. √
8. √　9. ×　10. ×　11. √　12. ×　13. ×　14. ×
15. ×　16. √

## 三、单项选择题

1. A　2. C　3. B　4. D　5. A　6. C　7. B
8. D　9. C　10. D

## 四、多项选择题

1. ABE　2. ACD　3. AB　4. BCE　5. AB　6. BCE
7. ACE　8. ABCDE　9. ABC　10. CDE　11. ACDE　12. ABE
13. ABCDE　14. ABCE　15. ABCDE

## 五、辨析题

1. 错误。

产业资本的循环是购买生产要素、生产商品及销售商品三阶段的统一。

2. 正确。

产业资本循环要顺利进行必须使产业资本的货币资本、生产资本、商品资本三种循环形式按一定比例在空间上并存，同时，产业资本的各个部分要依次经过购买、生产、销售三个阶段的运动，在时间上相互继起。

3. 错误。

区别固定资本与流动资本是依据资本价值的不同周转方式。按价值周转方式划分，固定资本是一次投入，价值是逐步转移到新产品中去；流动资本是一次投入，价值一次全部转移到新产品中去。

4. 错误。

资本家垫支在机器设备上的资本之所以是固定资本，是因为这部分资本在物质形式上全部参加生产过程，并在较长时间内，在多次生产过程中发挥作用；其价值是一次预付，但视其实物形式的磨损，分次转移，分次收回，最后通过实物形式的更新而完成其运作。

5. 正确。

资本周转一次所经历的时间，就是资本循环一次所经历的时间，这个时间等于生产时间和流通时间之和。

6. 错误。

固定资本物质存在的时间越长就越耐用，磨损就越慢，资本价值固定在原使用形式上的时间也越长，周转的速度也越慢。因此，固定资本的周转速度是和固定资本的磨损程度成正比例。

7. 错误。

预付资本的总周转是指资本不同组成部分的平均周转。用公式表示：一年内固定周转总值＋一年内流动资本周转总值÷预付资本总值。

## 六、案例分析题

1. 答：(1)从资本循环的角度来看，“预售”可以提前了解消费者的需求，降低商品积压的风险，顺利实现资本循环。产业资本循环的顺利进行需要具备两个条件：一是三种资本形态在空间上并存，二是三种资本形态在时间上继起。其中，商品资本形态转变为货币资本形态，是最容易发生断裂和滞后的环节。因此，“预售”行为即是旨在提前将商品资本转化为货币资本的过程完成，从而降低资本循环断裂的风险。部分商家甚至在商品生产之前便进行“预售”，这避免了产品积压的情况，同时将风险全部转嫁给消费者。

(2)从资本周转的角度来看，预售可以提高企业的资本周转速度。电商企业通过预售，缩短销售时间，同时使生产过程的目标更为明确，加快资本周转，从而提高企业的年剩余价值。

2. 答：(1)企业为了生产和经营而筹集所需要的资本就是资本的筹集。

(2)企业筹集资本的主要途径有：

一是通过企业的自有资本来筹集；

二是通过企业直接向社会发行债券来筹集；

三是通过企业以发行股票的方式来筹集；

四是通过国家投资企业资本的方式来筹集；

五是通过补偿贸易和出口信贷等形式来筹集。

(3)企业所使用的资本无论是以哪种形式筹集来的，都是要支付代价的，这就要求通过比较资本筹集的代价和资本运用的收入，做出筹资和用资的科学决策。

(4)企业投资决策取决于企业行为的利润最大化原则。即企业对投资项目、形式、期限、投向和投资额的选择，必须对现期利润与预期的长期利润作综合的决策。

现代企业在投资决策上需要注意：

一是企业投资项目的选择，既要考虑到企业所在行业的成熟程度，又要考虑到产品的生命周期。

二要考虑投资的机会成本，在实施投资前，要以利润最大化为经营目标，对投资项目进行优选。

三是投资要考虑投资的风险性，为了保证盈利和分散风险，企业的投资方向可以多元化，即对不同行业进行投资。

综上，案例中苏州电冰箱厂厂长龚维新的观点是正确的。

3.(1)碧桂园追求高周转模式主要是为了追逐更多剩余价值。提高资本周转速度的好处包括：一是可以节省预付资本，尤其是预付流动资本；二是可以增加年剩余价值量；三是可以缩短资本的回收期，从而缩小因利息而形成的资本的未来值和现值的差额，避免或减轻因精神磨损而造成的固定资本的贬值损失。可见，碧桂园追求高周转模式，仍然是剩余价值规律发挥作用的结果。

(2)正如剩余价值规律具有正反两方面作用一样，企业对高周转模式的追求也具有双重作用。一方面，对高周转模式的追求有利于提升经济效率，促进资源优化配置。另一方面，过度追求高周转也会带来诸多问题。高周转意味着投入产出时间更短、资金回报率更高，但追求快速周转与产品质量天然形成悖论，不合理的赶工极易导致产品质量的下降。过度追求规模扩张和简单复制，以牺牲工期作为代价，终将造成事故，并给整个行业带来信用危机。对房企而言，无论是地域布局、拿地节奏还是对个别项目的运作，都需要遵循良性的发展规律，资金、运营、销售等环节皆要高度协同，才能保证企业与市场的健康发展。

## 七、问答题

1. 产业资本循环要经过哪些阶段？与这些阶段相适应的资本职能形式和职能是什么？

答：(1)产业资本的循环要依次经过购买阶段、生产阶段和销售阶段。

(2)在购买阶段资本的职能形式是货币资本，其职能是为剩余价值生产做准备。在生产阶段资本的职能形式是生产资本，其职能是生产剩余价值。在销售阶段资本的职能形式是商品资本，其职能是实现价值和剩余价值。

2. 产业资本循环要保持连续性的基本条件是什么？

答：(1)产业资本循环要保持连续性的基本条件是，必须使产业资本的货币资本、生产资本和商品资本三种循环形式按一定比例在空间上并存，同时，产业资本的各个部分要依次经过购买、生产和销售三个阶段的运动，在时间上相互继起。

(2)空间的并存性和时间的继起性是相互联系和互为条件的。并存性决定继起性，而并存性又是继起性的结果。

3. 资本周转时间的构成及其相互关系是什么？

答:(1)资本周转时间是周转一次所需要的时间,包括资本的生产时间和资本的流通时间。

(2)资本的生产时间是指资本在生产领域里停留的时间,包括劳动时间和非劳动时间。

(3)资本的流通时间是指资本在流通领域里停留的时间,包括购买时间和售卖时间。

(4)资本的生产时间和流通时间是相互排斥的。缩短生产时间中的非劳动时间和资本停留在流通领域的时间,能提高资本的生产效率。

4. 固定资本和流动资本与不变资本和可变资本的关系是什么?

答:(1)区别:

①划分的依据不同。固定资本和流动资本是按价值周转方式划分的,而不变资本和可变资本是按在剩余价值生产中的作用划分的。

②构成不同。固定资本是指投在厂房、机器设备等劳动资料形式上的生产资本,流动资本是指投在原料、燃料、辅助材料等劳动对象上和购买劳动力的生产资本;而不变资本是指购买生产资料的资本,可变资本是指用于购买劳动力的资本。

③目的不同。固定资本和流动资本的划分在于揭示资本周转速度对剩余价值生产的影响;而不变资本和可变资本的划分在于揭示剩余价值的真正源泉。

(2)联系:是同一资本,只是考察的角度不同。

5. 影响预付资本总周转速度的主要因素是什么?

答:(1)预付固定资本和流动资本的比例。固定资本所占比重大速度慢。

(2)固定资本和流动资本各自的周转速度快慢。

(3)预付资本总周转速度与固定资本的比重成反比,与流动资本的比重成正比。

6. 资本周转时间和资本周转次数有何关系?

答:(1)资本周转时间是资本周转一次所持续的时间,等于生产时间和流通时间之和。

(2)资本周转次数是在一定时间内(通常为一年)资本循环的次数。

(3)资本周转速度与资本周转次数成正比,与周转时间成反比。

(4)在市场经济条件下,企业要增值资本,必须尽量缩短资本周转时间,增加资本周转次数,加快资本的周转速度。

7. 企业加快资本周转速度的主要途径有哪些?

答:(1)缩短资本的周转时间。一是缩短生产时间,关键是科学技术的进步和它在生产中的应用。二是缩短流通时间,企业生产出适销对路的产品,合理地组织供销活动,发明和运用现代化的交通工具,采用现代信息手段等。

(2)加快固定资本和流动资本各自的周转速度。一要提高机器设备的利用率;二要制定合理的折旧率。

8. 企业筹集资本的主要途径有哪些?

答:(1)通过企业的自有资本来筹集。

(2)通过企业直接向社会发行债券来筹集。

(3)通过企业以发行股票的方式来筹集。

(4)通过国家投资企业资本的方式来筹集。

(5)通过补偿贸易和出口信贷等形式来筹集。

## 八、论述题

1. 试述产业资本循环是两个过程的统一和三个阶段的统一。

答:(1)产业资本的循环:资本顺次改变自己的形式,经过三个阶段,采取三种职能形式,完成三种职能,实现价值增值,最后又回到原来的出发点的整个运动过程。

(2)产业资本的循环不仅是生产过程和流通过程的统一,而且是购买阶段、生产阶段和销售阶段三个阶段的统一,还是货币资本、生产资本和商品资本三种资本循环形式的统一。

2. 试述固定资本的磨损和补偿,以及如何加快固定资本的周转以避免精神磨损的损失。

答:(1)固定资本的磨损分为物质磨损和精神磨损:物质磨损是指固定资本物质要素受到损失,主要是由使用和自然力的作用而引起;精神磨损是指固定资本在价值上受到的损失,主要是因科学技术的进步和劳动生产率的提高所引起的价值贬值。

(2)若固定资本发生磨损,就需要进行价值补偿和物质替换。固定资本的各种物质组成在使用寿命终结时所进行的物质上的替换就是固定资本的更新。

(3)加快固定资本的周转,一是要提高机器设备的利用率,如实行轮班制;二是要制定合理的折旧率。

3. 试述加速资本周转速度对提高资本利用效率的影响。

答:(1)可以节省预付总资本,特别是可以节省预付的流动资本。

(2)可以缩短资本的回收期,既可以缩小因利息而形成的资本的未来值和现值的差额,又可避免或减轻因精神磨损而造成的固定资本的贬值损失;还可以提高预付可变资本周转速度,直接增加年剩余价值量,提高年剩余价值率。

(3)可以加速资本或剩余价值的流通,有利于加速实现剩余价值,从而也就有利于获得更多的剩余价值,有利于资本积累和扩大再生产的加速进行。

4. 试述企业投资决策的原则以及现代企业应该怎样做好投资决策。

答:(1)企业投资决策取决于企业行为的利润最大化原则。即企业对投资项目、形式、期限、投向和投资额的选择,必须对现期利润与预期的长期利润作综合的决策。

(2)现代企业在投资决策上需要注意:

一是企业投资项目的选择,既要考虑到企业所在行业的成熟程度,又要考虑到产品的生命周期。

二要考虑投资的机会成本,在实施投资前,要以利润最大化为经营目标,对投资项目进行优选。

三是投资要考虑投资的风险性,为了保证盈利和分散风险,企业的投资方向可以多元化,即对不同行业进行投资。

## 九、计算题

1. 解:(1)$\text{年预付资本周转速度}=\dfrac{\text{一年内固定资本周转总值}+\text{一年内流动资本周转总值}}{\text{预付资本总值}}$

先求一年内固定资本周转总值$=90\ 000\div15+30\ 000\div15+60\ 000\div6$

$=6\ 000+2\ 000+10\ 000=18\ 000$(美元)

再求一年内流动资本周转总值＝(30 000＋15 000＋10 000＋50×200×3)×(12÷3)

＝(55 000＋30 000)×4

＝85 000×4＝340 000(美元)

$$年预付资本周转速度=\frac{18\ 000+340\ 000}{90\ 000+30\ 000+60\ 000+30\ 000+15\ 000+10\ 000+30\ 000}$$

＝358 000÷265 000＝1.35(次)

年预付资本周转速度为 1.35 次。

(2)一是可以节省预付总资本，特别是可以节省预付的流动资本。二是可以缩短资本的回收期，既可以缩小因利息而形成的资本的未来值和现值的差额，又可避免或减轻因精神磨损而造成的固定资本的贬值损失；还可以提高预付可变资本周转速度，直接增加年剩余价值量，提高年剩余价值率。三是可以加速资本或剩余价值的流通，有利于加速实现剩余价值，从而也就有利于获得更多的剩余价值，有利于资本积累和扩大再生产的加速进行。

(3)首先，缩短资本的周转时间。一是缩短生产时间，关键是科学技术的进步和它在生产中的应用。二是缩短流通时间，企业生产出适销对路的产品，合理地组织供销活动，发明和运用现代化的交通工具，采用现代信息手段等。

其次，加快固定资本和流动资本各自的周转速度。一要提高机器设备的利用率；二要制定合理的折旧率。

2. 解：(1)$m'$＝生产周期的剩余价值量/实际使用的可变资本

$m$＝(100×18)$W$－(50×12/2＋200÷10)

＝1 800$W$－(300＋20)＝1 480(万美元)

$V$＝1 000×400×12＝480(万美元)

$m'=m/v$＝1 480÷480＝308.3%

$$(2)年预付资本周转速度=\frac{一年内固定资本周转总值+一年内流动资本周转总值}{预付资本总值}$$

＝(20＋300)÷(200＋50)＝1.28(次)

(3)年剩余价值率：$M'=m'\cdot n$＝308.3%×12/2＝1 849.8%

答：(1)剩余价值率为 308.3%。

(2)年预付资本周转速度为 1.28 次。

(3)年剩余价值率为 1 849.8%。

(4)影响资本周转速度的主要因素：一是预付固定资本和流动资本的比例，固定资本所占比重大则速度慢；二是固定资本和流动资本各自的周转速度快慢。

# 第六章　社会总资本再生产和流通

## 一、概念题

1. 个别资本和社会资本：个别资本是指各自独立发挥资本职能的资本；社会资本是指由相互联系、相互依存的所有单个资本所组成的总和。

2. 社会总产品：社会总产品又称社会总商品资本，是指社会各个物质生产部门在一年内所生产出来的全部物质资料的总和。

3. 价值补偿和实物补偿:价值补偿是指社会总产品各个组成部分的价值如何通过商品的出售以货币形式回流,用于补偿在生产中预付的不变资本和可变资本,并且还要取得剩余价值;实物补偿是指社会总产品各个组成部分转化为货币以后,如何再进一步转化为所需要的物质产品。

价值补偿和实物补偿是社会总产品再生产运动过程中需要补偿的相互联系的两个方面。

4. 经济增长与经济发展:经济增长是指在一国或一地区一定时期内社会的产品、产值和劳务总量的持续增加;经济发展是指以经济增长为基础,还包括劳动生产率的提高、经济结构的优化、科学技术的进步、生态平衡、文化教育卫生事业的发展和人民生活水平的提高等质的变化。

经济增长是促进经济发展的基本动力,而经济发展不仅包括数量的增长,而且还包括国民经济素质的提高和经济结构的优化。

**二、判断题**

1. × 2. × 3. √ 4. × 5. √ 6. × 7. √
8. × 9. × 10. √

**三、单项选择题**

1. B 2. D 3. C 4. A 5. B 6. D

**四、多项选择题**

1. AE 2. BDE 3. CDE 4. ABE 5. ABC 6. ABC

**五、辨析题**

1. 错误。

社会总产品是分析和考察社会总资本再生产运动的出发点,核心是社会总产品的实现问题,即实物的补偿和价值的补偿。

2. 错误。

社会资本扩大再生产的基本实现条件用公式表示是$\mathrm{I}(v+\Delta v+m/x)=\mathrm{II}(c+\Delta c)$。

3. 错误。

研究社会总资本再生产的目的是寻找社会总资本再生产顺利进行的条件。

4. 正确。

$\mathrm{I}(v+m)$与$\mathrm{II}c$表示两大部类相互交换的关系,是依据马克思建立的社会总资本简单再生产的图式。

5. 错误。

社会总资本扩大再生产的前提条件之一是$\mathrm{I}(v+m)>\mathrm{II}c$。

6. 错误。

生产资料生产优先增长必须以消费资料生产相应增长为条件。因为第一部类扩大再生产所追加的劳动力对消费资料的需求，要依靠第二部类生产增长来提供；第一部类为第二部类制造生产资料的生产，其产品的数量、品种和规模直接决定于第二部类。

7. 错误。

促进经济发展的基本动力是经济增长，经济增长是一切经济进步的首要因素和必要物质条件。因此，从一定意义上说，没有经济增长就不会有经济发展。

8. 错误。

马克思的增长模型是建立在社会再生产理论基础上的，其不是以分析一个经济总量为满足，而是把社会生产分为两大部类，以一个部类确定积累率后再决定另一个部类的相应的积累率，由此计算出经济增长率，它的含义比其他三个增长模型的简单的计算公式所能说明的问题要丰富得多。

## 六、案例分析题

1. 答：(1)经济增长一般是对产出总量而言，强调的是量的增加；经济发展不仅包含量的增加，更注重国民经济质的提高和经济结构的优化，是质和量的统一。经济增长与经济发展之间是辩证统一的关系：一方面，经济增长是一切经济进步的首要因素和必要条件，没有经济增长就没有经济发展；另一方面，经济发展是经济增长的结果和目的，不以发展为目的的经济增长是不可持续的。

(2)我国从高速增长转向高质量发展具有必要性：

其一，这是中国经济经历长期高速增长之后由量的累积到质的提升的必然，是遵循经济发展客观规律的结果；

其二，这是化解当前我国经济存在的诸多现实问题的客观要求，反映了经济增长与经济发展之间的辩证关系；

其三，高质量发展是满足我国人民日益增长的美好生活需要、推动实现中国式现代化等目标的必要实现路径。

2. 答：(1)现实经济生活中，制度的状况决定了知识技术的创新、能否被利用以及被利用的程度。制度是导致知识技术水平发生改变的、人为决定的因素。即使科学技术直接作用于经济增长，但经济增长最终是由制度决定的。

制度经济学认为，制度是约束个人和组织行为的规则。制度安排对经济增长的决定作用主要体现在两个方面：

一是特定的制度安排会激励或抑制经济主体(个人、企业、政府)对生产要素的积累和投入，从而促进或阻碍经济增长。

二是特定的制度安排会鼓励或抑制经济主体提高生产要素的利用效率和创新能力，从而促进或阻碍经济增长。

上述案例正说明了这一点。深圳的高科技发展速度快的真正原因，就在于建立了一个能持续激励人们创新的产权制度和制度环境，从制度上激发和保护了经济领域的创新活动。

(2)我国要实现科技进步和创新推动经济持续增长的战略目标，首先要进行体制的创新。这就需要深化科技体制改革，形成符合市场经济要求和科技发展规律的新机制，优化科技资源配置，加强技术集成，进一步解决科技与经济脱节的问题。其次，要推进国家创新体系建设，促进企业成为技术进步和创新的主体，并加强产学研结合，鼓励应用开发型科研院所进入企业或改制为企业。再次，建立服务功能社会化、网络化的科技中介服务体系，建立风险投资机制，发展资本市场，以支持高新技术产业化。最后，加大国家和全社会的科技投入，提高投资效益，完善促进科技创新的政策环境，形成鼓励科技创新的社会环境。

## 七、问答题

1. 马克思分析社会资本再生产运动的两个理论前提是什么？

答：(1)从社会总产品的构成上看，实物构成表现为生产资料和消费资料两大类；价值构成是由不变资本、可变资本和剩余价值所组成。

(2)从社会生产上看，按产品的最终用途划分，生产生产资料的部门为第一部类；生产消费资料的部门为第二部类。

2. 社会总资本简单再生产的图式如何表示？社会总资本简单再生产顺利进行的实现条件是什么？

答：社会总资本简单再生产的图式是：

$\text{I}\ 4\,000c+1\,000v+1\,000m=6\,000$

$\text{II}\ 2\,000c+500v+500m=3\,000$

运用该图式，可知社会总资本简单再生产顺利进行遵循的基本条件是 $\text{I}(v+m)=\text{II}c$，以及由此引申的两个条件：

$\text{I}(c+v+m)=\text{I}c+\text{II}c$，$\text{II}(c+v+m)=\text{I}(v+m)+\text{II}(v+m)$

3. 衡量一个国家产业结构是否合理的主要标准是什么？

答：(1)各个产业之间和产业内部是否均衡发展。

(2)产业结构是否有利于资源配置的优化。

(3)产业结构是否实现了高度化。

4. 经济增长与经济发展之间存在怎样的关系？

答：(1)经济增长是指在一国或一地区一定时期内社会的产品、产值和劳务总量的持续增加；经济发展是指以经济增长为基础，还包括劳动生产率的提高、经济结构的优化、科学技术的进步、生态平衡、文化教育卫生事业的发展和人民生活水平的提高等质的变化。

(2)经济增长是一切经济进步的首要因素和必要物质条件。因此，从一定意义上说，没有经济增长就不会有经济发展。但经济增长并不就是经济发展，经济发展不仅包括数量的增长，而且还包括国民经济素质的提高和经济结构的优化。所以，发展是增长的结果和目的。

5. 影响和制约经济发展的主要因素有哪些？

答：(1)生产要素的投入和要素生产率的增长。

(2)消费、投资和净出口的扩大。

(3)产权制度、市场制度、分配制度等制度因素的影响。

## 八、论述题

1. 试述个别资本和社会资本运动的异同点。

答：(1)个别资本是指各自独立发挥资本职能的资本；社会资本是指由相互联系、相互依存的所有单个资本所组成的总和。

(2)共同点：首先，从运动的内容看，两者都包含着生产剩余价值或资本增值的生产消费；其次，从运动的形式看，两者都依次采取货币资本、生产资本、商品资本三种职能形式，并各自完成着自己的循环；再次，从资本的运动过程看，两者都要经过购买、生产、销售三个阶段，都是生产过程和流通过程的统一；最后，从运动的目的看，两者都是为了价值的增值。

(3)不同点：首先，社会资本运动不仅包括生产消费，还包括个人消费；个别资本运动只包括生产消费。其次，社会资本运动不仅包括资本流通，还包括一般商品流通和剩余价值的流通；个别资本运动只包括资本流通。最后，社会资本运动不仅考察价值补偿，还考察实物补偿；个别资本运动只考察价值补偿。

2. 试述社会总资本运行的核心问题。

答：(1)研究社会总资本运行的核心问题就是研究社会总产品的实现问题。社会总产品的实现问题就是分析社会总产品各部分的价值补偿与实物补偿问题。

(2)因为社会总资本再生产和流通要能正常运行，必须具备两个条件：

一是社会总产品实现价值补偿，使全部预付总资本价值和剩余价值都能得到实现，换回相应的货币，才有可能重新购买劳动力和生产资料，开始新的再生产过程。

二是在社会生产过程中耗费的全部生产资料和工人与资本家需要补充的全部生活资料，必须能从社会总产品的购买中，得到物质补偿，新的再生产过程才能真正开始。

3. 试述马克思两大部类理论与三次产业类型划分理论的关系。

答：(1)马克思主要研究的是国民经济中各个物质生产部门之间的组合、构成及它们在社会生产总体中所占的比重，揭示了各个物质生产部门在社会再生产过程中价值形式的实现和实物形式的补偿之间的内在联系，从而建立起社会再生产过程能够顺利进行的必要条件。因此，马克思的两大部类理论通常也被称为狭义的产业结构理论。

(2)三次产业类型划分理论是将社会上的所有部门按照经济活动的先后顺序或层次分为三次产业。第一次产业的属性是取自于自然，包括农业和采矿业等；第二产业是加工取自于自然的生产物，包括制造业、建筑业、水、电、煤等工业部门；第三产业是繁衍于有形物质活动之上的无形财富的生产部门，包括运输业、商业、公用事业、金融保险业、信息业等。这种划分是以西方的社会经济增长理论为依据，对于全面认识和研究功能经济各部门之间的关系和发展趋势和非物质生产部门具有积极作用。

(3)两种不同的产业类型划分理论，从不同的侧面反映了产业结构的内容，它们各有利弊，不能相互取代。我们要扬长避短，对它们综合地进行分析和运用。

4. 为什么社会总资本扩大再生产要顺利进行必须具备前提条件？为什么前提条件具备后还要具备实现条件？社会总资本扩大再生产的实现条件是什么？

答：(1)社会总资本扩大再生产要顺利进行必须具备前提条件。因为这里讲的社会总资本扩大再生产主要是指外延的扩大再生产，是以积累为前提的。积累的进行，首先要把剩余价值变成货币贮藏起来，即进行货币资本的积累。当货币资本积累达到一定数量时，再用于购买扩大再生产所需要的生产要素，即转化为现实的积累。资本家要能把货币资本积累转化为现实的积累，就必须有追加的物质资料和劳动力。在资本主义社会，存在着相对过剩人口，追加劳动力一般没有问题。问题是两大生产部类如何为扩大再生产提供必要的物质条件。为此，社会总产品各部分的构成就要重新组合。这一组合必须符合两个前提条件，即

$\text{I}(v+m)>\text{II}c$，$(c+m-m/x)>(v+m/x)$

(2)因为具备了前提条件,只是为扩大再生产提供了可能。要把这种可能转化为现实,社会生产两大部类还必须建立一定的平衡关系,即实现条件。

(3)实现的条件是Ⅰ$(v+\Delta v+m/x)=$Ⅱ$(c+\Delta c)$,以及Ⅰ$(c+v+m)=$Ⅰ$(c+\Delta c)+$Ⅱ$(c+\Delta c)$、Ⅱ$(c+v+m)=$Ⅰ$(v+\Delta v+m/x)+$Ⅱ$(v+\Delta v+m/x)$。

5. 在技术进步的扩大再生产条件下,为什么生产资料必然优先增长?

答:(1)资本积累总是伴随技术进步、资本有机构成不断提高。这意味着在社会总资本中不变资本的比重将逐步增大,并快于可变资本的速度增长。

(2)因为一是只有这样,才能使社会总产品的各个组成部分在价值和物质上得到补偿;二是要使生产资料生产的优先增长得到保证,要求制造生产资料的生产资料生产的增长快于为第二部类制造生产资料的生产的增长。

(3)生产资料生产优先增长必须以消费资料生产相应增长为条件。因为第一部类扩大再生产所追加的劳动力对消费资料的需求,要依靠第二部类生产增长来提供;第一部类为第二部类制造生产资料的生产,其产品的数量、品种和规模直接决定于第二部类。

## 九、计算题

1. 解:社会两大部类当年实际使用不变资本的情况如下:

Ⅰ$c=(12\ 000c\times60\%\times20\%)+(12\ 000c\times40\%)=1\ 440c+4\ 800c=6\ 240c$

Ⅱ$c=(3\ 000c\times60\%\times20\%)+(3\ 000c\times40\%)=360c+1\ 200c=1\ 560c$

社会两大部类当年社会总产品价值计算如下:

Ⅰ$w=6\ 240c+1\ 500v+1\ 500m=9\ 240$

Ⅱ$w=1\ 560c+750v+750m=3\ 060$

当年社会总产品价值:Ⅰ$w9\ 240+$Ⅱ$w3\ 060=12\ 300$

社会两大部类积累追加资本情况计算如下:

Ⅰ$m1\ 500=600m/x+810\Delta c+90\Delta v$

Ⅱ$m750=50m/x+630\Delta c+70\Delta v$

社会两大部类追加资本后调整如下:

Ⅰ$(6\ 240c+810\Delta c)+(1\ 500v+90\Delta v)+600m/x=9\ 240$

Ⅱ$(1\ 560c+630\Delta c)+(750v+70\Delta v)+50m/x=3\ 060$

社会两大部类扩大再生产后社会总产品价值计算如下:

Ⅰ$7\ 050c+1\ 590v+1\ 590m=10\ 230$

Ⅱ$2\ 190c+820v+820m=3\ 830$

扩大再生产后社会总产品价值:Ⅰ$w10\ 230+$Ⅱ$w3\ 830=14\ 060$

第二年社会资本扩大再生产的结果,社会总产品价值比第一年增加:

$14\ 060-12\ 300=1\ 760$

答:(1)社会资本扩大再生产的前提条件是:

Ⅰ$(v+m)>$Ⅱ$c$,$(c+m-m/x)>(v+m/x)$。

社会资本扩大再生产的实现条件是:

Ⅰ$(v+\Delta v+m/x)=$Ⅱ$(c+\Delta c)$

或用Ⅰ$(c+v+m)=$Ⅰ$(c+\Delta c)+$Ⅱ$(c+\Delta c)$、Ⅱ$(c+v+m)=$Ⅰ$(v+\Delta v+m/x)+$Ⅱ

$(v+\Delta v+m/x)$来表示。

(2)当年社会总产品价值是 12 300。

(3)第二年社会资本扩大再生产的结果是社会总产品价值比第一年增加了 1 760。

(4)上述计算说明了社会资本再生产的基本规律性：

一是社会生产两大部类之间以及部类内部各个行业之间保持平衡；

二是要求制造生产资料的生产资料生产的增长快于为第二部类制造生产资料的生产的增长；

三是生产资料生产优先增长必须以消费资料生产相应增长为条件。

2. 解：

(1) $\text{I}w=(24\ 000c\times50\%\times20\%)+24\ 000c\times50\%+3\ 000v+3\ 000m=20\ 400$

$\text{II}w=(6\ 000c\times50\%\times20\%)+6\ 000c\times50\%+1\ 500v+1\ 500m=6\ 600$

当年社会总产品价值：$\text{I}w20\ 400+\text{II}w6\ 600=27\ 000$

(2)先求：$\text{I}(v+\Delta v)+m/x=3\ 000+3\ 000\times60\%\times1/(11+1)+3\ 000\times(1-60\%)=4\ 350$

因为：$\text{I}(v+\Delta v)+m/x=\text{II}(c+\Delta c)$，所以：$\text{II}\Delta c=4\ 350-\text{II}3\ 600c=750$

因为：$m-m/x=\Delta c+\Delta v$，所以：$\text{II}\Delta v=1\ 500m\times60/100-750c=150$

所以：$\text{II}\Delta c:\Delta v=750:150=5:1$

(3)先求：$\text{I}c$ 和 $m$，$\text{II}c$ 和 $m$。

$\text{I}c=[(24\ 000c+1\ 650\Delta c)\times50\%]\times(1+1/5)=12\ 825\times6/5=15\ 390$

$\text{II}c=[(6\ 000c+750\Delta c)\times50\%]\times(1+1/5)=3\ 375\times6/5=4\ 050$

$\text{I}m=\text{I}(3\ 000v+150\Delta v)\times100\%=3\ 150$

$\text{II}m=\text{II}(1\ 500v+150\Delta v)\times100\%=1\ 650$

第一部类的发展速度：$(15\ 390c+3\ 150v+3\ 150m)\div(14\ 400c+3\ 000v+3\ 000m)$
$=106.32\%$

第二部类的发展速度：$(4\ 050c+1\ 650v+1\ 650m)\div(3\ 600c+1\ 500v+1\ 500m)$
$=111.36\%$

答：(1)当年社会总产品价值是 27 000。

(2)第二部类追加资本的有机构成比例应是 5∶1。

(3)第二年，第一部类的发展速度是 106.32%，第二部类的发展速度是 111.36%。

(4)经济增长是一切经济进步的首要因素和必要物质条件。因此，从一定意义上说，没有经济增长就不会有经济发展。但经济增长并不就是经济发展，经济发展不仅包括数量的增长，而且还包括国民经济素质的提高和经济结构的优化。所以，发展是增长的结果和目的。

# 第七章 社会总资本运行中的市场

## 一、概念题

1. 市场：一切商品或劳务交换的场所和交换关系的总和，是市场机制运行的载体和表现形式。

2. 市场机制：通过市场价格的波动、市场主体对各自利益的竞争、生产供求关系的变化调节经济运行的机制。

3. 市场经济：以市场机制为基础来配置社会资源和调节人们关系的一种经济运行方式和经济调节手段。

4. 社会主义市场经济：市场经济与社会主义制度的结合。它有两个基本特征：第一，以公有制为主体；第二，以按劳分配为主体。

5. 市场体系：各种商品经济关系的具体体现和反映，是各种市场在相互关联、相互制约的共生中发展而成的有机统一体。

6. 市场主体：就是监护交换客体进入市场，并使之发生市场关系的当事人。

7. 市场规则：国家凭借政权力量而按照市场运行机制的客观要求，所制定的市场活动主体都必须遵守的规章制度。

8. 交易费用：事前发生的为达成一项合同而发生的成本，以及事后发生的监督、贯彻该项合同而发生的费用。

## 二、判断题

1. √ 2. √ 3. × 4. × 5. × 6. √ 7. ×
8. √ 9. × 10. √

## 三、单项选择题

1. D 2. A 3. B 4. D 5. C 6. B 7. B
8. D 9. C 10. C

## 四、多项选择题

1. ABCDE 2. ABCDE 3. ABCDE 4. ABCDE 5. ABCDE 6. ABCDE
7. ABCD 8. ABC 9. ABCDE 10. ABCD

## 五、辨析题

1. 错误。

计划和市场只是现代社会资源配置的两种主要方式和手段，它们本身不是社会基本经济制度的本质特征。

2. 错误。

尽管市场经济和商品经济都是以社会分工和不同所有制为基础的，但两者还是存在着区别。第一，两者相对的概念不同；第二，两者所反映和体现的内容不同；第三，市场经济是商品经济发展到一定阶段的产物，是发达的商品经济。

3. 错误。

(1)需求是消费者愿意并且能够购买的某种商品或劳务的数量。需求实际是有购买能力的需要。

(2)供给是生产者对某种商品或劳务愿意并且能够出售的各种数量。

(3)市场均衡是一定时期内提供市场销售的商品数量与消费者对市场需求量之间的相对平衡。市场均衡表现为个量均衡,个量平衡的总和构成总量和结构平衡,即总供给与总需求的平衡。

(4)要保持宏观经济的总量平衡,要求:一是发挥市场机制的作用,使市场供求均衡在市场机制作用下自动实现;二是发挥国家的财政和货币政策的调节作用;三是建立基本商品储备制度,从使用价值上调节商品流通,以影响供求平衡。

4. 正确。

市场规则就是国家凭借政权力量而按照市场运行机制的客观要求,所制定的市场活动主体都必须遵守的规章制度。

5. 错误。

(1)交易费用是事前发生的为达成一项合同而发生的成本,以及事后发生的监督、贯彻该项合同而发生的费用。

(2)交易不是实际交货意义上的物品交换,而是个人与个人之间对物品的未来所有权的让与和取得,一切取决于具体的业务规则,即交易是一种所有权的关系——人与人的关系。

## 六、案例分析题

答:(1)价格机制是市场若干机制中的核心机制,它是价值规律的具体表现形式和作用形式。价格的变动必然引起供求的变动,而供求的变动反过来又引起价格升降。国际石油供求变动引起库存增加、油价下跌,而油价下跌又引起供给减少、油价上涨这样一个过程足以说明这样一条经济规律。

(2)商品的需求由商品的供给来满足,供给是生产者在某一时刻,在各种可能的价格水平上,对某种商品(或劳务)愿意或能够出售的能力。市场的供给量除了取决于供给者生产能力,也取决于卖者的数量,如果卖者数量增加,供给量也增加。一般来说,商品的价格和其供给量是同方向变动。就国际石油而言,如果油价较高,石油生产商的利润空间就大,因此他们的生产积极性就高,提供的石油数量也高;反之亦然。

## 七、问答题

1. 现代市场经济的共性是什么?

答:现代市场经济是以商品经济高度发展为标志的,无论是资本主义社会还是社会主义社会,只要以市场作为资源配置的基础性或决定性手段,都具有以下共性:

(1)独立的市场主体;

(2)完备的市场体系;

(3)价格基本由供求调节;

(4)健全的法规体系;

(5)经济活动的开放性;

(6)政府对经济实行调控管理。

2. 资本主义经济危机的直接原因和深层次原因是什么?

答:在资本主义制度下,经济危机的直接原因是:

一是个别企业生产的有组织性和整个社会生产的无政府状态的矛盾;

二是生产无限扩大的趋势和劳动人民有支付能力的需求相对缩小的矛盾。

深层次原因是：经济不断社会化与生产资料的资本主义私有制之间的矛盾。

### 八、论述题

1. 试述社会主义市场经济的制度特征。

答：(1)市场经济可以与不同的社会经济制度结合，这种结合形成市场经济的制度特征。

(2)社会主义市场经济特征如下：

其一，以公有制为主体。即将公有产权与市场经济有机融合在一起，实现一种以公有法人型联合劳动为基础的"市场社会主义"。

其二，以按劳分配为主体。因为劳动者是生产力的创造者，如果劳动者不能分享他们自己所创造的财富，就不能调动劳动群众的积极性，也就不利于生产力发展；而不让劳动作为分配的主要因素，那就不是社会主义市场经济。

2. 试述健全的市场体系的基本特征。

答：(1)市场体系是各种商品经济关系的具体体现和反映，是各种市场在相互关联、相互制约的共生中发展而成的有机统一体。

(2)健全的市场体系具有以下特征：

其一是统一性。各种不同经济成分和经营方式的企业和个人，都可以平等地进入统一的市场。

其二是完整性。即不仅要有发达的商品市场，而且要有发达的要素市场。

其三是竞争性。组成市场体系的各类市场的活动都被置于市场竞争环境中，受竞争机制的制约。

其四是开放性。要求打破地域之间、部门之间由于自然的、经济的和人为的因素所形成的一切障碍和壁垒，形成一个全方位开放的四通八达、畅通无阻的大系统。

3. 试述社会生产周期性波动的一般原因。

答：决定社会生产周期性波动的一般原因是：

一是经济结构的状况；

二是资本与投资的结构和水平；

三是技术创新与技术进步的情况；

四是市场环境的制约；

五是国际经济环境；

六是社会经济制度和经济体制。

# 第八章　职能资本与平均利润

### 一、概念题

1. 利润：企业产品的销售收入扣除成本后的余额，其实质是工人剩余劳动创造的价值，是剩余价值的转化形式。

2. 利润率：剩余价值与全部预付总资本的比率，表示预付总资本的增值程度，用公式表示：

$$p'=\frac{m}{c+v}\cdot 100\%。$$

3. 成本价格：生产单位产品所消耗的不变资本与可变资本的价值总和。

4. 平均利润：在利润率平均化的条件下，各部门的投资者根据平均利润率获得与其投资量大小相适应的利润。平均利润是不同部门的投资者通过竞争重新分配剩余价值的结果。

5. 平均利润率：等于社会总剩余价值除以社会总资本，用公式表示：

$$\overline{p}=\frac{\sum m}{\sum c+v}\cdot 100\%。$$

6. 生产价格：产品价值的转化形式，是由成本价格加平均利润构成的。

7. 商业资本：又叫商人资本，是在流通领域中独立发挥作用的资本，是专门从事商品买卖活动以获取商业利润的职能资本。

8. 商业利润：商业投资者从事商品经营活动而获取的利润。私有商业获取私人商业利润，公有商业获取公有商业利润。

9. 生产性流通费用：与生产过程在流通过程中的继续有关的流通费用，这种费用是由商品使用价值的运动引起的，如在商品的分类、包装、保管和运输中支出的费用；参与价值和剩余价值的创造。

10. 纯粹流通费用：由商品的价值形态变化引起的、只与商品买卖行为相联系的费用，如广告费、簿记费、商业店员工资、通信费等；不参与价值和剩余价值的创造。

**二、判断题**

1. × 2. √ 3. × 4. × 5. × 6. √ 7. √
8. √ 9. √ 10. ×

**三、单项选择题**

1. B 2. B 3. D 4. B 5. C 6. B 7. A
8. C 9. C 10. A

**四、多项选择题**

1. CE 2. ABCDE 3. CD 4. DE 5. BDE 6. ADE
7. ADE 8. BDE 9. ABCD 10. CE

**五、辨析题**

1. 错误。

(1)马克思主义经济学十分强调，成本价格是生产单位产品所消耗的不变资本与可变资本之和。

(2)西方经济学中成本价格通常被看作企业所购买的各种生产要素的货币支出。企业的生产成本主要从机会成本的角度来理解，即生产者所放弃的使用相同的生产要素在其他用途中所能得到的最高收入。

2. 错误。

(1)在不同社会,由于其社会基本经济制度和社会生产目的不同,成本价格所反映的社会生产关系因而也不同。

(2)在资本主义社会,就实质上看,成本价格只是资本家为获取剩余价值或利润而耗费的资本,它是生产的必要条件,而工人的剩余劳动才是剩余价值的真正源泉。而从现象上看,成本价格好像是企业利润的真正源泉,从而掩盖了资本主义的剥削关系。

(3)在社会主义社会,成本价格是企业为生产满足社会需要的产品而消耗的费用,它反映的是劳动者根本利益一致基础上的费用与效用的关系。

3. 正确。

(1)成本价格的形成和剩余价值向利润的转化已经掩盖了剩余价值的真正来源,但毕竟在量上利润和剩余价值还是相等的。

(2)然而当利润率转化为平均利润率以后,等量资本获得等量利润,平均利润和剩余价值之间,不仅在质上发生了变化,而且在量上也完全不同了,利润的真正源泉完全看不到了,从而进一步掩盖了资本主义的剥削关系。

4. 错误。

(1)商业资本是在流通领域中独立发挥作用的资本,是专门从事商品买卖活动以获取商业利润的职能资本。

(2)商业资本具有实现剩余价值的职能,是职能资本,因而参与利润率的平均化。

## 六、案例分析题

1. 答:(1)说明的是平均利润率规律。由于不同部门的资本有机构成不同,导致等量资本不能获得等量利润,引起不同生产部门之间的竞争。不同部门竞争的手段是资本由利润率低的部门向利润率高的部门转移,结果导致利润率的平均化。

(2)平均利润率规律是商品经济的一条重要的规律,但平均利润率是否能发挥作用,作用的大小则取决于资本自由流动的程度。家电行业是我国实施市场经济改革过程中较早市场化的行业,由于当时我国处在短缺经济环境,存在较大的供需缺口,因此彩电等行业的平均利润率高达50%甚至更高。改革开放后,市场机制的引入,资本不断向高利润率部门流入(包括民间资本与国外资本)使彩电等行业由一枝独秀到百花齐放,市场上出现了供大于求的局面,利润率不断下降,甚至已降到使某些企业产生亏损。我国加入WTO后,将有更多的行业开放,可想而知,凡是存在超额利润的行业一定会吸引更多的资本流入,平均利润率规律的作用也将更明显。

2. 答:(1)商业资本是在流通领域中独立发挥作用的资本,是专门从事商品买卖活动以获取商业利润的职能资本。降低商业流通费用是增加商业利润的重要途径。

(2)电子商务的兴起,大大降低了商业流通费用,降低了商业预付资本,加速了商业资本周转。电子商务作为新的物流方式突破了传统商业的时间、地点等因素的限制,节约了许多传统商业所必须投入的资本,例如店面、店员等,同时又可以实现一般商业企业难以实现的零库存经营。另外,由于网络的受众面广、销售渠道宽,企业可以节省诸如广告等费用,加速了商业资本周转。

## 七、问答题

1. 成本价格的意义是什么?

答:(1)成本价格是商品经济社会商品销售价格的最低界限,也是企业生产经营活动盈亏的界限。

(2)一方面,成本价格的补偿是企业实现再生产的必要条件;另一方面,成本价格也是企业在市场竞争中成败的关键。

2. 利润与剩余价值有何关系?

答:(1)公式不同:$p'=m/(c+v)$,$m'=m/v$;(2)体现和反映的关系不同:$p'$表示预付总资本的增值程度,$m'$表明剩余价值是可变资本的产物;(3)相互关系:剩余价值率是利润率的本质,利润率是剩余价值率的转化形式。

3. 什么是利润? 社会主义公有制企业的利润的特点是什么?

答:(1)利润是企业产品的销售收入扣除成本后的余额,其实质是工人剩余劳动创造的价值,是剩余价值的转化形式。

(2)在社会主义公有制企业中,利润作为劳动者剩余劳动所创造的价值的货币表现,归全民或集体的劳动者共同占有,用于扩大生产、发展社会或集体的公共事业和改善民生,因而不反映任何剥削关系,只反映劳动者的个人利益、企业的局部利益和国家的整体利益三者之间的关系,以及人们的眼前利益和长远利益的关系。

4. 阻碍平均利润率下降的主要因素是什么?

答:(1)剩余价值率的提高;

(2)生产资料价值的降低;

(3)相对过剩人口的存在;

(4)对外贸易的发展。

5. 决定平均利润率高低的因素是什么?

答:(1)各部门的利润率水平;

(2)社会总资本在各部门之间的分配比例。

6. 企业降低成本和增加利润的途径有哪些?

答:(1)提高劳动生产率,减少工时耗费。这是降低企业产品成本的决定性因素。

(2)使工资的增长速度低于劳动生产率的增长速度,从而减少单位产品成本中的工资含量。

7. 什么是商业资本? 商业利润的来源和获得的途径是什么?

答:(1)商业资本是在流通领域中独立发挥作用的资本,是专门从事商品买卖活动以获取商业利润的职能资本。

(2)商业利润的真正来源是由产业工人创造的剩余价值。

(3)获得的途径是通过商品的购买价格低于销售价格实现的。在资本主义生产关系下,商业资本家是依靠店员的劳动完成商品的推销活动而实现的,反映的是商业资本家无偿占有店员在剩余劳动时间内实现的那部分剩余价值的剥削关系。在社会主义生产关系下,商业资本所获得的商业利润归社会公共所有,所以反映的是不同部门劳动者的分工、交易和合作关系。

## 八、论述题

1. 请从利润率公式的分解中论述决定和影响利润率的主要因素。

答：(1)$p'=m/(c+v)=(m/v)v/(c+v)=m'/(c/v+1)$，当$n>1$时，年利润率为：$p'=nm'/(c/v+1)$。

(2)从上式可看出，决定和影响利润率的因素主要有：

一是剩余价值率的高低；

二是资本有机构成的高低；

三是资本的周转速度的快慢；

四是不变资本的节省状况。

2. 为什么说平均利润率下降并不意味着资本家占有的利润量绝对的减少和剩余价值率的降低？

答：(1)利润的多少取决于平均利润率的高低和预付资本总量中可变资本的多少。随着资本积累的发展，社会总资本增大，可变资本的总量也在增加，从而被剥削的劳动者数量绝对增长，利润量则必然不断增加。

(2)剩余价值率并不是影响利润率的唯一因素。即使剩余价值率不变，甚至提高，资本有机构成提高和资本周转速度的减慢，也可导致平均利润率的普遍下降。

3. 试述价值规律与生产价格规律的关系。

答：商品按生产价格出售并没有违背价值规律，而是完全符合价值规律的要求的。

(1)从全社会来看，整个资本家阶级得到的平均利润总额和整个工人阶级所创造的剩余价值总额是相等的。

(2)从全社会来看，商品的生产价格总额必然与商品的价值总额相等。

(3)生产价格是在价值基础上形成的，生产价格的变动归根结底是由价值变动引起的。

4. 试述商业资本周转的特点及其对平均利润率和价格的影响。

答：(1)从周转过程看，商业资本周转只有流通过程。

(2)从流通中的形式变化看，商业资本形式变化表现为$G—W—G'$，两次转手的是同一商品$W$，它对货币复归到商业资本家手中起中介作用。

(3)商业资本的周转受生产和消费的限制。

(4)商业资本的周转对平均利润率只有间接作用，而对商品的销售价格具有直接作用。

## 九、计算题

1. 解：(1)成本价格等于所耗的不变资本加可变资本，因而，

成本价格$=(10+20)c+10v=40$(万美元)

(2)利润率等于剩余价值与预付资本的比率，因而

$p'=(60-40)/(20+20+20+10)=28.6\%$

答：(1)成本价格是40万美元。

(2)利润率是28.6%。

(3)成本价格是指生产单位产品所耗费的不变资本与可变资本的价值总和；是商品销售价格的最低界限，是企业生产经营活动盈亏的界限，也是企业在市场竞争中成败的关键。

2. 解:(1)平均利润率=(产业部门工人创造的剩余价值+商业部门生产性工人创造的剩余价值-纯粹流通费用)/(产业预付资本总额+商业预付资本总额)=[2 000×200%+(100+100)×200%-200]/(19 200+2 000+1 200+400+500+200)=17.87%

(2)产业平均利润=(19 200+2 000)×17.87%=3 789(万元)

(3)商业平均利润=(1 200+400+500+200)×17.87%=411(万元)

(4)出厂价格=(19 200-15 250)+15 250×1/5+2 000+3 789=12 789(万元)

商业售卖商品生产价格=出厂价格+商业利润+保管费+运输费+纯粹流通费用

=12 789+411+400+500+200=14 300(万元)

答:(1)平均利润率是17.87%。

(2)产业资本家集团获得的平均利润是3 789万元。

(3)商业资本家集团获得的平均利润是411万元。

(4)商业部门售卖商品的生产价格是14 300万元。

(5)理论意义在于解决了价值规律同等量资本获得等量利润在形式上的矛盾,解决了从价值、剩余价值这些本质范畴上升到更具体、更接近经济外部表现的范畴时所遇到的难题,使劳动价值论和剩余价值论得到更进一步的论证。

实践意义在于揭示了工人不仅遭受本企业资本家的剥削,而且使整个工人阶级遭受整个资本家阶级的剥削,因此,工人阶级要获得彻底解放,必须消灭整个资本家阶级。

# 第九章　生息资本和利息

## 一、概念题

1. 借贷资本:是指为取得利息而暂时贷给职能资本使用的货币资本,它是从产业资本运动中分离出来的特殊资本形式。

2. 利息:是资本要素获得的利益回报,是产业部门工人创造的剩余价值或剩余劳动的一部分,是职能资本家使用借贷资本而让渡给借贷资本家的一部分剩余价值,是剩余价值的特殊转化形式。

3. 利息率:简称利率,是指一定时期内(通常按年计算)利息量与借贷的货币资本量的比率。计算公式为:利息率=利息量÷借贷资本量×100%。

4. 金融工具:是指金融活动中与资金融通的具体形式相联系的载体。

5. 系统性风险:是指某种因素对市场上所有资产都会带来损失的可能性,是不能分散的风险。

非系统性风险:是指某些因素对单个资产造成损失的可能性,它是资产的收益变动中能被分散的部分。

6. 金融风险:是指经济活动中由资金筹措和运用所产生的风险,即由不确定性引起的在资金筹措中形成损失的可能性。

7. 股份制:是指不同所有者通过认购股票共同出资创建企业的一种财产组织形式和企业组织形式。

8. 股票:向股份公司投资入股的凭证,也是取得一定权利的所有权证书。

9. 股息：股票持有人凭票定期从企业获得的收入，又称为股利，是股份公司从净利润中分配给股东作为对投资的一种报酬。

10. 股票价格：股票在市场上交易时形成的价格，等于预期股息除以利息率。

11. 虚拟资本：以有价证券的形式存在，能给持有者定期带来一定收入的资本。

12. 创业利润：是创办股份公司所发行的股票价格总额同实际投入企业的资本总额之间的差额。

13. 信用：以商品赊销或货币借贷的形式体现的一种经济关系，是以偿还为条件的价值运动的特殊形式。

14. 商业信用：企业之间在商品交易中以延期收款方式提供的信用，它主要采取赊销商品的形式实现。

15. 期票：债务人签发的保证书，保证在一定时期内向债权人支付债款。

16. 银行信用：银行或借贷资本所有者以贷款形式提供给职能资本经营者的信用。

## 二、判断题

1. √　2. √　3. √　4. √　5. ×　6. √　7. ×
8. √　9. √　10. ×　11. ×　12. ×　13. ×　14. √
15. √

## 三、单项选择题

1. A　2. B　3. D　4. B　5. D　6. D　7. A
8. C　9. B　10. C

## 四、多项选择题

1. BCDE　2. BCDE　3. CDE　4. ABCDE　5. BCDE　6. BE
7. ABCDE　8. ABDE　9. ABCDE　10. ACE　11. ABCDE　12. ABCDE
13. ABCDE　14. ACD　15. ABCD　16. BCDE

## 五、辨析题

1. 错误。

(1)借贷资本和高利贷资本都是属于生息资本，但是借贷资本与高利贷资本两者有很大的区别。

(2)区别：

一是高利贷资本主要存在于奴隶社会和封建社会；而借贷资本与资本主义生产过程密切相关。

二是高利贷资本的主要来源是储藏的货币；而借贷资本是由职能资本运动中游离出来的闲置货币资本转化来的。

三是高利贷资本的直接剥削对象主要是小生产者，借款的主要目的是弥补开支；而借贷资本的贷款的对象主要是工商资本家，借款的目的主要是为了获取利润，体现的是借贷资本家与职能资本家共同瓜分剩余价值的资本主义生产关系。

2. 正确。

(1)利息作为资本商品的价格,实质上是货币作为生息资本增值的表现,而不是资本价值的货币表现。

(2)在一般情况下,利息又总是表现为资本价格,并在实际经济生活中发挥很大的作用的原因:一是利息是资本所有权在经济上的实现;二是在货币市场上,利息与一般商品价格有相同之处,都是由竞争和供求关系来调节,并反过来又具有调节借贷资本供求的作用。

3. 错误。

(1)利息作为资本要素获得的利益回报,是产业部门工人创造的剩余价值或剩余劳动的一部分。

(2)在资本主义制度下,利息是职能资本家使用借贷资本而让渡给借贷资本家的一部分剩余价值,反映的是职能资本家和借贷资本家共同瓜分雇佣工人剩余价值的剥削关系。

(3)社会主义公有制经济中的利息,实质是公有制经济纯收入的一部分在不同企业和个人之间的再分配的具体形式,体现社会主义国家、企业和劳动者个人之间的物质利益关系。

4. 错误。

(1)金融风险的管理是指通过强化金融机构内部控制制度、改善经营,并由金融管理当局从外部加以监控从而控制金融风险的管理行为。

(2)金融领域的监管包括两个方面:一是对金融业,主要是银行机构的监管,增强金融体系的稳定性是金融业监管的核心;二是资本市场的监管,保证市场运行的公开、公平和公正性是资本市场监管的关键。

5. 错误。

(1)虚拟资本虽然与实际资本存在质和量的差别,但是,虚拟资本的存在是以实际资本为基础的。

(2)虚拟资本是以有价证券的形式存在,能给持有者定期带来一定收入的资本,包括股票、债券和以各种不动产作抵押的有价证券。

(3)股票价格的基础取决于预期股息和银行利息,而股票和股息都是实际资本的价值表现。股票的买卖能有力地促进上市公司改善管理,提高实际资本的运营效率。因此虚拟资本与实际资本是同一资本的双重存在。

6. 错误。

(1)股份制是指不同所有者通过认购股票共同出资创建企业的一种财产组织形式和企业组织形式。

(2)在现代市场经济条件下,股份制是一种联合生产的组织形式和产权组织形式。根据股份资本的所有权性质,可以判断不同股份制企业的性质。

(3)完全以私人股份融合的股份公司仍然是资本主义所有制;以公有法人股组合的股份制企业属于公有经济;以劳动联合为主,并与资本联合相结合的股份合作制,属于广义的集体所有制;公有股份和非公有股份参半的股份制属于半公半私的混合所有制经济。股票全部由个人所有的上市公司或公众公司,是现代资本主义私有制的主要形式,而不是公有制。

## 六、案例分析题

1. 答:(1)金融工具是指金融活动中与资金融通的具体形式相联系的载体。主要是股票和证券。内容包括发行者、投资者、期限、价格和收益、流通性。

(2)"金融衍生产品"是以"虚拟资本"为衍生基础的,如股票指数的期货和期权,它们依赖的基础是股票运行的轨迹。这种衍生品源于一般的金融投资工具,如股票、外汇、利率等。与基础金融工具相比,金融衍生产品具有更加远离现实社会生产与流通的特征,也就是具有更大的投机的特征。

(3)"金融衍生产品"满足了投资银行的"本能性"需要。金融衍生产品可能给投资者带来丰厚的收益,但也同时更可能给投资者带来巨大的投资风险或损失。

(4)通过强化金融机构内部控制制度、改善经营,并由金融管理当局从外部加以监控从而控制金融风险。

(5)对金融领域的监管主要要求做到三个方面:一是建立金融安全体系;二是加强银行业的预防性措施;三是加强国际银行的监管合作。

2. 答:(1)金融风险是指经济活动中由资金筹措和运用所产生的风险,即由不确定性引起的在资金筹措中形成损失的可能性。任何一种投资都会有风险,金融衍生产品的风险尤其大。

(2)通过强化金融机构内部控制制度、改善经营,并由金融管理当局从外部加以监控从而控制金融风险。

(3)对金融领域的监管主要要求做到三个方面:一是建立金融安全体系;二是加强银行业的预防性措施;三是加强国际银行的监管合作。

## 七、问答题

1. 借贷资本及其主要来源是什么?

答:(1)借贷资本是为取得利息而暂时贷给职能资本使用的货币资本,它是从产业资本运动中分离出来的特殊资本形式。

(2)主要来源是产业资本循环中产生的闲置货币资本。包括:固定资本折旧的积累;暂时闲置的流动资本;用于积累而未马上投资的剩余价值;食利者阶层拥有的货币以及社会各阶层拥有的货币存款。

2. 借贷资本的特点和本质是什么?

答:(1)特点:商品的资本、所有权资本和最具有拜物教性质的资本。

(2)本质:适应于生产流通的需要产生的,是在职能资本运动基础上形成,并服务于职能资本,体现职能资本与借贷资本的关系和他们与产业部门工人的经济关系。

3. 什么是利息率?决定利息率高低的因素以及利息率的作用是什么?

答:(1)利息率是指一定时期内(通常按年计算)利息量与借贷的货币资本量的比率。

(2)决定利息率高低的因素:一是平均利润率的高低;二是借贷资本的供求状况和借贷双方的竞争;三是习惯和法律传统。

(3)作用是调节资本供求,进而调节储蓄和投资。

4. 什么是银行利润?银行利润的社会性质是如何体现的?

答:(1)银行利润是贷款利息和存款利息之间的差额,扣除经营银行业务的费用和银行雇员发工资后的那一部分剩余价值。

(2)银行利润的社会性质体现在利润的归属上,而最终又是由银行资本所有权决定的。

(3)在资本主义条件下,银行资本家作为中介人,与借贷资本家和职能资本家一样参与剩余价值的分割,共同剥削雇佣工人,包括对银行雇员的剥削。

(4)在公有制条件下,银行利润是产业部门劳动者创造的剩余价值的一部分,通过贷款利息与存款利息的差额来实现,体现公有制的银行、企业和劳动者个人之间的物质利益关系。

5. 什么是金融工具? 它包括哪些内容?

答:(1)金融工具是指金融活动中与资金融通的具体形式相联系的载体。

(2)内容包括:发行者、投资者、期限、价格、收益和流通性。

6. 股票、股票权利及其特征是什么?

答:(1)股票是投资者向股份公司投资入股的凭证,也是取得一定权利的所有权证书。

(2)股票权利:一是自益权,即因出资而自身享受经济利益的权利,如获得股息、红利和公司解散时分配财产的权利等;二是公益权,即因出资而享有对公司事务的管理权或表决权等。

(3)特征:股票是要式证券、永久性证券、有价证券和权利证券。

7. 什么是商业信用? 商业信用的工具及其特点是什么?

答:(1)商业信用是指企业之间在商品交易中以延期收款方式提供的信用,它主要采取赊销商品的形式实现。

(2)商业信用的工具是期票和汇票。

(3)特点是:

一是信用的债权和债务当事人都是职能资本家,体现的是职能资本家之间的借贷关系;

二是借贷对象是处于产业资本循环流通阶段上的商品资本;

三是商业信用与产业资本的扩张或收缩是同步的。

8. 什么是银行信用? 与商业信用相比,银行信用有哪些特点?

答:(1)银行信用是指银行或借贷资本所有者以贷款形式提供给职能资本经营者的信用。

(2)特点是:

一是货币资本所有者通过银行和职能资本之间发生的信用关系;

二是借贷的对象是暂时闲置的货币资本,从而使提供的信用过程同商品买卖过程分开了;

三是银行信用的运动和产业资本运动的起伏不完全一致,因此比商业信用灵活得多,规模更大,能够更好地满足社会资本扩大再生产的需要。

## 八、论述题

1. 试述借贷资本的本质和特点。

答:(1)借贷资本是为取得利息而暂时贷给职能资本使用的货币资本,它是从产业资本运动中分离出来的特殊资本形式。

(2)本质:适应于生产流通的需要产生的,是在职能资本运动基础上形成,并服务于职能资本,体现职能资本与借贷资本的关系和它们与产业部门工人的经济关系。

(3)特点:商品的资本、所有权资本和最具有拜物教性质的资本。

2. 试述社会主义公有制经济中利息的实质。

答:(1)利息是资本要素获得的利益回报,是产业部门工人创造的剩余价值或剩余劳动的一部分。是职能资本家使用借贷资本而让渡给借贷资本家的一部分剩余价值,是剩余价值的特殊转化形式。

(2)社会主义公有制经济中的利息,实质是公有制经济纯收入的一部分在不同企业和个人之间的再分配的具体形式,体现社会主义国家、企业和劳动者个人之间的物质利益关系。

3. 试述金融风险以及在现代市场经济条件下,如何对金融风险进行防范和管理。

答:(1)金融风险是指经济活动中由资金筹措和运用所产生的风险,即由不确定性引起的在资金筹措中形成损失的可能性。

(2)金融风险的管理是指通过强化金融机构内部控制制度、改善经营,并由金融管理当局从外部加以监控从而控制金融风险的管理行为。

(3)金融领域的监管包括两个方面:

一是对金融业,主要是银行机构的监管,增强金融体系的稳定性是金融业监管的核心;

二是资本市场的监管,保证市场运行的公开、公平和公正性是资本市场监管的关键。

(4)对金融领域的监管主要要求做到三个方面:

一是建立金融安全体系;

二是加强银行业的预防性措施;

三是加强国际银行的监管合作。

(5)对资本市场的监管主要包括两方面:

一是对证券发行和交易的监管;

二是对证券机构的监管。

4. 试述股份制产生的原因、革命意义和性质。

答:(1)股份制是指不同所有者通过认购股票共同出资创建企业的一种财产组织形式和企业组织形式。

(2)股份制和股份公司是在资本积累过程中,在资本主义信用和竞争的基础上产生的。产生的显著特点是:

一是高度发达的商品货币经济;

二是社会化大生产。

(3)革命意义是为由资本主义生产方式向社会主义生产方式过渡创造了前提条件。首先,股份公司通过发行股票进行集资,把单个资本家的资本集中为统一的社会资本进行生产,并按资本投入的比例进行管理和利润的分配,这是联合生产和经营的组织形式。其次,股份公司是把私人资本转化为社会资本的一种形式。最后,股份公司使生产更加社会化,用现代化手段组织和管理生产。

(4)在现代市场经济条件下,股份制是一种联合生产的组织形式和产权组织形式。根据股份资本的所有权性质,可以判断不同股份制企业的性质。完全以私人股份融合的股份公司仍然是资本主义所有制;以公有法人股组合的股份制企业属于公有经济;以劳动联合为主,并与资本联合相结合的股份合作制,属于广义的集体所有制;公有股份和非公有股份参半的股份制属于半公半私的混合所有制经济。股票全部由个人所有的上市公司或公众公司,是现代资本主义私有制的主要形式,而不是公有制。

5. 试述虚拟资本与实际资本的关系。

答:(1)虚拟资本是以有价证券的形式存在,能给持有者定期带来一定收入的资本,包括股票、债券和以各种不动产作抵押的有价证券。

(2)虚拟资本的存在是以实际资本为基础的,与实际资本是同一资本的双重存在。

(3)财产资本转化为股票后,资本同它的物质形态及实际运动脱离从而演变为质和量上都不同于实际资本的虚拟资本。质:虚拟资本本身没有价值,不在生产过程中发挥作用;实际资本有价值并在生产过程中发挥作用。量:两者总量不一致;虚拟资本变化不一定反映实际资本量;而且虚拟资本增长速度日益快于实际资本。

6. 试述现代股份制的特点和作用。

答:(1)特点:资本所有者分散化,即投资主体多元化或产权主体多元化;资本的所有权与经营权相分离。具体体现在公司制的两项重要特征中:

第一,公司的法人财产制度。现代法人制度已在法律上确认公司具有独立主体资格的法人地位,这种法人地位的产权基础是公司法人拥有的法人财产。公司的法人财产,由股东投入的股本形成,而它一旦形成,便具有独立的生命。公司以其法人财产承担民事责任,进行经营与运作。股东不能以个人的身份直接支配公司财产,如果公司破产,也与股东的其他个人财产无关。

第二,公司的法人治理结构。法人治理结构是由股东会、董事会、经理人和监事会组成的相互独立、分权制衡的现代公司的运行机制和管理体系。公司由这四个机构组成的法人治理结构来经营和管理。为了既能让经理人放手经营,又不致失去出资者(股东)对经理人的最终控制,公司法明确区分了股东大会和董事会之间的信任托管关系和董事会与高层经理人员之间的委托代理关系,并组成监事会行使监督职权,通过明确划分他们之间的责、权、利,形成各权力机构之间的制衡关系,这种关系是公司制度有效运行的保证。

(2)作用:一是加速资本集中;二是重新配置资本;三是创建现代企业制度;四是资本主义生产方式向社会公共生产方式过渡的形式。

(3)股份制企业大规模地迅速而广泛的发展,在资本主义大工业的一切领域引起了生产的迅猛增长和垄断的产生与发展的同时,还强化了资本主义的生产过剩、市场周期以及投机经营的危害性、金融体系和投资者心理的不稳定等消极影响。

7. 试述第二次世界大战以后股份制新的变化和特点。

答:当代市场经济国家中,无论是工业、商业、农业还是金融业,大多实行股份公司制。第二次世界大战以后股份制有了新的变化和特点:

(1)股份公司的规模日益扩大,形成一些巨型的垄断组织。一方面,竞争在现代工业社会日益激烈,并出现了全球化的竞争趋势,从而也使兼并活动在全球范围内展开,国家间的并购使巨型公司的产生速度加快。另一方面,由于现代信用制度的迅速发展,特别是金融创新活动的急剧增加,使股份公司的扩张获得了更方便的融资可能。

(2)产业资本和金融资本融合,形成巨大的金融财团。由于资本的积累和集中,以及扩大生产规模的需要,出现了工业和银行互相参股、控股、持股,相互在对方组织中担任董事、监事等要职并参与管理的情况,工业与金融业融为一体,形成金融财团。

(3)股份资本日渐国际化,形成跨国公司。第二次世界大战后,由于科技突飞猛进的发展，新兴工业部门层出不穷，金融资本急剧膨胀，生产大量过剩，争夺世界市场日趋激烈，促使跨国公司空前发展。跨国公司出现新的特点：一是国外投资活动比较集中；二是直接投资重点为发达国家；三是包括中国在内的发展中国家为了利用外资参与国际分工，开始发展"多国公司"。

(4)股权更加多元化和分散化。现代股份公司大量发行股票，且股票交易非常发达，股权多元化和分散化的趋势日益明显，持股者不仅有自然人，还有企事业法人、政府部门、外国法人与个人，很多普通民众也持有一些公司股票。股权的多元化和分散化也使所有权与经营权更加分离。

(5)法人相互持股。法人相互持股有两层意思：一是指在一个股份公司内，主要是法人股份；二是指股份公司也以法人身份对外投资，持有其他股份公司的股份。法人相互持股，主要是企业间相互控制、相互协作的需要，形成企业互为所有者。在法人持股者中，金融机构都是主要的持股者。法人持股使企业中纯粹私人资本减少，使资本更加社会化，也形成了企业之间相互制约的机制。

8. 试述信用、信用形式和信用在市场经济发展中的作用。

答：(1)信用是以商品赊销或货币借贷的形式体现的一种经济关系，是以偿还为条件的价值运动的特殊形式。

(2)信用的主要形式是商业信用和银行信用。商业信用是指企业之间在商品交易中以延期收款方式提供的信用，它主要采取赊销商品的形式实现。商业信用的工具是期票和汇票。银行信用是指银行或借贷资本所有者以贷款形式提供给职能资本经营者的信用。此外还有国家信用或公共信用、消费信用、高利贷信用和国际信用，其中国家信用或国债制度，又是交易所投机和现代银行迅速兴盛起来的重要因素。

(3)作用：一是加速了利润率的平均化；二是节省了流通费用；三是加速了资本的积聚和集中；四是进行国民经济宏观调控的重要经济杠杆；五是促进了国际贸易的发展和世界市场的形成和扩大。

9. 试述现代意义上的信用和信用制度。

答：(1)现代意义上的信用是借贷资本的运动形式，是资本关系和资本价值运动的一种特殊形式，反映市场经济复杂的经济关系。

(2)信用制度是资本借贷关系的体系和对资本借贷运动过程的监管与组织形式的总和。

(3)从现代信用和信用制度的根本性质上认识：首先，货币制度是信用制度的基础。其次，银行制度是资本的社会性质得到最充分的实现，但也是引起危机和欺诈行为的一种有效工具。再次，虽然在银行制度下，各种形式的流通信用代替了货币，但信用制度和银行制度永远也脱离不了货币这个基础。最后，信用和信用制度反映一定的社会生产关系。

## 九、计算题

1. 解：(1)银行利润＝(130－10)×5％＋800×(5％－2％)－10＝20(亿美元)

(2)银行利润率＝20÷130＝15.38％

答：(1)银行利润的主要来源是存贷利息之间的差额，经扣除银行职员的工资和其他经营管理费用之后的余额，还有来自承办各种中间业务的手续费、对企业投资所获得的股票红利，以及从事证券交易活动所获得的收益等。

(2)银行是独立经营的金融企业。若银行利润率低于平均利润率,银行资本所有者就会将资本转移至工商部门,直到银行资本也获得大体相同的平均利润,资本转移的过程才会停止,所以,银行利润与产业利润、商业利润的均衡化,是平均利润率规律通过竞争规律作用的必然结果。

2.解:(1)银行利润=(105 000-5 000)×5%+900 000×(5%-3%)-5 000
=18 000(万美元)

(2)银行利润率=18 000÷105 000=17.14%

(3)每张股票价格=100×(9%÷3%)=300(美元)

(4)银行家通过抛售股票又获取:18 000÷100×(300-100)=36 000(万美元)

答:(1)银行利润是贷款利息和存款利息之间的差额,扣除经营银行业务的费用和银行雇员发工资后的那一部分剩余价值。

(2)银行利润的社会性质体现在利润的归属上,而最终又是由银行资本所有权决定的。

(3)在资本主义条件下,银行资本家作为中介人,与借贷资本家和职能资本家一样参与剩余价值的分割,共同剥削雇佣工人,包括对银行雇员的剥削。

(4)在公有制条件下,银行利润是产业部门劳动者创造的剩余价值的一部分,通过贷款利息与存款利息的差额来实现,体现公有制的银行、企业和劳动者个人之间的物质利益关系。

# 第十章　垄断资本和垄断利润

## 一、概念题

1. 垄断:是指少数大企业联合起来,在瓜分市场、制定价格等方面达成正式或非正式的协议。

2.金融资本:由银行垄断资本与工业垄断资本融合生长而形成的一种新型资本。

3.资本参与制:垄断资本通过收买和持有一定数量股票,以达到“股票控制额”来实现对其他企业的控制。

4.资本输出:资本家、资本家集团或国家为了获得高额利息或利润,对国外进行的贷款或投资。

5.国际垄断同盟:资本主义各国最大的垄断组织,通过订立协定而结成的国际性垄断经济联盟。

6.垄断价格:垄断组织凭借垄断地位保证垄断企业获得垄断利润的商品价格,包括垄断高价和垄断低价。

7.垄断利润:垄断资本凭借垄断地位而占有的稳定的高额利润。广义的垄断利润包括平均利润和超额利润,狭义的垄断利润仅指超过平均利润以上的超额利润。

8. 垄断竞争:是指不同于独家垄断或自由竞争的一种市场结构。

## 二、判断题

| | | | | | | |
|---|---|---|---|---|---|---|
| 1.× | 2.× | 3.× | 4.√ | 5.× | 6.√ | 7.√ |
| 8.√ | 9.√ | 10.√ | 11.× | 12.√ | 13.√ | 14.× |

15. √　16. √

## 三、单项选择题

1. D　2. C　3. D　4. C　5. B　6. B　7. D
8. C　9. D　10. C

## 四、多项选择题

1. ABCDE　2. ABCDE　3. ABCDE　4. ABCD　5. ACDE　6. ACDE
7. ABCDE　8. BCDE　9. ABCDE　10. ABE　11. ABCDE　12. BE
13. ADE　14. ABCDE　15. BCDE

## 五、辨析题

1. 正确。

(1)工业资本的集中和垄断促进银行资本的集中和垄断。大公司既有大量闲置资本为大银行提供充足存款来源,又能获得大银行的贷款。大银行能筹集大量货币资本,迅速增强实力,加剧兼并中小银行,走向垄断。

(2)银行垄断形成使银行作用发生了变化,即由一般信贷关系变成万能垄断者。银行垄断资本与工业垄断资本通过股权结合、人事结合的途径相互渗透融合为一种新型资本,即金融资本。

2. 错误。

(1)垄断价格的制定仍然要受到客观经济条件的制约。

(2)其一,垄断价格虽与价值有较大偏离,但从全社会看,垄断部门和非垄断部门的市场价格总量是在社会产品的价值总量基础上进行调节的。

其二,垄断价格制定仍会受到市场需求、供给和成本三因素制约。因而社会产品价值总量仍是垄断价格变动的轴心。

3. 错误。

(1)垄断条件下利润率平均化规律依然存在,只是作用形式发生了变化。

(2)利润率平均化规律不再在全社会范围内发生作用,而是在垄断部门和非垄断部门两个层次范围上发生作用。在垄断部门之间资本转移较为缓慢,但要获得更高更稳定的超额垄断利润。

(3)两个层次范围内形成两种不同水平的利润率,而垄断部门平均利润率高于非垄断部门的平均利润率。

4. 错误。

垄断利润主要来源于四个方面:

(1)垄断企业内部工人创造和剩余价值。

(2)转移一部分非垄断企业工人创造的剩余价值和小生产者创造的价值。

(3)附属国和其他落后国家劳动人民创造的一部分价值。

(4)通过财政再分配获得的国内劳动人民必要劳动创造的一部分价值。

5. 错误。

(1)第二次世界大战后发达国家资本输出的主要流向是发达国家之间相互投资。

(2)出现这种资本输出流向变动的主要原因是:

其一,科技发展和经济全球化导致发达国家跨国公司在全球范围内实现资源有效配置,提高企业竞争力。

其二,第二次世界大战后自然资源和一般劳动力不再成为欠发达地区和国家的比较优势,因而发达国家向欠发达地区和国家的资本输出不再成为国际资本流动的主要流向。

## 六、案例分析题

1. 答:(1)当代国家垄断资本主义条件下垄断与竞争并存的格局仍不会改变。其根本原因是:

第一,垄断或国家垄断并没有消除竞争的动因和基础。商品生产和商品交换是市场竞争的一般基础。市场竞争是市场主体实现经济利益的方式和途径。垄断只是改变市场结构而不能消除竞争的动因和基础。

第二,不存在"绝对的垄断"。发展不平衡规律决定了不可能形成一家垄断组织独霸天下的局面;同时社会需要多样化,并有多变性。这使垄断企业不能囊括一切商品的生产和流动。

第三,科学技术的重大变革和创新是激发垄断竞争的重要因素。科技创新会突破人为垄断的种种限制。科技创新就会缩短产品和行业的生产周期,从而加速产业结构调整和优化。这就使竞争无处不在。

(2)通过微软垄断案至少可领悟以下经济学原理:技术创新是企业竞争的核心;扩大市场份额是企业追求利润最大化的重要途径;垄断并不能消除竞争,垄断与竞争并存;现代市场经济是政府宏观调控与市场经济相结合;政府反垄断行为表明市场机制是市场经济国家资源配置的主要方式。

2. 答:(1)引进外资对发展中国家经济增长存在显著的积极作用:

一是缓解发展中国家资金短缺;

二是带来先进技术和企业管理经验;

三是促进市场公平竞争和完善。

(2)发展中国家引进外资特别要减弱以下负面影响:

一是传统工业或落后工业转移所造成的污染和公害;

二是附属于资本输出的商品输出价格高于国际市场;

三是输出国可能操纵某些部门控制权等。

## 七、问答题

1. 在金融资本形成过程中银行的作用发生了怎样的变化?

答:(1)在自由竞争时期,银行的主要作用是充当支付的中介人。银企关系是一种不固定、松散的信贷关系。

(2)在垄断形成过程中,大银行因向企业提供巨额贷款,就必须通过各种途径对企业加以监督和控制。银行就从一般信贷关系变成了万能垄断者。

2. 金融寡头是怎样实现经济上和政治上的统治的?

答:(1)金融寡头主要通过资本参与实现经济上统治。垄断资本家通过收买和持有一定数量股票,并达到股票控制额,层层控制其他公司资本,最终能直接或间接控制比自身资本大几倍和十几倍的社会资本。

(2)金融寡头采用"个人联合"方式实现政治上统治。一方面或亲自出马或委托代理人出任政府高官,掌握政权;另一方面聘用高官任大公司的高级职务,或收买政客等。

3. 从自由竞争中成长起来的垄断为什么不能消除竞争,而是与竞争并存?

答:垄断与竞争并存的原因在于:

(1)垄断并没有消除竞争的动因和基础。商品生产和商品交换是市场竞争的一般基础。市场竞争是市场主体实现经济利益的方式和途径。垄断形成并没有消除商品经济和市场经济,竞争必然存在。

(2)不存在"绝对的垄断"。不可能形成一家垄断组织独霸天下的局面;社会需求多样性和多变性,也必然给非垄断企业获得生存空间。因此,竞争不可避免。

(3)科学技术的重大变革和创新是激发垄断竞争的重要因素。科技进步会突破人为垄断,并缩短生产周期促进产业和产品的调整和优化导致垄断与竞争并存。

4. 随着商品经济和生产社会化的发展,垄断组织形式经历了怎样的演变过程?

答:为适应商品经济和生产社会化要求,垄断组织形式也依次由初级向高级发展,其主要演变过程是卡特尔、辛迪加、托拉斯、康采恩,直至第二次世界大战后跨国公司成为现代垄断企业的主要形式。

5. 垄断资本主义有哪些基本经济特征?

答:垄断资本主义有以下基本特征:(1)私人垄断成为资本主义经济中稳固的、普遍的、占统治地位的基本现象,是其他经济特征的基础。

(2)金融资本形成和金融寡头实现经济上和政治上的统治。

(3)资本输出。

(4)国际垄断同盟。

(5)殖民地垄断和新殖民主义。

## 八、论述题

1. 试述垄断资本形成的基本动因以及垄断条件下资本竞争的特点。

答:生产和资本集中到一定高度就自然而然地形成垄断。垄断资本形成的直接动因有以下三方面:

(1)资本追求利润、实现价值增值的本质特点决定生产和资本高度集中,以至形成大资本独占并在一定条件下的相互联合和勾结。

(2)随着资本积累,资本有机构成提高,加速利润率下降。这就迫使资本从高度集中走向垄断。

(3)规模经济效益促使少数大资本走向垄断。

(4)垄断条件下资本竞争的主要特点是:一是垄断竞争与非垄断竞争并存;二是价格竞争与非价格竞争并存;三是国内竞争与国际竞争并存。

2. 试述资本输出的必要性和资本输出对输出国和输入国的双重作用。

答:(1)资本输出的必要性:一是为过剩资本寻找高额利润;二是为商品输出开路;三是

控制原料产地和重要资源；四是争夺霸权地位等。

(2)资本输出对输出国的双重作用：一方面通过全球范围内资源优化配置获得高额垄断利润和其他经济利益；另一方面会导致产业空心化和投资不足、竞争力下降等负面影响。

(3)资本输出对输入国的双重作用：有选择的资本输入，一方面可以带来先进的技术、产业项目和管理经验，提高劳动生产率，有利于缓解发展中国家的资本短缺等；另一方面，资本输入国同时必须尽可能地减弱资本输入产生的负面影响，如污染和破坏性开发，对附属于资本输出的商品输出以高于国际市场的价格牟取暴利，可能控制输入国的某些部门，等等。有利于商品经济发展，缓解各种生产要素的短缺。

3. 试比较平均利润和垄断利润的主要区别，并阐述垄断利润出现后对利润率平均化规律的影响。

答：平均利润与垄断利润在以下方面有区别：

(1)形成过程区别：前者是自由竞争时期资本在部门之间自由转移的结果；后者是垄断资本凭借垄断地位而获取的。

(2)数量区别：前者按资本和平均利润率获得；后者大大高于前者。

(3)来源区别：前者是社会剩余价值总额按资本重新分配，来源于全社会产业雇佣工人所创造的剩余价值。后者主要来源于以下四方面：

一是垄断企业内部工人创造的剩余价值；

二是非垄断企业工人创造的剩余价值与生产者价值的转移；

三是其他落后国家创造的一部分价值；

四是财政收入再分配的转移。

(4)垄断利润并不会否定利润率平均化规律，而是使平均利润二重化。利润率平均化规律表现为在垄断部门和非垄断部门两个层次范围内发生作用，并形成两种不同水平的平均利润率。

4. 有舆论经常批评我国国有企业的生产经营集中度太高。请对照发达国家，做出辩证分析。

答：(1)私人在国内外的垄断、资本主义国家垄断以及相互间的垄断同盟，属于资本主义私有制范围内经济关系和产权制度的调整，对生产力既有促进的一面又有阻碍的一面，各种垄断导致的诸多弊端和经济社会矛盾使人们有理由严厉批判之。

(2)在社会主义市场经济格局中，应该注意反对西方各种垄断组织在我国的不良行为，防止我国私人垄断企业的出现，但社会主义国家的某些垄断尤其是国有企业的生产经营高度集中的非独家垄断不应反对。因为在经济全球化条件下，积极发展我国全民所有制性质的托拉斯、康采恩、综合商社、财团一类的国有企业集团或跨国公司，对参与国内外中高端竞争是非常必要的。

(3)现阶段，国内外的反垄断法均反对价格同盟、捆绑销售等不良垄断行为，但不反对生产经营高度集中的非独家垄断。那种反对我国国有企业的生产经营高度集中，以为现代市场经济还是 19 世纪中小企业自由竞争的时代，是极其错误的。

# 第十一章　土地所有权和地租

## 一、概念题

1. 土地制度：是指人们在占有、支配和使用土地的过程中所结成的各种关系的总和，是一个国家或社会人地关系及其人与人关系的法定结合形式。

2. 土地资本：投入土地、固定在土地上与土地合并的资本。

3. 土地所有权：土地所有者在法律规定的范围内，对土地享有占有、使用、处分和收益的权利。

4. 地租：土地租种者为租用土地而向土地所有者支付的经济代价，是土地所有权在经济上的实现。

5. 资本主义地租：农业资本家由于租用土地而交给土地所有者的超过平均利润的那部分剩余价值，体现土地所有者、农业资本家、农业工人三者的经济关系。

6. 社会主义地租：社会主义联合劳动者经济利益的实现形式，体现国家、集体与土地经营和使用者之间的经济关系。

7. 绝对地租：租用任何土地都必须缴纳的地租，它是由土地所有权的垄断而产生的，是土地所有权在经济上的实现形式。

8. 级差地租：与土地等级相联系，因土地经营权的垄断而形成的农产品社会生产价格与个别生产价格的差额构成级差地租，是超额剩余价值的转化形式。

9. 垄断地租：在土地稀缺和特殊优越性的条件下，因土地经营权的垄断通过规定垄断价格带来的超额利润所形成的地租。

10. 土地价格：是资本化的地租，土地价格＝地租/利息率。

## 二、判断题

| | | | | | | |
|---|---|---|---|---|---|---|
| 1. × | 2. × | 3. × | 4. √ | 5. √ | 6. √ | 7. √ |
| 8. × | 9. × | 10. √ | 11. √ | 12. × | 13. × | 14. √ |
| 15. √ | 16. × | | | | | |

## 三、单项选择题

| | | | | | | |
|---|---|---|---|---|---|---|
| 1. D | 2. B | 3. D | 4. A | 5. D | 6. D | 7. D |
| 8. C | 9. B | 10. B | | | | |

## 四、多项选择题

| | | | | | |
|---|---|---|---|---|---|
| 1. ABCDE | 2. BCDE | 3. ABCE | 4. BCDE | 5. BC | 6. AB |
| 7. BD | 8. ABCE | 9. CDE | 10. CDE | 11. BDE | 12. AC |
| 13. ACDE | 14. ABCDE | | | | |

## 五、辨析题

1. 错误。

(1)级差地租是在土地优劣不等的条件下,因土地经营权垄断而形成的。

(2)由于农产品以劣等地的个别生产价格作为社会生产价格,中等地、优等地都能获得社会生产价格高于个别生产价格的差额。

(3)因此,级差地租是由社会生产价格高于个别生产价格的差额构成的。

2. 错误。

地租是土地所有权在经济上的实现形式,不论是土地私有制还是土地公有制,只要土地所有权与土地使用权分离,必须缴纳地租才能获得土地使用权。

3. 错误。

(1)农产品社会生产价格的决定与工业品不同,因为土地资源有限,好的更有限,土地资源不能如先进的机器、设备那样制造出来。

(2)农产品生产一定要租种土地,缴纳地租,农业投资者一定要获得超额利润。这就决定了农产品社会生产价格由劣等地个别生产价格决定,而中等地和优等地则可获得更高的超额利润。

4. 错误。

(1)形成绝对地租的原因不是土地经营权的垄断,而是土地所有权的垄断。

(2)租种一切土地都必须缴纳地租。拥有土地所有权就要求使用者缴纳地租。

(3)地租是土地所有权在经济上的实现形式。

5. 正确。(1)封建地租是以封建土地私有制为前提,并存在不同程度的超经济强制关系,地主对农民或农奴进行直接剥削,因而封建地租反映地主直接占有农民或农奴剩余劳动的关系。

(2)资本主义土地所有制是以土地所有权与土地使用权相分离为特征,资本主义地租体现了土地所有者、农业资本家和农业雇佣工人三者经济关系。农业资本家与农业工人是劳动力买卖契约关系;农业资本家缴纳地租获得土地使用权。

(3)资本主义地租是农业资本家交给土地所有者的超过平均利润的那部分剩余价值。

**六、案例分析题**

1. 答:(1)在社会主义土地公有制条件下,土地所有权依然存在,土地的国家所有和土地的集体所有属于不同的利益主体。不同的利益主体也不能无偿割让土地所有权和转让土地使用权。

(2)地租是土地所有权在经济上的实现形式。在土地所有权和土地使用权分离时,用缴纳地租的形式实施土地有偿转让是符合所有权利益和市场经济规律的。因此,只要存在土地公有权的垄断,就存在绝对地租。

(3)我国土地的有偿使用可发挥积极作用。一是一切企业要取得土地使用权、经营权都必须缴纳地租,从而有利于调节国家、集体和个人的经济利益。二是由于土地资源有限,土地的有偿使用能刺激土地经营者对土地的节约使用,提高土地使用经济效益。三是地租是调节经济的杠杆。土地有偿使用能实现土地资源优化配置,使土地使用与国民经济其他产业发展相协调。

2. 答:(1)级差地租形成的条件是土地的不同等级而产生的级差生产力,土地经营权的垄断是级差地租形成的原因,农产品的社会生产价格由劣等地的个别生产价格所决定。

(2)由于土地经营权的垄断,经营中等地和优等地都能得到社会生产价格与个别生产价格的差额。这一差额构成级差地租。

(3)本案例中,除定西市外都可获得级差地租。

3. 答:(1)上海房价的上涨体现了土地价格的长期上涨趋势。土地价格受到诸多因素的影响,包括地租总量(绝对地租、级差地租和垄断地租),土地的价值补偿和利息(即投在土地上所耗费劳动总和),土地上固定资产的折旧和利息,土地使用权出让的期限,银行利率水平,对土地的需求状况,国家的经济政策及土地的利用规划,土地投资者的理性预期等。对上海而言,城市连续投资极大提升了地租总量,且市场对土地的需求极为旺盛,土地投资者也持有价格上涨的预期,这些因素都会推高土地价格,从而使上海房价不断上涨。

(2)上海房价的区域差异反映了城市土地也具有绝对地租、级差地租和垄断地租。其中,城市绝对地租是任何土地都要收取的地租;城市级差地租是由于土地的区位条件和连续投资等原因而形成的地租;城市垄断地租是具有特殊功能或特殊位置的城市土地所带来的地租。上海不同区域房价差异的主要原因就在于地租不同造成的土地价格也不同,市中心地区由于土地的区位条件和连续投资等原因具有更高的级差地租,老洋房等则是由于其土地的特殊性而形成垄断地租。

## 七、问答题

1. 级差地租Ⅰ和级差地租Ⅱ有何异同?

答:(1)级差地租两种形式相同点:一是形成条件是土地的级差生产力不同;二是形成原因是土地经营权的垄断;三是由社会生产价格与个别生产价格差额构成;四是来源于农业工人创造的剩余价值。

(2)级差地租两种形式相异点:一是级差地租Ⅰ是由土地丰度和地理位置不同而形成等量资本具有不同的劳动生产率。级差地租Ⅱ是在同一地块上连续投资形成不同的效率。二是前者与粗放经营相联系,后者与集约经营相联系。三是前者在缔结租约时,已为土地所有者占有,后者在租期内则为土地经营者所得。

2. 绝对地租形成的条件、原因和构成实体是什么?

答:(1)绝对地租形成的条件是农业资本有机构成低于社会平均资本有机构成。土地所有权的垄断是形成绝对地租的原因。

(2)因为土地所有权垄断限制了资本向农业自由转移,从而导致农业部门生产的剩余价值不参与平均利润率的形成,使农产品能够按照高于生产价格的价值出售。

(3)因此,农产品价值与生产价格的差额构成绝对地租的实体,其实质仍为工人创造的剩余价值的一部分。

3. 土地价格的实质是什么? 土地价格是怎样决定的?

答:(1)土地价格实质是资本化的地租。

(2)土地价格=地租/利息率。

4. 地租作为一种经济杠杆具有哪些积极作用?

答:(1)地租作为经济杠杆能调节资本投资方向。

(2)促进土地经营者节省使用土地,优化配置,实现土地利用的社会效益、经济效益和生态效益的统一。

(3)调节土地所有者、土地经营使用者以及直接劳动者的三者关系，调节农产品价格以平衡社会总供给和社会总需求。

5. 垄断地租形成的条件和原因是什么?

答:(1)垄断地租形成的条件是某种土地特殊优越性和稀缺性。形成的原因是对这类土地的经营权的垄断。

(2)因为土地稀缺性和特殊优越性会使产品数量极为有限，由于存在土地经营权的垄断，土地经营者就可按高于价值的垄断价格来销售产品。

(3)垄断价格是由购买者的欲望和支付能力所决定的，能带来垄断超额利润，垄断超额利润即是垄断地租的实体。

6. 邓小平强调的中国特色社会主义农业的改革与发展要有“两个飞跃”是什么?

答:(1)关于包括土地制度在内的我国社会主义农业的改革和发展目标，邓小平多次强调“两个飞跃论”。第一个飞跃，是废除人民公社，实行家庭联产承包为主的责任制，这是一个很大的前进，要长期坚持不变。

(2)第二个飞跃，是适应科学种田和生产社会化的需要，发展适度规模经营，发展集体经济。这是又一个很大的前进，当然这是很长的过程。这是根本解决我国“三农”问题的一个战略思路。

## 八、论述题

1. 试述级差地租和绝对地租形成的条件和原因。

答:(1)级差地租形成的条件是土地的不同等级而产生的级差生产力。土地经营权的垄断是级差地租形成的原因，由于农产品的社会生产价格由劣等地的个别生产价格所决定，因此中等地、优等地的土地经营权的垄断使个别生产价格与社会生产价格的差额成为超额利润。级差地租就是由这部分超额利润转化而来的。

(2)绝对地租形成的条件是农业资本有机构成低于社会平均资本有机构成。土地所有权的垄断是绝对地租形成的原因，在土地所有权与土地使用权相分离的条件下，为了获得土地使用权必须缴纳地租，地租成为土地所有权在经济上的实现形式。

2. 为什么说地租是历史范畴? 试比较封建地租与资本主义地租的主要区别。

答:(1)不同的土地所有权存在不同性质的地租，体现不同的社会生产关系，因此，地租是一个历史范畴。

(2)封建地租与资本主义地租有以下区别:

一是前提不同，前者在封建土地私有制下存在超经济强制关系;后者在资本主义土地私有制下以商品经济契约关系为基础。

二是体现社会关系不同，前者体现土地所有者直接占有农民的剩余劳动;后者体现土地所有者与农业资本家共同占有农业工人所创造的剩余价值。

三是构成实体不同，前者由农民或农奴的剩余劳动甚至一部分必要劳动构成;后者由超过平均利润以上的剩余价值构成。

3. 什么是绝对地租? 城市经济中绝对地租有什么特点?

答:(1)只要使用所有者的土地就必须支付的地租，是由土地所有权的垄断而产生的，是土地所有权在经济上的实现形式。

(2)特点在于：

第一，城市绝对地租主要是由使用城市土地的工业、商业、金融业和服务业等二、三产业提供的。

第二，城市绝对地租量是由毗邻城市或城市边缘地区的地租量调节的。

第三，城市最低等地的评价具有相对性。究其缘由：一是不同行业对所用土地的优劣有不同的标准；二是随着城市政治、经济、文化以及交通的发展会出现城市中心的多元化，至此原来处于最低等级的城市土地，会因郊区农业土地的划入而发生变化，发展成为中心地段。

4. 在我国社会主义土地公有制的条件下，绝对地租为什么仍然存在？地租可发挥哪些调节经济的作用？体现了怎样的社会经济关系？

答：(1)地租是土地所有权在经济上的实现形式。社会主义依然存在土地公有权，只要土地公有权与土地使用权相分离，拥有土地公有权，就必然要求实现经济利益，即地租。

(2)地租是调节经济的杠杆。一是能调节资本投资方向，刺激土地经营者节省使用土地，实现土地利用的社会效益、经济效益和生态效益的统一；二是调节国家、集体与土地经营者的利益关系等。

(3)社会主义土地公有制条件下的地租体现了国家、企业和劳动者个人三者的经济关系。

5. 什么是矿山地租？矿山地租有什么特点？

答：(1)矿山地租是租用矿山从事采掘业的经营者向矿山所有者交付的地租。它包括级差地租、绝对地租和垄断地租三种形态。

(2)矿山级差地租。矿山生产具有两个显著特点：其一，矿产品生产的劳动对象是天然存在的矿山资源，它具有不可再生性和有限性；其二，矿产资源的优劣必然会造成各矿山企业生产费用的差异。矿山资源上述特点的存在，一方面，使有限的矿产资源随着社会生产的发展而不断减少；另一方面，社会生产的发展要求扩大可供开采的矿产资源的经济界限，从而使矿产品的社会生产价格必须由最劣等矿山决定。

(3)矿山绝对地租。由于采掘矿藏一般不需要购买原料，资本的有机构成通常低于社会平均资本有机构成，因而矿产品的价值就高于它的生产价格。同时，在矿山所有权垄断下，阻碍了资本自由转向和利润的平均化，使得矿产品可以按照其价值出售。这部分超额利润只能留在采矿部门，转化为绝对地租。

(4)矿山垄断地租。对那些蕴藏珍贵稀有矿物的矿山经营垄断，开采的这些矿藏品，可以垄断价格出售获取垄断的超额利润。这些垄断超额利润，就构成了向矿山所有者提供的垄断地租。

## 九、计算题

1. 解：(1)先求农产品的社会生产价格：

每千克农产品的社会生产价格＝(10＋10×20%)÷4＝3(万元)

求级差地租Ⅰ＝单位农产品社会生产价格×优中等地初次投资比劣等地超产数

＝3×(7＋5－4×2)＝12(万元)

(2)求级差地租Ⅱ＝单位农产品社会生产价格×追加投资比劣等地超产数

＝3×(8＋6－4×2)＝18(万元)

(3)绝对地租:根据工业情况先求剩余价值率,

$m'=m/v=(K\times p')\div v=[(8+2)\times 20\%]\div 2=100\%$

因此,单位农产品的绝对地租=(劣等地剩余价值-平均利润)÷劣等地产量

$=(4v\times 100\%m'-10c\times 20\%p')\div 4=0.5$(万元)

绝对地租总额=单位农产品的绝对地租×农产品总量

$=0.5\times(7+8+5+6+4)=15$(万元)

(4)土地价格:先求地租总量=级差地租Ⅰ+级差地租Ⅱ+绝对地租

$=12+18+15=45$(万元)

土地价格总额=45÷3%=1 500(万元)

每公顷土地价格=1 500÷1 000=1.5(万元)

答:(1)级差地租Ⅰ是12万元。

(2)级差地租Ⅱ是18万元。

(3)绝对地租是15万元。

(4)存款利率为3%时,每公顷土地价格是1.5万元。

2. 答:(1)A、B两块土地通过追加投资都能获得级差地租。

(2)填表如下:

| | | | |
|---|---|---|---|
| A块土地获 | 0元Ⅰ | B块土地获 | 60元Ⅰ |
| 第一次追加获 | 30元Ⅱ | 第一次追加获 | 105元Ⅱ |
| 第二次追加获 | 60元Ⅱ | 第二次追加获 | 120元Ⅱ |

(3)第一,级差地租两种形式相同点:一是形成条件是土地的级差生产力不同;二是形成原因是土地经营权的垄断;三是由社会生产价格与个别生产价格差额构成;四是来源于农业工人创造的剩余价值。

第二,级差地租两种形式相异点:一是级差地租Ⅰ是由土地丰度和地理位置不同而形成等量资本具有不同的劳动生产率。级差地租Ⅱ是在同一地块上连续投资形成不同的效率。二是前者与粗放经营相联系,后者与集约经营相联系。三是前者在缔结租约时,已为土地所有者占有,后者在租期内则为土地经营者所得。

# 第十二章　国民收入分配与消费

## 一、概念题

1. 国民收入:是指社会总产品中扣除用来补偿已经耗费的生产资料之后的余额而形成的收入。

2. 国民生产总值:是指一个国家或地区的居民在一年内所生产出来的全部最终产品和劳务的价值总和。

3. 国内生产总值:是既定时期一国领土范围内生产的最终产品和劳务的价值总和。

4. 绿色GDP:即指传统GDP减去自然资产的损失。

5. 居民储蓄:居民收入中未被消费的部分。在数量上等于居民个人可支配收入减去消

费后的差额。

6. 按劳分配：是指在生产资料公有制的条件下，社会对社会总产品进行了各种必要的扣除之后，把剩下的部分作为个人消费品按劳动者向社会提供的劳动数量和质量进行分配。

7. 按生产要素分配：是指社会根据各种生产要素在商品和劳务生产过程中的投入比例和贡献大小及产权关系给予的报酬，即劳动力、土地、资本、技术、信息、管理等要素凭借产权共同参与收益分配。

8. 经济公平：是指有关经济活动的制度、权利、机会和结果等方面的平等合理。

9. 消费水平：从宏观角度考察是指社会全体消费者的物质文化需要得到满足的程度，或者说是社会提供给众多消费者用于消费的产品和服务的数量和质量。从微观的角度考察，就是消费者及其家庭生活需要的满足程度，或者是消费者及其家庭得到或可支配的消费品和服务的数量和质量以及金融资产的情况。

10. 消费方式：是指人们采取什么样的方法、途径和形式去消费消费资料，以满足各种物质和精神的需要。也就是消费者个体或群体与消费资料的结合方式。

## 二、判断题

| | | | | | | |
|---|---|---|---|---|---|---|
| 1. √ | 2. × | 3. √ | 4. × | 5. √ | 6. × | 7. × |
| 8. × | 9. √ | 10. √ | 11. √ | 12. √ | | |

## 三、单项选择题

| | | | | | | |
|---|---|---|---|---|---|---|
| 1. D | 2. A | 3. B | 4. D | 5. D | 6. B | 7. C |
| 8. C | 9. A | 10. A | | | | |

## 四、多项选择题

| | | | | | |
|---|---|---|---|---|---|
| 1. ACDE | 2. CD | 3. ABDE | 4. BCDE | 5. BCE | 6. ABD |
| 7. ABCD | 8. ABC | 9. ACD | 10. ABCD | | |

## 五、辨析题

1. 正确。

(1)个人收入分配是社会生产成果分配的组成部分，而社会生产力水平又制约着产品的分配方式。

(2)社会分配方式本身也是生产关系的内容之一，必须适应生产力发展的水平。

2. 错误。

(1)马克思主义经济学中国民收入是指劳动者在一定时期内新创造的价值，即产品价值构成中的 $V+M$ 部分；与西方经济学的国民生产净值和狭义国民收入的概念比较接近。

(2)区别在于：马克思主义经济学认为，只有物质生产劳动才创造国民收入；而西方经济学则认为，除了物质生产劳动，一切有偿的劳务活动包括艺术等活动都会创造国民收入。

3. 错误。

(1)经济公平的内涵远远大于收入平均的概念。从经济活动的结果来界定的收入分配是否公平，只是经济公平的含义之一，结果公平至少也有财富分配和收入分配两个观察角度，财富分配的角度更重要。

(2)把经济公平和结果平等视为收入均等化或收入平均化是严重的逻辑错误。

4. 正确。

(1)机会、规则平等可告诫人们，依靠偏离规则、钻空子、玩弄权术等无利可图，辛勤劳动、善于经营积极投入是取得财富的基本途径，其结果是促进竞争、提高效率。

(2)收入分配公正，人们获得劳动成果的差距体现要素投入的差距，加上税收的必要调节，财富的占有就不可能过于悬殊。这样，社会成员由分配不公引起的心理失衡基本消失。

(3)收入分配和财富占有的社会公正就意味着各类财产能得以有效保护，尤其是公共财产不至于被权力侵吞，因而有利于各类财产正常投入运营。

(4)收入分配的社会公正包含着维持社会成员基本生存需要的规定，这是文明社会的标志。一个国家、地区如果一部分人十分富有，而另一部分极度贫困，社会稳定、社会秩序必然受到挑战。

5. 正确。

(1)消费的自然性质即指人们通过对生活资料的消费，解决衣、食、住、行、用等生活需要，这是纯生理意义上的消费，是人的再生产过程。

(2)消费的社会属性就是人们在实际支配或取得生活资料过程中结成的人与人之间的社会消费关系。它的性质取决于生产关系。

6. 正确。

(1)消费水平如果影响了积累，会直接影响下一时期的产出，从而减少下一时期的可消费的产品数量，最终影响消费水平的提高。

(2)消费水平的提高如果超过国民收入和劳动生产率的增长速度，也会对未来的产出乃至消费产生影响。

## 六、案例分析题

答：(1)在社会主义市场经济条件下，尤其是社会主义初级阶段，社会生产力水平不高，社会发展水平不高，还不具备单一的按劳分配条件，为了调动各类生产要素所有者的积极性，有效配置社会资源，必须在按劳分配为主体的同时，积极发展多种分配方式，按劳分配与按生产要素分配相结合。

(2)在处理按劳分配和按要素分配的关系上，要坚持按劳分配在整个国民收入分配中占主体。按劳分配的范围和数量都占主体，由此保证社会主义分配制度的性质，保证社会主义的方向。

(3)在非公有制经济中经济实行按生产要素分配的方式，拓宽要素分配的范围和种类。即使在公有制经济中，也应适当采用按要素分配的方式，如职工持股分红、经营者风险收入等方式以调动生产者和经营者的积极性。

## 七、问答题

1. 决定国民收入量的因素有哪些？

答：(1)劳动生产率的提高。

(2)生产劳动投入量。

(3)科学技术、管理水平和社会分工的发展。

(4)生产资料使用效率的提高。

2. 初级社会主义按劳分配制度的特点是什么?

答:(1)按劳分配不是全社会统一的、唯一的分配原则,其作用还被局限于公有制经济内部。

(2)按劳分配的主体不是社会,而是企业。

(3)企业作为消费品分配的主体,把本企业劳动者联合劳动产品通过交换所实现的社会必要劳动量,在企业内部劳动者之间实行按劳分配。

(4)市场型的按劳分配要借助于货币来进行,而不是直接用劳动时间、用社会凭证或劳动券来实现。

3. 影响居民消费结构的因素是什么?

答:(1)产业结构的变动对消费结构的影响很大。

(2)价格变动也会影响消费结构。

(3)一些非经济因素如人口数量、构成等也会影响消费结构。

## 八、论述题

1. 试述我国现在的收入分配制度的内容、原因及其特点。

答:(1)在社会主义市场经济条件下,尤其是社会主义初级阶段,社会生产力水平不高,社会发展水平不高,还不具备单一的按劳分配条件,为了调动各类生产要素所有者的积极性,有效配置社会资源,必须在按劳分配为主体的同时,积极发展多种分配方式,按劳分配与按生产要素分配相结合。

(2)在处理按劳分配和按要素分配的关系上,要坚持按劳分配在整个国民收入分配中占主体。按劳分配的范围和数量都占主体,由此保证社会主义分配制度的性质,保证社会主义的方向。

(3)在非公有制经济中实行按生产要素分配的方式,拓宽要素分配的范围和种类。即使在公有制经济中,也应适当采用按要素分配的方式,如职工持股分红、经营者风险收入等方式以调动生产者和经营者的积极性。

2. 试述收入分配中公平与效率之间的辩证关系。

答:(1)公平与效率是人类经济生活中的一对基本矛盾,是经济学论争的主题。

(2)从内在机理来看,公平与效率是相互依存和相互促进的。具体表现在以下四方面:

第一,机会、规则平等可告诫人们,依靠偏离规则、钻空子、玩弄权术等无利可图,辛勤劳动、善于经营和积极投入是取得财富的基本途径,其结果是促进竞争、提高效率。

第二,收入分配公正,人们获得劳动成果的差距体现要素投入的差距,加上税收的必要调节,财富的占有就不可能过于悬殊。这样,社会成员由分配不公引起的心理失衡基本消失。

第三,收入分配和财富占有的社会公正就意味着各类财产能得以有效保护,尤其是公共财产不至于被权力侵吞,因而有利于各类财产正常投入运营。

第四,收入分配的社会公正包含着维持社会成员基本生存需要的规定,这是文明社会的标志。一个国家、地区如果一部分人十分富有,而另一部分极度贫困,社会稳定、社会秩序必然受到挑战。

(3)结论:效率与公平是相促互补关系。

3. 试述资本主义与社会主义条件下居民消费性质的不同。

答:(1)在资本主义制度下,工人的生活消费性质与资本雇佣劳动相联系,工人及其家庭的消费实际是为剩余价值的生产而生产劳动力。

(2)社会主义条件下居民个人消费与社会主义公有制相联系,体现了社会主义的性质:

一是社会主义消费是与社会主义生产目的相联系的;

二是社会主义消费以实现共同富裕为目标的;

三是社会主义消费是在生产不断增长的基础上不断增长的消费。

# 第十三章　国家调节微观经济

## 一、概念题

1. 公共产品:是指那些为社会公共生活需要,私人不愿意生产或无法生产而由政府提供的产品与劳务。

2. 竞争性:是指某人已经使用了某个产品,则其他人就不能再同时使用该产品。

3. 排他性:只有对产品支付价格的人才能够使用该产品。

4. 市场的不完全性:是指由于垄断因素的存在,市场中的各种资源无法通过自由流动来有效地进行合理配置。

5. 市场的不完善性:是指由于市场的价格信号呆滞,交易不规范、不公正,造成了资源的逆向流动和配置,以至于引起市场的无效与失败。

6. 信息不对称:是指市场没有提供完备的信息,也缺乏有效配置信息的机制,当一些人所拥有的信息比其他人多时,或无法获得完备的信息时,市场就处于不对称信息或不完全信息状态。

7. 市场管理:是指国家运用多种手段对市场经济活动进行监督、控制、协调和疏导。

8. 价格管理:是指国家按照客观经济规律的要求,通过制定国家的物价法律法规和正确的物价管理原则,建立科学的价格管理模式和管理方法,对商品价格和服务价格的形成过程进行计划、调节、控制和监督。

9. 行业管理:是以国家的产业政策为指导,通过国家职能作用的发挥,采取有效的组织形式和手段,理顺行业关系,激发企业活力,合理有效地利用社会资源等一系列活动的总称。

## 二、判断题

1. √　2. √　3. √　4. ×　5. ×　6. √　7. √
8. ×　9. ×　10. √

## 三、单项选择题

1. A　2. B　3. C　4. A　5. D　6. D　7. C
8. A

## 四、多项选择题

1. AB　2. ABCDE　3. ADE　4. ABCDE　5. ACDE　6. ABCDE
7. ABCDE　8. CE　9. ABCDE　10. BCD

## 五、辨析题

1. 正确。

(1)由于市场的不完全性、不完善性,信息的不对称性等“市场失灵”问题靠市场自身是无法克服的。

(2)为了避免市场经济运行陷入无调节的状态,需要国家采取公共供给、公共引导和公共管理的方式调节微观经济,以弥补“市场失灵”。

2. 错误。

国家提供公共产品的方式通常可分为三种:

(1)一种是国家通过直接建立国有企业或者让私人企业参股来生产提供公共产品、进行基础设施和高科技的开发。

(2)一种是国家通过向私人企业大量订货,使其按国家要求生产,国家购买其所生产的产品和服务。

(3)一种是国家不直接经营公共部门或某些产业,而是通过立法、补贴或行政限制干预这些领域的经济活动。

3. 错误。

(1)生产的外部不经济是指生产者的行为给他人造成了损失而又未给他人以补偿。

(2)消费的外部不经济是指消费者的行为使其他人付出代价,而又未给他人以补偿。

(3)吸烟者在公共场所吸烟,危害了其他人的身体健康而又没有支付补偿,这属于消费的外部不经济。

4. 正确。

(1)生产的外部不经济是指生产者的行为给他人造成了损失而又未给他人以补偿。

(2)一般而言,企业不治理环境污染能降低成本,但私人成本的减少是以社会成本的增加为代价的,以致给社会和他人带来损害。

(3)生产的外部不经济,不能靠市场经济本身自发调节和纠正,必须由国家来调节和管理,其中最主要的是环境保护政策。

5. 错误。

(1)社会主义国家的国有企业兼有双重职能:一是作为制度存在的基础,即作为社会主义公有制的实现形式;二是作为政府宏观调控的手段和工具。

(2)在社会主义市场经济中,国有经济应充分发挥其主导作用:一是基础服务功能;二是支柱构筑功能;三是流通调节功能;四是技术示范功能;五是社会创利功能;六是产权引导功能。

## 六、案例分析题

1. 答:(1)市场机制低效率或无效率地配置资源,被称为市场失灵。造成市场失灵的主要原因是市场的不完全性、不完善性，信息的不对称性以及外部性的存在。

(2)从经济学的角度看，火车通过农田无论结果如何，其实都说明了同一件事：市场经济中外部性与市场失灵的关系。

(3)外部性又称外部效应，是指某个经济主体生产和消费物品及服务的行为不以市场为媒介而对其他的经济主体产生的附加效应的现象。外部性的主要内容有三条：一是个人或厂商、团体的决策及行动直接影响他人的生产和消费；二是这种影响不经过市场或不以市场为媒介；三是影响他人的成本或效用。也就是说，这种行为的某些成本并不由从事这项活动的当事人(买卖双方)承担，而由与这项活动无关的第三方承担，这种成本被称为外在成本或社会成本。同样，这种活动的某些收益也不由从事这项活动的当事人获得，而由与这项活动无关的第三方获得，这种收益被称为外在收益或社会收益。前一种情况称为负外部性，后一种情况称为正外部性。

(4)列车对农田的影响就是存在外部性的情况。在庇古所看到的情况下，铁路公司列车运行对农业生产带来的损失并不由铁路公司和客户承担，而由既不经营列车又不用列车的农民承担，即存在负外部性，有外在成本或社会成本。

在施蒂格勒和阿尔钦所看到的情况下，列车运行在客观上起到了“稻草人”的作用，给农业生产带来好处。但铁路公司并不能对此收费，利益由与列车运行无关的农民无偿获得。这就存在正外部性，有外在收益或社会收益。

(5)根据经济学原理，每个人都为自己的利益最大化从事经济活动，通过价格的协调实现社会资源配置的最优化。但当存在外部性时，它必然导致市场机制在资源配置领域产生种种扭曲，其结果是不可能自动形成社会资源的最优配置。

(6)解决外部效应问题成为国家调节微观经济的重要内容。例如，利用政府力量对造成负外部性的经济主体征税或者罚款，以提高该产品的私人成本，使社会成本与私人成本相等；或者政府直接限制具有负外部性的产品的产出量，直至禁止它的生产活动。

2. 答：(1)这一言论是错误的。

(2)社会主义国家的国有经济是国家为了实现公有制的基础地位，由国家代表全国人民行使资产的所有权，把大量资产集中在国家手里，由国家采用一定的管理形式进行资源配置，以推动经济增长和经济发展。

(3)社会主义国家的国有企业兼有双重职能：

一是作为制度存在的基础，即作为社会主义公有制的实现形式；

二是作为政府宏观调控的手段和工具。

(4)社会主义国有经济在社会主义市场经济中的主导作用有：

一是基础服务功能；

二是支柱构筑功能；

三是调节流通功能；

四是技术示范功能；

五是社会创利功能；

六是产权引导功能。

(5)只有企业才是生产、流通和分配的直接承担者，是生产力发展、技术进步和两个文明的物质力量。如果没有这样一批国有企业作为支持公有制的微观物质基础，公有制的主体地位就难以确立和保证，按劳分配也就没有实现的载体，人民收入的增加和全面小康就难以实现。

## 七、问答题

1. 国家调节微观经济的必要性何在？

答：(1)公共产品的特性需要国家来提供公共产品。

(2)由于市场的不完全性、不完善性，信息的不对称性以及外部效应的存在等“市场失灵”问题靠市场自身是无法克服的。

(3)为了避免市场经济运行陷入无调节的状态，需要国家采取公共供给、公共引导和公共管理的方式调节微观经济，以弥补“市场失灵”。

2. 国家调节微观经济的方式是什么？

答：国家调节微观经济主要是从微观的角度，利用国有经济，辅之经济、法律、行政和舆论手段，通过提供公共供给、进行公共引导和负责公共管理等方式，对微观经济予以调节。

3. 国家成为公共产品提供者的原因是什么？

答：(1)公共产品的生产成本需要社会负担。

(2)由于“免费乘车者”的存在，使私人不愿意提供公共产品。

(3)由私人提供公共产品会导致低效率或公共产品提供不足。

4. 国家提供公共产品和服务的范围及主要内容是什么？

答：(1)国家提供的公共产品的范围，主要是直接关系到国民经济整体利益和长远利益的物质和人力开发等基础设施和国防设施等。在某些情况下还提供准公共产品和半公共产品，即对存在消费或享受“拥挤点”的一些公共产品实行收费，从而使这些产品和服务带有一定程度的排他性。

(2)国家一般会提供以下公共产品、半公共产品和服务：一是建立和维持国防和治安安全系统；二是修建和维护公共交通系统；三是建设、管理和维护市政工程系统；四是建立和发展邮政、通信系统；五是建立从事基础研究、前沿学科和有战略意义发明的科研机构；六是发展教育事业；七是发展公共文化娱乐事业。

5. 国家管理微观经济包括哪些范围？

答：国家管理微观经济的范围很广，主要有对自然资源和环境管理、行业管理、市场管理、价格管理、经济合同管理、广告和商标管理和劳动力市场管理等。

## 八、论述题

1. 试述国家从微观角度对经济的调节和公共引导。

答：(1)产权引导，即通过国家的立法导向界定、保护产权或确定产权结构。

(2)产业引导，即通过国家经济行为和经济政策的导向，形成在国民经济中处于举足轻重地位，而产值又在国民生产总值中占较大比重的支柱产业。

(3)产品引导，即通过国家的导向行为对于企业怎样生产产品、为谁生产和生产多少进行影响。

(4)技术引导，即提高国家的政策性行为引导促进技术进步。

(5)信息引导，即国家凭借其拥有的行政权威和广泛的信息网络，为生产者和消费者提供信息生产、咨询服务。

(6)消费引导,即国家通过影响人们对储蓄和消费关系的处理来达到调节消费者的行为趋势、消费结构和消费数量的目的。

(7)竞争引导,即国家使用法律和行政方式,反垄断、反不正当竞争,维持市场竞争机制、价格机制和利益机制,改进市场效率。

(8)对外贸易引导,即国家通过参与对外贸易或政策性行为,引导对外贸易中进口与出口方向,以保持国内经济与国际经济的平衡。

2. 试述资本主义国家调节微观经济的基本特征。

答:(1)国家是以经济活动秩序的制定者和维护者的身份来调节微观经济。

(2)国家是以执行经济活动规则的仲裁者身份来规范和管理市场交易和市场运行过程。

(3)国家是以经济运行过程的调节者的角色对微观经济运行过程进行调节和引导。

(4)国家是以微观经济活动的直接参与者身份控制微观经济。

3. 试述社会主义市场经济国家调节微观经济的独特性。

答:(1)国家调节微观经济的经济基础,一是建立在公有制为主体、国有经济为主导、多种所有制形式并存的基础上;二是建立在按劳分配为主体、按生产要素贡献分配等多种分配方式并存的分配制度基础上。

(2)国家对微观经济的调节不仅是管理微观经济,而是作为占主导地位的国有产权的所有权的主体,具有所有权主体的功能,其控制经济的活动范围大,承担的功能多于发达资本主义国家。

(3)具有不发达国家经济调节的特征,国家在调节时:一是更加注重培育市场、完善市场,创造一个有利于企业发展的良好经济环境;二是更注重积极引进先进技术;三是更强调基础设施建设,改善社会的福利状况;四是更强调提高人口素质;五是更高度重视防止污染,保护生态平衡。

4. 试述社会主义国家的国有经济及其职能和在社会主义市场经济中的主导作用。

答:(1)社会主义国家的国有经济是国家为了实现公有制的基础地位,由国家代表全国人民行使资产的所有权,把大量资产集中在国家手里,由国家采用一定的管理形式进行资源配置,以推动经济增长和经济发展。

(2)社会主义国家的国有企业兼有双重职能:一是作为制度存在的基础,即作为社会主义公有制的实现形式;二是作为政府宏观调控的手段和工具。

(3)社会主义国有经济在社会主义市场经济中的主导作用有:一是基础服务功能;二是支柱构筑功能;三是调节流通功能;四是技术示范功能;五是社会创利功能;六是产权引导功能。

# 第十四章　国家调节宏观经济

## 一、概念题

1. 宏观调节:国家根据经济社会化和全球化的客观经济规律以及经济发展的要求,从总体上对国民经济各部门、各地区、各企业和再生产各环节的运动过程进行调节与控制。

2. 基本需要:是一个社会为其最贫穷的阶层所确定的最低生活水平。

3. 间接调节:是指国家主要依靠经济手段等,通过调节经济运行主体的利益关系引导企业、家庭和个人的经济活动符合或接近国家宏观调节目标的要求。

4. 直接调节：主要运用行政手段或指令性计划手段，对社会经济活动通过行政部门，特别是主管部门进行强制性调节，约束企业、家庭和个人的经济行为符合国家宏观调节的目标。

5. 总需求：一国在一定时期产品与劳务的总购买量与物价水平之间的关系。

总供给：一国在一定时期的总产量与物价水平之间的关系。

6. 经济适度增长：是指它既能满足社会发展的需要，又是目前技术进步和资源状况所能达到的，并同经济结构和经济绩效相适应的经济增长。

7. 经济结构：是指经济活动中各种经济成分、国民经济各部门以及再生产各个方面的构成及其相互关系，包括所有制结构和国民经济结构等。

8. 可持续发展：是指在实现当前经济发展、满足当代人的需要和利益的同时，还要考虑长远经济的发展与子孙后代的需要和利益，以促进社会全面进步与环境协调发展。

9. 人文发展指数：为了全面反映社会成员的生活状况，联合国开发计划署将居民平均寿命、25岁以上人口平均受教育年限和学龄儿童预期受教育年限、实际人均GNI三个指标合成为一个指数。与此同时，为综合衡量不平等状况对社会进步产生的负面影响，UNDP还计算了"不平等调整后的人文发展指数(IHDI)"。

10. 价格指数：是用一个简单的百分数时间数列来表示不同时期具有代表性的若干种商品价格水平变化的方向和程度的指数。

11. 国家预算：是指经法定程序审查批准的国家对集中性资金进行统筹分配的年度财政的收支计划。

12. 财政政策：政府运用税收和支出等手段调控经济总量的政策。

13. 货币政策：是指中央银行为影响信贷费用(利息率)、信贷条件和货币供给量而采取的各项措施。

## 二、判断题

1. √　2. ×　3. √　4. √　5. ×　6. ×　7. ×
8. ×　9. ×　10. √

## 三、单项选择题

1. D　2. C　3. B　4. D　5. C　6. A　7. B
8. C　9. B　10. A

## 四、多项选择题

1. ABDE　2. BCE　3. BDE　4. AD　5. ABCDE　6. ABCDE
7. AC　8. ABCD　9. ABCD　10. BC　11. BCDE　12. AC
13. CDE　14. ACE　15. AC　16. ABDE

## 五、辨析题

1. 错误。

经济体制是一定经济制度所采取的具体组织形式和管理制度，是一定经济制度的表现形式或具体实现形式。

2. 错误。

(1)国家对经济活动进行宏观调节的方式分为直接调节和间接调节两种。

(2)我国对经济活动进行宏观调节的方式主要是间接调节，即主要依靠经济手段等，通过调节经济运行主体的利益关系引导企业、家庭和个人的经济活动符合或接近国家宏观调控目标的要求。

3. 错误。

(1)充分就业不是指劳动力资源利用的生理界限和每个愿意工作的人都百分之百地可以找到工作，而是指不存在经济性失业的就业状态。

(2)经济性失业又叫非自愿失业，即劳动者愿意接受目前的工资，仍然找不到工作。由于自然性失业难以避免，因而即使有5.5％～6％的失业率仍被认为是实现了充分就业。

4. 错误。

政府对经济运行进行宏观调节的主要手段是经济手段、法律手段、计划手段和必要的行政手段。

## 六、案例分析题

1. 答：(1)凯恩斯认为，主要原因是总需求不足，是由于投资机会减少和投资需求的下降引起的。凯恩斯指出应用扩张性的财政政策对抗需求不足。货币政策不重要。财政政策是解决需求不足问题的重要手段。

(2)弗里德曼认为，在大萧条时期，一些银行出现倒闭，结果导致货币供应量不足。因此一方面由于银行的大量倒闭，破坏了存款货币存量；另一方面，倒闭造成了部分存款人信心的动摇，导致更高的流通现金—存款比例的要求，流通现金—存款比率和准备金—存款比率的增加，降低了货币乘数，因而急剧地使货币存量减缩。由于大萧条的产生与美联储的政策直接相关，因此应运用货币政策的调整来解决大萧条的问题。

(3)第一，罗斯福“新政”是从整理金融入手。在第一个“百日”新政时期出台了不少金融立法。

第二，从减少生产和提高价格入手进行了农业改革。

第三，采取了复兴工业，刺激工业生产的一系列措施，实现了工业生产增长的目的。

第四，建立宽泛的社会保障法规和政策，动用企业和财政的能力，保证全体公民的最低生活水平。

第五，采取财政扩张措施兴建一些公共工程，既解决了有效需求不足的问题，又为日后提供了有效供给。

第六，实施了平均化的税收政策，对国民财富进行了再分配。

2. 答：(1)通货紧缩，是减少货币发行量以提高购买力或减轻货币贬值，并引起物价普遍下降的过程。通货紧缩通常与经济周期中的萧条阶段相关联，当经济进入萧条阶段时，银行收缩银根、减少信贷，这就引起了通货紧缩，进而引起物价普遍下跌与生产衰退。

(2)一般来说，通货紧缩有两个特征：一是货币供应量的下降；二是物价持续下跌。再就是它通常伴随着经济衰退的出现。

(3)反通货紧缩的目的是促进经济增长。促进经济增长的手段应根据一国出现通货紧缩的原因不同，采取相应的对策。可以通过“需求刺激”促进经济增长，也可以通过“供给管理”促进经济增长。前者的主要主张是通过运用财政赤字手段支撑国家投资，扩大国内需求。后者主要是通过启动消费和民间投资、改革金融体制、发展中小企业、加快小城镇建设，以及通过推进产业结构转换、城乡结构转换、地区结构转换来获得长远的发展空间。也就是说，主张从结构和制度入手，解决中国的经济紧缩问题。

3. 答：(1)通货膨胀是物价总水平或平均物价水平的上涨。如果有的商品价格提高了，有的商品价格降低了，但价格总水平或平均水平没有变化，不是通货膨胀。如果价格总水平或平均物价的一次性上涨，也不是通货膨胀。只有平均物价或一般物价水平持续地、剧烈地上升才称作通货膨胀。

(2)首先，通货膨胀起到了一种分配和再分配的作用。一方面它有收入分配效应，改变了人们之间收入的相对分配。另一方面，它有财富分配效应。由于通货膨胀改变了财富的市场价值而改变了人们之间财富的相对分配。债权人和出租人是受损者。债务人和承租人是受益者。

其次，通货膨胀影响经济增长。一方面，通货膨胀有资源配置效应。通货膨胀对不同部门的不同影响会改变产品和要素的相对价格，引起价格体系的变化，进而改变资源的配置状况和配置方式，影响经济增长。另一方面，它有产出效应。通货膨胀对整个经济体系的产出水平和就业水平有实际影响。当经济中存在闲置资源，并且资源可以自由流动的情况下，货币利率的降低和信贷规模的扩大，既可以使物价水平缓慢上升，又可以使闲置资源得到利用，使就业扩大，产出增加。

(3)通货膨胀也会产生极大的危害。

一是通货膨胀使价格信号失真，误导社会资源配置。因为物价普遍上涨是产品供不应求导致的，还是通货膨胀导致的，使生产者很难辨别。

二是通货膨胀会降低实际利率，削弱本国积累能力。

三是通货膨胀会助长投机之风。

四是通货膨胀使少数人得益，会引起社会动荡。

4. 答：(1)财政政策是国家在一定时期内，为了实现社会经济持续稳定发展，综合运用各种财政调节手段，对一定的经济总量进行调节的政策，由税收政策、财政支出政策和预算政策组成。

(2)财政政策的主要目标：一是促进经济增长；二是保持经济稳定；三是合理公平分配；四是优化资源配置。主要政策手段包括：国家预算、国家税收、国债和财政补贴。

(3)财政政策主要分为紧缩财政政策和扩张财政政策。紧缩财政政策是通过增加税收而增加财政收入，或通过压缩财政支出来减少或消灭财政赤字，以至出现或增加财政盈余，达到抑制或减少社会总需求，乃至消除需求膨胀的效应。扩张财政政策是通过减税而减少财政收入，或通过扩大财政支出的规模，来扩大社会需求。

(4)我国在当前的一定时期内，为了扩大社会需求，采取扩张的财政政策。

5. 答：(1)广义的货币政策是指一国有关货币、资金运行的总体准则。货币政策包括信贷政策、利率政策、储蓄政策、投资政策、工资政策等。从狭义上讲，货币政策是指中央银行根据一定时期内经济和金融形势，运用有关工具，对货币、信贷总量与结构进行控制与调整的有关行为准则，以实现货币政策目标。

(2)货币政策的目标:一是控制通货膨胀和通货紧缩;二是降低失业率;三是保持经济稳定增长;四是努力实现国际收支平衡。

(3)货币政策的调节手段:一是利率手段;二是公开市场业务,即中央银行在公开市场上买进或卖出政府债券以改变基础货币,从而增加或减少货币供给的一种政策工具;三是再贴现手段,指中央银行给商业银行贷款的利率;四是存款准备金手段,指由法律规定的商业银行和某些储蓄机构在负债中必须以库存现金或在中央银行存款的形式持有的准备金比率。

(4)降息,通常包括四部分:银行存款利率、银行贷款利率、金融机构在中国人民银行的存款准备金利率和中国人民银行对金融机构再贷款利率。利率下调有如下功能:

第一,刺激消费市场。利率下调,储蓄报酬减少,可增加消费。人们消费的增加需要的条件是有支付能力的需求比较大,人们对未来的收入预期比较高。

第二,刺激股票市场。需要条件是存在使银行储蓄能尽快转向股市的转换机制,即人们对股市预期比较乐观,股票市场比较规范。

第三,促进企业利润增加。需要的条件是,企业提供的产品及劳务有市场,生产有销售的充分支持,使产品与劳务中的利润能实现。

第四,有利于刺激企业的投资,因为利率下调有利于减轻企业支付利息的负担,有利于降低企业转产和资产重组的成本,使企业积极盘活资产存量,提高市场的有效供给能力。

第五,有利于减轻银行负担,帮助银行理顺存贷款关系。

第六,由于贷款利息下调幅度小于存款利率,有利于商业银行增强防范和化解金融风险的能力。

## 七、问答题

1. 什么是宏观调控体系?如何完善宏观调控体系?

答:(1)宏观调控体系包括宏观调控目标、宏观调控方式、宏观调控手段和宏观调控政策等。宏观调控过程,实质上是一个运用适当的调节方式和手段,采取有效的经济政策,使社会总体经济协调有序运行,并对分散的微观经济活动进行调节和引导,促使宏观调控目标实现的过程。

(2)完善宏观调控体系的重点是,建立计划、金融、财政之间相互配合和制约,能够综合协调宏观经济政策和正确运用经济杠杆的机制。

2. 我国宏观调控的任务和目标是什么?

答:(1)我国宏观调控的主要任务是,保持经济总量平衡,抑制通货膨胀,促进重大经济结构优化,实现经济稳定增长。

(2)宏观调控目标是依据宏观调控任务而确定的,它是由若干具体目标所形成的一个目标体系,主要包括:总量平衡、结构优化、经济增长、提高生活水平和生活质量、稳定物价、充分就业、公平分配、可持续发展、国际收支平衡等。

(3)宏观调控目标中,保持经济总量平衡和促进经济结构优化,是宏观调控的基本目标;提高广大人民群众的生活水平和生活质量是宏观调控的根本目标。

3. 怎样理解我国宏观调控方式要以间接调控为主?

答:(1)我国宏观调控采取间接调控方式为主,主要原因在于:

第一,传统计划经济体制下的直接调控方式,随着社会主义经济的发展,其缺陷日益显露出来，表现在：一是国家直接掌握企业的决策权，对企业统得过死，企业缺乏自主权和经营活力；二是忽视市场机制，不能发挥市场对资源配置的作用。

第二，为了适应建立社会主义市场经济体制的要求，国家宏观调控方式必须进行市场取向的改革，即由直接调控为主转向间接调控为主，使宏观调控在市场调节的基础上进行。宏观间接调控是国家运用经济手段，通过市场机制和市场信号，从经济利益上影响和引导企业的生产经营行为而进行的调控。

(2)宏观调控方式以间接调控为主，并不排斥和否定必要的直接调控，但直接调控也要遵循市场经济规律的要求，依据市场机制的作用，适应市场经济下企业经济运行的特点。

4. 供给与需求的辩证关系是怎样的？

答：(1)供给与需求是一对矛盾，有着复杂的辩证关系。供给(生产)可以决定需求(消费)，人们只能消费生产出来的商品和服务；但需求(消费)也可以决定供给(生产)，因为不适合需求或消费的商品和服务就是无效供给和盲目生产。

(2)对本期或短期来说，投资属于需求，表现为支出货币购买生产要素；但对于下期或长期来说，投资即沉淀的资产决定生产和技术状况，又属于供给。

(3)协调推进供给侧与需求侧的改革与发展。供给侧结构性改革包括供给体制和科技等方面的创新发展，包括供需关系、产业结构等方面的协调发展，包括生产和消费等方面的绿色发展，包括外贸结构高级化和中外双向投资等方面的开放发展，包括居民收入提高与经济增长同步和共同富裕等方面的共享发展。

5. 我国宏观调控主要运用哪些手段？

答：社会主义国家实行宏观调控要通过各种调控手段来进行，主要运用经济手段、法律手段、计划调控手段和行政调控手段。

(1)经济调控手段。实现间接调控为主的宏观调控方式，主要运用经济手段，即与价值形式相关的各种经济杠杆，包括价格、税收、利率、工资、奖金等。

(2)法律调控手段。包括法律保护和法律制裁两个方面，主要采取法律形式调节各种经济关系和经济活动。

(3)计划调控手段。这是社会化大生产和社会主义公有制的客观要求，但计划调控应以指导性的间接计划管理为主。

(4)行政调控手段。宏观调控需采取一定的、必要的行政调控手段，但不能片面强调或过多地运用行政调控手段。

6. 我国是怎样利用财政政策对经济进行宏观调控的？

答：(1)财政政策是社会主义国家宏观调控的重要政策，主要任务在于保持总供给和总需求的平衡和促进经济增长。

(2)财政政策主要分为紧缩财政政策和扩张财政政策。紧缩财政政策是通过增加税收而增加财政收入，或通过压缩财政支出来减少或消灭财政赤字，以至出现或增加财政盈余，达到抑制或减少社会总需求，乃至消除需求膨胀的效应。扩张财政政策是通过减税而减少财政收入，或通过扩大财政支出的规模，来扩大社会需求。

(3)我国在当前的一定时期内，为了扩大社会需求，采取扩张的财政政策。

## 八、论述题

1. 试述社会主义市场经济条件下加强国家宏观调控的必要性。

答:建立与完善社会主义市场经济体制,必须加强和完善宏观调控,原因主要在于:

(1)社会主义经济制度的物质技术基础是社会化大生产,社会分工和协作关系日益发展,这就在客观上要求对国民经济进行统一的宏观调控,以保证社会再生产的顺利进行和国民经济的协调发展。

(2)社会主义经济制度的基础是社会主义公有制,整个国民经济的主体结成为一个统一的有机整体,需要通过国家的宏观调控,保证它的正常运行。

(3)社会主义市场经济体制的建立与完善,发挥了巨大的作用,但市场经济本身也存在着自发性、盲目性和滞后性,这就必须加强国家对经济的宏观调控。

(4)社会主义国民经济包括宏观经济和微观经济。微观经济的活动是分散的,各自追求自身利益的最大化,这容易使微观经济利益同宏观经济整体利益发生冲突,必须加强国家的宏观经济调控,把微观经济利益同宏观经济利益统一起来。

2. 试述保持社会总供给与总需求平衡的意义和途径。

答:(1)通过宏观调控保持社会总供给与总需求的基本平衡,具有十分重要的意义:

第一,保持总供给与总需求的平衡,是保持国民经济按比例地协调发展的最重要的平衡,是实现国民经济持续较快发展的必要条件。

第二,保持总供需的平衡,有利于社会再生产的顺利进行,从而促进经济效益的提高。

第三,保持总供需的平衡,有利于建立良好的市场秩序,保持物价的基本稳定和防止通货膨胀,从而有利于发挥市场机制的功能,实现资源的优化配置,更好地满足人民群众的需要。

(2)保持总供给与总需求平衡的途径是:

第一,深化经济体制改革,建立和完善社会主义市场经济体制;

第二,进一步调整产业结构,实现产业结构的合理化;

第三,建立和完善科学的、民主的经济决策体制;

第四,建立和完善社会主义市场体系,疏通商品流通渠道。

3. 试述社会主义国家宏观调控的经济政策。

答:社会主义宏观调控目标,是通过各种相应的经济政策来实现的。这些经济政策主要包括财政政策、货币政策、收入政策和产业政策。

(1)财政政策。它由财政收入、财政支出、预算平衡、国家债务等方面的政策所构成。按照财政政策在调节总供需方面的功能,可分为平衡财政政策、紧缩财政政策和赤字财政政策。

(2)货币政策。它由货币供应和货币流通组织管理方面的信贷政策、利率政策和汇率政策所组成。按照货币政策在调节总供需方面的功能,可分为均衡货币政策、扩张货币政策和紧缩货币政策。

(3)收入政策。总体上坚持以按劳分配为主体、多种收入分配方式并存和按劳分配与按生产要素分配相结合的收入分配制度。允许和鼓励一部分人先富起来。收入分配实现效率与公平相统一。实施保护合法收入,取缔非法收入,整顿不合理收入,调节过高收入和保障最低收入政策。

(4)产业政策。根据市场需求、产业关联、技术进步、创汇作用、经济效益等因素,安排好产业发展序列，明确重点产业和支柱产业。产业政策的基本内容包括产业支持政策和产业抑制政策两个方面。

# 第十五章　国家垄断经济

## 一、概念题

1. 国家垄断经济：是指作为经济主体的国家对社会经济运行过程进行的排他性控制的经济形式。

2. 国家自然垄断经济：是指国家对公共产品和特殊产品的自然垄断部门，进行排他性控制的经济形式。

3. 国家垄断资本主义：是指资本主义条件下，私人垄断资本同资产阶级国家政权相结合的资本主义。

4. 国家市场垄断经济：是指国家对于在市场经济发展过程中，通过自由竞争形成的非国有的垄断组织进行不同程度的排他性控制。

5. 国家行政垄断经济：是指国家通过行政手段和具有严格等级制的行政组织来维持的排他性控制的经济形式。

## 二、判断题

1. √　2. √　3. √　4. √　5. ×　6. ×　7. √
8. √　9. √　10. ×

## 三、单项选择题

1. D　2. A　3. D　4. C　5. B　6. C　7. D
8. D　9. D　10. B

## 四、多项选择题

1. ABC　2. ABC　3. ACDE　4. ADE　5. ACE　6. ACD
7. BCE　8. ABE　9. ABCE　10. ABCDE

## 五、辨析题

1. 错误。

(1)资本主义条件下的国有垄断资本是为少数垄断资本家的利益服务的，体现着资本家对工人的剥削关系。而社会主义的国有垄断资本是为广大劳动人民的根本利益服务的，体现着社会主义的生产关系。

(2)社会主义的国有垄断资本存在的范围、规模和数量都远远大于资本主义的国有垄断资本。

2. 错误。

垄断资本主义国家对经济的宏观管理和调节是代表全体资产阶级的利益，也就是说，它有可能损害个别资本家的利益，但不会损害垄断资产阶级的整体利益。

3. 错误。

社会主义国家垄断经济对社会主义经济发展具有正面效应，也有负面效应。例如，它在一定程度上使生产技术进步的动力减弱，它也可能妨碍其他中小企业的发展。

4. 错误。

社会主义国家独资或控股的垄断企业不能完全以利润最大化为经营目标，而要以社会利益最大化为经营目标。

5. 错误。

(1)国家垄断资本主义是从一般垄断资本主义转化来的。

(2)第一次世界大战爆发前后是国家垄断资本主义的产生和开始形成时期。第二次世界大战结束后，在20世纪50年代以后第三次科学技术革命的推动下，国家垄断资本主义获得广泛而高度的发展。

## 六、案例分析题

1. 答：(1)原因：垄断资本主义条件下，生产社会化程度进一步发展和资本主义私人占有制之间的矛盾。

具体表现在：一是规模生产建设需要巨额投资与私人垄断资本数量相对不足产生了矛盾；二是现代生产和现代科技的社会化发展，遇到了私人垄断资本单纯追求自身利益和眼前利益的矛盾；三是生产力社会化高度发展同私人垄断资本盲目竞争和生产无政府状态矛盾加剧；四是生产力的迅速增长与人民群众有支付能力的需求相对缩小矛盾加深。

(2)资本主义国家的国有经济性质是资产阶级国家和垄断资本相结合国家垄断资本，是“理想的总资本家”。

2. 答：(1)国家垄断经济的一般形式有：国家自然垄断经济、国家市场垄断经济、国家行政垄断经济。

(2)一定范围的社会主义国家垄断经济的存在，一是对社会主义经济的协调发展具有支撑功能；二是对整个国民经济的产业结构调整和优化具有引导功能；三是对于技术进步和经济素质提高具有先导功能；四是对整个国民经济的运行具有稳定功能；五是有利于保证社会主义市场经济运行的方向；六是调节市场经济自身无法克服的矛盾，抑制市场经济的负面效应，为市场竞争和市场经济的正常运行创造一个良好的条件。

(3)社会主义国家垄断经济发展过程中需要规避的方面：一是它在一定程度上使生产技术进步的动力减弱；二是它可能妨碍其他中小企业的发展。

## 七、问答题

1. 国家垄断形成的一般原因是什么？它有哪些形式？

答：(1)国家垄断形成的一般原因有：首先，国家垄断经济是社会化大生产不断发展的必然产物，也是生产关系一定要适应生产力发展水平需要的产物。其次，国家垄断经济的产生也是与“市场失灵”直接相关的。

(2)国家垄断形成的一般形式：一是国家自然垄断经济，即国家对公共产品和特殊产品的自然垄断部门，进行的排他性控制的经济形式；二是国家市场垄断经济，即国家对于在市场经济发展过程中，通过自由竞争形成的非国有的垄断组织进行不同程度的排他性控制；三是国家行政垄断经济，即国家通过行政手段和具有严格等级制的行政组织来维持的排他性控制的经济形式。

2. 什么是国家自然垄断经济？什么是自然垄断？自然垄断主要包括哪些范围？

答：(1)国家自然垄断经济是指国家对公共产品和特殊产品的自然垄断部门进行排他性控制的经济形式。

(2)自然垄断是指由于技术上和经济上的原因所形成的必要垄断，以利于全社会整体效益和利益。

(3)广义上讲，包括土地、森林、山河、地藏物等自然资源，电报电话、电力和铁路等行业，以及对财政收入有着重大意义的烟酒类行业，政府实行国有制，直接由国家垄断经营或者政府管制下的私人企业垄断经营。一般而言，不同经济制度下的国家都对自然垄断行业实行直接垄断，但自然垄断的范围在不同制度或政策背景下并不相同。

3. 什么是国家市场垄断经济？国家市场垄断经济有哪三种状况？

答：(1)国家市场垄断经济是指国家对于在市场经济发展过程中，通过自由竞争形成的非国有的垄断组织进行不同程度的排他性控制。

(2)根据国家垄断经济的性质和程度，可以区分为三种状况：第一种是对于那些在国民经济中起重要作用的非国有垄断产业和垄断行业，国家直接进行独家投资或国有控股从而对市场形成一定的垄断。这是社会和经济发展的一般要求，并不因社会制度的不同而有所改变。

第二种是国家对一些非国有垄断企业进行参股(参股必须达到一定数量)，通过这种方式来实现国家垄断资本和国家调节的意图和利益。

第三种是国家通过某种垄断措施来调节整个市场和企业的行为。

4. 国家垄断资本主义是怎样形成的？其形式和实质是什么？

答：(1)形成：一是将私营企业国有化；二是由国家预算拨款直接建立国家垄断企业；三是通过股份制的方式对私人垄断企业进行兼并、控制和改造。

(2)形式：一是国家调节经济；二是国私合资企业；三是国有企业。

(3)实质：资本主义国家与垄断资本相互结合。

## 八、论述题

1. 试述第二次世界大战后国家垄断持续迅速发展的原因。

答：(1)原因：垄断资本主义条件下，生产社会化程度进一步发展和资本主义私人占有制之间的矛盾。

(2)具体表现在：一是规模生产建设需要巨额投资与私人垄断资本数量相对不足发生了矛盾；二是现代生产和现代科技的社会化发展，遇到了私人垄断资本单纯追求自身利益和眼前利益的矛盾；三是生产力社会化高度发展同私人垄断资本盲目竞争和生产无政府状态矛盾加剧；四是生产力的迅速增长与人民群众有支付能力的需求相对缩小矛盾加深。

2. 试述国家垄断资本主义对经济发展的双重作用。

答：(1)对社会经济的促进作用是：

一是在生产方面的作用，通过国家拨款和组织、发展高科技，并将其科研成果低价转让给私人垄断企业，并通过社会开支的拨款，直接或间接地影响人力资源的量和质，为社会生产力的发展创造了基础性的条件。

二是在流通方面的作用，通过国家订货、扩大社会福利支出、调整贸易政策等为市场的扩大创造了有利条件。

三是在分配方面的作用，通过包括社会保障制度的确立和普及，改进劳动者的生活环境，提高劳动者素质，以期缓解资本主义社会贫富不均和两极分化的现象。

四是在世界经济方面的作用，推动世界贸易的增长、加快国家间的技术交流和为发展中国家提供资金、技术及就业机会。

(2)对经济发展产生巨大的阻碍作用表现在：

一是财政支出的增大，使人民的税负提高，进一步削弱人民有支付能力的需求，导致生产与消费的矛盾更加加剧；

二是扩大政府开支来刺激经济发展，会造成经济的“滞涨”；

三是国家借助发行公债增加财政收入，会加剧财政金融危机；

四是国有垄断企业经营管理不善，效率低下，造成严重亏损，成为国家财政的包袱。

3. 试述国家垄断资本主义不可能克服资本主义制度内在的固有矛盾和历史局限性原因。

答：(1)在生产方面，国家调节不可能克服社会生产的无政府状态，不能消除部门间的比例破坏和经济结构失调。这首先是因为国家干预不可能抑制资本主义企业盲目扩大生产、追求巨额利润的内在冲动。其次是因为国家所推行的经济政策和计划调节，对私人垄断资本没有太多、太强的约束力而表现得软弱无力，国家借助于财政和货币政策等经济手段也不能从根本上解决问题。

(2)在分配方面，国家垄断资本主义所推行的福利政策，无法从根本上改变资本主义社会中生产资料的占有关系以及贫富悬殊的状况。新自由主义反对不少福利措施和高额累进税等，更加剧了1%富豪与99%大众的贫富对立和社会不公。

(3)在世界经济方面，国家垄断资本主义的局限性和消极作用主要表现在以下几方面：一是发达资本主义国家通过资本输出，力图从政治上、经济上控制和剥削发展中国家。二是在国际贸易中，发达国家利用自己的垄断地位，操纵世界市场价格，掠夺发展中国家。三是发达资本主义国家为了转嫁经济危机和通货膨胀，实行贸易保护主义，造成发展中国家经济发展缓慢。四是发达国家将污染严重、能源消耗大、需要改造的产业转移到发展中国家，污染了发展中国家的环境，破坏了生态平衡，损害了这些国家的可持续发展和人民的切身利益。五是发达资本主义国家支持和利用金融垄断资本攻击发展中国家，制造经济泡沫，促成其金融危机，从中渔利。

4. 试述社会主义国家垄断经济的形式和特征。

答：(1)形式：一是国家直接掌握国有垄断资本，包括国有独资和控股垄断经济；二是国有参股经济，直接参与和影响垄断企业的经济行为；三是国家通过对国有的和非国有的垄断企业的调节，来引导整个垄断经济的发展；四是外国垄断资本接受社会主义国家的限制，同社会主义国家发生各种形式的联系和合作，包括与引进的外国垄断资本的经济合作。

(2)特征：一是国有垄断资本是为广大劳动人民根本利益服务的，体现人民根本利益一致的社会主义生产关系；二是国有垄断资本存在的范围、规模和数量都远远大于资本主义的国家垄断资本，是保证社会主义市场经济持续有序发展的物质条件；三是对社会主义经济发展具有正面效应，是社会主义国家垄断经济存在和发展的基础与依据。

5. 试述现代市场经济中社会主义国家垄断经济与各种竞争的关系。

答：(1)在现代市场经济中，各个产业的垄断与竞争呈现四种类型：完全竞争、独家垄断、垄断竞争、寡头垄断。

(2)总体上，社会主义国家垄断经济并没有消灭各种竞争，其中包括垄断企业之间的竞争、垄断企业与非垄断企业之间的竞争、非垄断企业之间的竞争。因此，我国要发展和完善的是中国特色社会主义的垄断与竞争并存、垄断主导的国民经济格局，而并非无垄断的自由竞争的市场经济格局。这与发达资本主义国家在国民经济格局上是相似的，只是经济目的和性质不同。

(3)诚然，竞争不能过度，垄断也不能过度。在现代市场经济的各个重要产业中，完全或纯粹的自由竞争型和独家垄断型往往弊大于利，而寡头垄断型和垄断竞争型一般应成为主要类型。应依据产业特点、经济全球化、科技发展和综合效益等因素，来选择和促进各产业的适度垄断与适度竞争相结合的方式和格局。

# 第十六章　国际贸易和国际金融

## 一、概念题

1. 国际分工：世界各国之间的劳动分工和国际生产专业化。
2. 国际贸易：世界各国(地区)之间的商品、劳务和技术的交流活动。
3. 世界市场：国家间商品交换的领域，是同国际分工相联系的各国间商品流通的总和。
4. 汇率：一国货币折算成另一国货币的比率，或者，用一国货币表示的另一国货币的价格。简言之，汇率就是两种货币之间的比价。
5. 关税：进口或出口的商品货物和物品通过一国关境时，由政府设置的海关向本国进口商或出口商课征的一种税收。

## 二、判断题

1. ×　2. √　3. ×　4. ×　5. ×　6. √　7. ×
8. √　9. ×　10. ×

## 三、单项选择题

1. B　2. A　3. A　4. D　5. B　6. C　7. C
8. D

## 四、多项选择题

1. ACD　2. ABCDE　3. ABDE　4. ABCDE　5. AD　6. ABCD
7. ABCDE　8. AC　9. AB　10. ACE

## 五、辨析题

1. 正确。

(1)国内分工是一切社会形态所共有的,而国际分工则是社会经济形态发展到高级阶段才出现的,即从资本主义制度的出现起才产生的。

(2)国内分工是各国国民经济范围内的劳动分工,而国际分工则是以各国国民经济为基础,超越国家界限在各国之间形成的社会分工。

(3)国内分工只受本国国家权力和制度的制约,而国际分工则受到各国权力、政策、法律和其他因素的制约。

(4)国内分工的发展主要取决于本国生产力的发展、技术的进步和其他经济条件。而国际分工的发展则取决于整个世界范围内生产力的发展、科技的进步和经济国际化的发展。

国际分工与国内分工又有着密切的联系:一国的国内分工越发达,国内分工越容易超越国界向外延伸,国际分工也就越发展;反之,国际分工的扩大,通过国际贸易而影响各国国内分工的扩大。

2. 错误。

国际贸易中经常发生的以结清买卖双方债权、债务关系的大量货款结算,称为国际贸易结算。国际贸易以外的其他经济活动,以及政治、文化等交流活动所引起的货币收付,称为非贸易结算。

3. 正确。

商品生产国与商品消费国直接进行的商品交换,称为直接贸易。商品生产国通过第三国与商品消费国买卖商品,称为间接贸易。对第三国而言,则是转口贸易。

4. 错误。

直接标价法是以一定单位的外国货币为标准,折算成若干单位的本国货币来表示。间接标价法是以一定单位的本国货币为标准,折算成若干单位的外国货币来表示。

5. 错误。

提高关税可以在一定程度上保护国内市场,但是也容易出现保护落后的问题,从而损害本国的经济发展。

## 六、案例分析题

1. 答:(1)从国际贸易角度来看,美联储加息将使美元升值,加重出口企业的负担,打击出口生产国的出口增长和就业机会。在保护本国利益的背景下,美联储加息也会使贸易壁垒上升,贸易摩擦加剧,国际贸易往来受到影响。另外,美联储加息造成利率上升,将导致国际贸易融资成本增加,影响跨境贸易的发展。

(2)从国际金融角度来看,首先,美联储加息将带来汇率风险,其他国家货币相对美元呈贬值态势,不少国家汇率大幅波动,诱发资本外逃,大量资本回流美国;其次,美联储加息将带来债务风险,美联储及其他主要经济体加息导致各国债务成本以及利息支出大幅增加,对于大量采取美元借贷以支撑贸易和基础设施项目的广大发展中国家和新兴经济体,存在更高的信用风险,在抗风险能力相对更弱的情况下其金融经济体系会受到更大冲击,甚至带来金融危机;最后,美联储加息将带来股市风险,利率上升导致市场流动性减少,股市流动资金减少，股市下跌，由于美国处于全球经济中心，也会通过流动性和投资者情绪对世界各国的股市产生震荡。

2. 答：(1)国际贸易对于一国调剂国内市场余缺、协调国民经济发展中出现的不平衡以及获取高额利润都有重要的作用。无论从理论还是现实来看，自由贸易都有利于各国共同繁荣。然而现实中贸易保护主义不断抬头，许多国家以各种形式进行贸易保护。

(2)真正引起贸易保护主义的原因是一国的短期利益、部分人的利益以及政治上的需要。政府有时会出于政治上的考虑而限制一些在经济上有利的贸易，特别是当政治上的考虑重于经济上的考虑时。

(3)美国对我国芯片产业的贸易限制，即是政治在国际贸易中发挥重要作用的体现。其背后的实质是，美国为保持其在国际贸易中的超额剩余价值获取，而对快速崛起的发展中国家实施技术进步的限制，是美国维持其霸权的手段。

## 七、问答题

1. 国际分工有哪几种具体的形式？

答：国际分工有三种形式：

一是垂直型分工，即一些先进国家专门从事制造业生产，而那些落后国家则是农业、矿业原料的提供者，是某些制成品的销售市场。

二是水平型分工，即不仅发达国家从事制造业生产，发展中国家也实现了工业化，发展制造业。各国既在着重发展制造业部门方面存在分工，又在同一部门的不同产品、同一产品的不同零部件和工序方面也有分工。

三是混合型分工，即水平型与垂直型兼而有之的分工。

2. 为什么说“世界市场既是资本主义的前提，又是它的结果”？

答：(1)世界市场是资本主义的前提。世界市场的成长，促进了国际分工和国际贸易的发展，满足了资本原始积累的需要，同时也有力地加速了国内劳动力同生产资料的分离。这一切都为资本主义生产方式的建立提供了必要的前提。

(2)世界市场又是资本主义的结果。资本主义生产方式确立以后，各资本主义强国为了开拓海外市场，掠夺落后国家的资源，不断向外扩张，从而在各资本主义国家之间以及资本主义国家与殖民地、半殖民地和落后国家之间形成了世界市场。

3. 外汇在促进国际贸易和世界经济发展中的作用是什么？

答：(1)外汇是国际购买手段，可以使国与国之间的货币流通成为可能。

(2)外汇是国际支付的手段，可以避免在国际结算中使用黄金，节约非生产费用。

(3)外汇是国际储备资产，可以弥补国际收支逆差。

(4)外汇是调节国家间资金余缺的手段，可以促进货币信用的国际化。

4. 关税对国民经济发展的双重经济效应是什么？

答：(1)关税对国民经济发展的积极作用表现在：一是可以增加一国的财政收入；二是可以保护国内市场；三是调节国内市场物价，调剂国内市场供应；四是可以作为对外贸易谈判中的手段；五是对发展中国家而言是保护民族经济、反对发达国家商品倾销和转嫁危机的主要手段。

(2)消极作用表现在：一是增加消费者负担；二是保护过度，就会出现保护落后；三是容易恶化与贸易伙伴之间的友好关系;四是影响自身的贸易发展。

5. 对某种物品征收关税,该物品的国内价格、出口价格、进口量以及国内的生产量将受到怎样的影响?

答:该物品的国内价格上升,出口价格下降,进口量减少,国内产量上升。

## 八、论述题

1. 试述国际分工对世界经济发展的双重作用。

答:国际分工对世界经济发展的积极作用表现在:

(1)可以扩大生产规模,增加产品产量。

(2)能加速产品更新换代,增加品种,实行产品系列化。

(3)有利于发挥各国生产优势,改进生产技术,提高产品的质量和使用效能。

(4)可以提高各国劳动生产率,增进经济福利。

国际分工对世界经济的消极作用表现在:

(1)加深了西方国家对发展中国家的经济盘剥。

(2)造成一些发展中国家经济发展的单一化和对外经济依附。

(3)使参与国际分工的国家容易受到西方经济危机的冲击。

(4)对发展中国家的生态环境可能带来严重的危害。

2. 试述国际贸易既为资本主义生产方式的确立提供了历史前提,又是资本主义生产方式的必然产物。

答:国际贸易为资本主义生产方式的确立提供了历史前提。

(1)国际贸易的发展,扩大了商品的国外市场,刺激了生产规模的扩大,加快了农民同生产资料的分离,也加速了城市小生产者和行业手工业者的两极分化过程,为资本主义生产方式准备了大批的自由劳动者。

(2)通过国际贸易,西欧资产阶级从世界各地获取了巨额财富,为资本主义发展提供了所需的货币资本。

(3)国际贸易为资本主义开拓了国外市场和原料产地。

国际贸易作为资本主义生产方式的产物,是资本主义本身内在规律作用的结果。

(1)资本主义不断扩大再生产的趋向要求有不断扩大的市场,这就决定了对外贸易的不断扩大。

(2)优胜劣汰的市场竞争规律是驱使资本主义各国发展国际贸易的外在强制力量。

(3)资本主义经济发展的不平衡规律,使得较为发达的部门必然在国外寻找市场,这也推动了国际贸易的发展。

## 九、计算题

1. 答:(1)1 马克兑 0.5 美元。

(2)125 美元。

(3)2 000 马克。

2. 答:(1)若在美国存款,按 9%年利率,一年后可获本息 1 090 美元。

(2)若在日本存款,须先将 1 000 美元兑换成 100 000 日元。存款一年后,本息合计可获104 000日元,按预期汇率1美元兑换95日元,可得1 094.7美元。

(3)因此,预期在日本存款的收益高于美国,高出4.7美元。

# 第十七章　国际价值规律及其表现

## 一、概念题

1. 国际价值:国际之间的商品在交换中的市场价值,它是由世界劳动的平均单位决定的。

2. 国际价格:商品国际价值的货币表现,并围绕国际价值上下波动。它受国际市场供求关系和国际竞争的影响。

3. 绝对利益:是指在某种商品的生产上,一个国家所耗费的劳动成本绝对低于自己的贸易伙伴国,在劳动生产率上占有绝对优势。

4. 比较利益陷阱:从广义上说,是指一国根据比较成本进行资源配置时可能出现的结构性缺陷。就国际分工方面而言,"比较利益陷阱"主要是指后进国家在开放过程中出现的产业结构滞后。

5. 零和博弈:表示所有博弈方的利益之和为零或一个常数,即一方有所得,其他方必有所失。

## 二、判断题

1. ×　2. √　3. ×　4. √　5. √　6. √　7. ×
8. ×

## 三、单项选择题

1. D　2. B　3. C　4. D　5. A

## 四、多项选择题

1. BCDE　2. BCD　3. ABCDE　4. AE　5. CDE

## 五、辨析题

1. 错误。

(1)商品的国际价格是商品国际价值的货币表现,商品的国际价值是商品国际价格变动的基础和中心。

(2)国际价值正是在世界市场上通过国际竞争和国际价格的不断波动才得以实现和贯彻的。这不仅没有违背价值规律,反而是价值规律在世界市场发挥作用的结果。

2. 错误。

(1)根据李嘉图的比较利益学说,一个国家各行各业的生产也许都处于绝对不利的地位,但也能够参与可以获利的贸易。只要该国某项生产的成本相对较低,它就可以从事这样的贸易。它只需较少的劣势,而不是绝对的优势。

(2)各种产品都享有绝对利益的国家如果在某些方面享有更大的比较利益,当然也会从贸易中获得更大的好处。

3. 错误。

(1)比较利益学说揭示了相对成本的重要意义和贸易的互利性质,奠定了国际贸易理论的基础,并对促进贸易的发展起到了积极的作用。

(2)但它也存在一些缺陷:第一,这个理论本身并没有解释为什么英国100人的劳动和葡萄牙80人的劳动可以进行交换?第二,这一理论与现实的国际贸易实际出入较大。如自由贸易对双方都是有利的,但实际上无论什么样的国家从来都未实行过彻底的自由贸易,总要在不同程度上实行某种贸易保护政策。第三,比较利益陷阱问题。

4. 错误。

(1)劳动是不均质的。具有较高人力资本含量的劳动密集型产品具有更强的竞争力;反过来说,人力资本含量较低的劳动密集型产品,不具有竞争优势。

(2)许多国家的劳动密集型产品成本低不仅是因为其劳动工资低,还在于其对劳动过程具有较高的管理和组织水平。由此决定了更高的劳动生产率和更优的产品质量。反过来说,工资成本低而管理水平差的劳动密集型产品也不具有竞争优势。

## 六、案例分析题

1. 答:(1)当供给与需求平衡时,如果某商品的国别价值悬殊时,国际价值取决于该商品出口数量的权重数,由贸易数量占绝对优势的商品的国别价值决定;如果某商品的国别价值比较接近,则国际价值就是生产该商品各个国家的社会必要劳动时间。当供给与需求不平衡时,国际价值不仅取决于上述因素,还与该商品的需求弹性和供给弹性有关,即还与根据国际市场需要分配于某种国际商品应该耗费的国际社会必要劳动时间有关。

(2)当生产与消费即供给与需求平衡时,国际价值由现有的国际正常的生产条件和劳动熟练程度与强度生产某种国际使用价值所需要的劳动时间决定;当生产与消费即供给与需求不平衡时,国际价值不仅取决于生产商品实际耗费的劳动时间,还与该商品的需求弹性和供给弹性有关。换句话说,国际价值由现有的国际正常的生产条件和劳动熟练程度与强度,生产某种国际使用价值所需要的劳动时间,和根据国际市场需要分配于某种国际商品生产应该耗费的国际社会必要劳动时间共同决定。

2. 答:(1)首先,石油输出国组织(OPEC)成员国已知各自为政、自定产量的博弈结果肯定是使油价下跌、利润受损,因此有共同磋商制定产量限额以维持油价的意愿。

其次,一旦规定各国的生产限额,且按照这个限额生产时,每个成员国都会发现,如果其他国家都遵守限额,只有自己超产,则自己将获得更多的利润,并且因为只有一国超产油价不会下跌太多,从而其他各国只是普遍受少量损失,因此各成员国在本位利益的驱使下,都会希望其他国家遵守限额而自己偷偷超产,独享更多的利益。

最终的结果是各国普遍突破限额,限产计划破产,油价严重下跌,各国都只能得到不是最满意的纳什均衡的利润。这是这个限额问题的静态博弈的必然结果。

(2)这个案例已经表明欧佩克(OPEC)在国际油价变化中的作用。换句话说,欧佩克的各个国家能团结一致地限产促价,并没有违背了博弈论的原理。因为:

第一,如果博弈是一次性的,一旦每个参与者的策略选定,整个博弈结局也就决定了,每个参与者不可能再对博弈的过程施加什么影响,这类博弈被称为静态博弈。动态博弈是一种反复进行的博弈，重复博弈就是动态博弈的一种特殊情况。在重复博弈中，同一博弈被重复多次。

第二，由于石油输出国组织成员国的石油生产和出口是年年持续进行的，因此上述各成员国之间关于是否突破限额的博弈可以看作一个重复博弈问题。博弈论已经证明，对于无限期重复博弈存在合作均衡解，而且在不能确定终止期的有限期重复博弈的囚犯困境模型中，纳什均衡的合作解是可以存在的。

第三，事实上，石油输出国组织的制约和协调是有一定作用的，特别是在重复博弈代表的长期中，各国不可能对合作的巨大好处无动于衷，而且违约行为总会被报复的这一威胁使各国有可能采取合作策略，再加上我们要考虑到成员国中最大的产油国（也是利益最大的成员国），如沙特阿拉伯在其中会起一定的积极作用，带头克制自己的行为，因此石油输出国组织成员国之间的这个是否突破限额的重复博弈的结果，就有可能是团结一致地限产促价这样一种合作均衡解。

## 七、问答题

1. 什么是国际价值？影响国际价值的因素有哪些？

答：(1)国际价值是国际之间的商品在交换中的市场价值。它是由世界劳动的平均单位决定的。

(2)影响国际价值的因素有以下几个方面：

首先，国际分工的广度和深度。随着广阔的资本主义世界市场的形成、国际贸易的巨大发展，形成了世界性的国际价值。

其次，劳动生产率。国际价值量随国际社会必要劳动时间的变化而变动。因为商品的国际价值量是由生产这种商品的国际社会必要劳动时间决定的。各国生产商品的社会必要劳动时间是随着劳动生产率的改变而改变的。

再次，劳动强度。决定国际价值的是世界劳动强度的平均单位。如果一个国家的平均劳动强度超过了世界劳动强度的平均单位，就会创造较多的国际价值，获取超额利润。

最后，国际贸易参与国及其贸易量。某种商品的生产国，若没有进入国际贸易领域，它的国民劳动平均单位便不会加入该商品的国际价值的形成。同时，国际贸易参加国的贸易量，也会影响水平不同的国别价值的构成比例，从而直接影响国际价值量的决定。

2. 获取国际超额利润有哪些重要手段？

答：(1)主要手段是降低国别价值（或国别生产价格）。而降低国别价值（或国别生产价格）的关键是降低国别生产成本。

(2)重要手段就是通过国际贸易中的不等价交换和种种超经济强制来实现。

(3)可通过廉价倾销来实现。处于优势地位的出口商，在降低国别价格生产成本的基础上，为了击败对手，占领市场，经常将售价压到国际价值（或国际生产价格）以下，进行廉价倾销。

## 八、论述题

试述亚当·斯密的绝对利益理论与大卫·李嘉图的比较利益理论有何不同。

答：(1)绝对利益学说是英国经济学家亚当·斯密最先在《国富论》中提出的。该理论是以各国各种产品生产存在可以互补的绝对利益为前提条件的。他认为，由于各国自然资源禀赋不同，劳动生产率有别，生产同种产品的成本和所得利润有高有低，若各国都扬长避短，只生产成本低、利润高的产品，然后互相交换，各国就都能获得更多的产品，从而增进国民福利。按照斯密的观点，如果一个国家各种产品的生产与他国相比都处于劣势或优势，相互之间就没有必要进行对外贸易。

(2)但事实并非如此，斯密的绝对利益学说陷入困境。李嘉图的比较利益学说比斯密的见解进了一步，回答了斯密难以回答的问题。他认为，一个国家各行各业的生产也许都处于绝对不利的地位，但也能够参与可以获利的贸易。只要该国某项生产的成本相对较低，它就可以从事这样的贸易。它只需较少的优势，而不是绝对的优势。同样，各种产品都享有绝对利益的国家如果在某些方面享有更大的比较利益，当然也会从贸易中获得更大的好处。

(3)总之，两种学说的不同点主要在于：绝对利益学说认为，两国开展贸易的前提条件是有互补的绝对利益；而比较利益学说认为，两国开展贸易的前提条件是有相对的比较利益。

### 九、计算题

1. 解：国别价值总量＝甲、乙、丙三个国的国别价值总量之和

＝20×30＋30×50＋40×20

＝600＋1 500＋800

＝2 900(美元)

贸易总量＝30＋50＋20＝100(单位)

所以　该商品国际价值＝2 900/100＝29(美元/单位)

甲国该商品的国际价值总量＝29×30＝870(美元)

乙国该商品的国际价值总量＝29×50＝1 450(美元)

丙国该商品的国际价值总量＝29×20＝580(美元)

2. 解：(1)由题目中所提供的信息，可知 A、B 两企业的支付矩阵为：

| | | 企业 B | |
|---|---|---|---|
| | | 做广告 | 不做广告 |
| 企业 A | 做广告 | (20,8) | (25,2) |
| | 不做广告 | (10,12) | (30,6) |

其中，括号中的数字为在不同情况下两厂商所获得的利润额(单位为万元)。第一个数字为 A 企业获得的利润额，第二个数字为 B 企业获得的利润额。

(2)本题可以这样分析，因为不管 A 是否做广告，B 是肯定做广告的，因为 8＞2，12＞6。由于 B 一定选择做广告，那么 A 也就必然选择做广告，因为 20＞10。这样就能得出两厂商都做广告是最终的纳什均衡解。

# 第十八章　经济全球化和国家经济安全

### 一、概念题

1. 商业资本国际化：流通领域的资本在国际市场上的运动与增值，它采取的主要形式

是国际贸易。

2. 借贷资本国际化:资本以货币形态在国际范围内发生的借贷运动与增值。

3. 产业资本国际化:资本跨越国界从事商品的生产和经营,是生产的国际化,它是通过对外直接投资,在其他国家兴建生产性企业而实现的。

4. 经济全球化:随着科学技术和国际分工的发展以及生产社会化程度的提高,世界各国、各地区的经济活动超越出一国或地区的范围而相互联系和密切结合的趋势。

5. 国际经济秩序:在世界范围内建立起来的国际经济关系,以及各种国际经济体系与制度的总和,是使世界经济作为有内在联系和相互依存的整体进行有规律的发展与变化的运行机制。

6. 国际经济旧秩序:是指第二次世界大战期间和随后建立的主要为发达国家经济利益服务的国际经济秩序。

7. 国际经济新秩序:联合国 1974 年通过《建立新的国际经济秩序宣言》,提出了建立国际经济新秩序的 20 项原则,其中包括维护资源主权和改善贸易条件等。

8. 国家经济安全:是指一个国家在经济发展过程中能够有效消除和化解潜在风险,抗拒外来冲击,以确保国民经济持续、快速、健康发展,确保国家经济主权不受分割的一种经济状态。

## 二、判断题

1. √　2. ×　3. √　4. ×　5. √　6. √　7. √
8. √

## 三、单项选择题

1. A　2. C　3. D　4. D　5. D　6. B　7. A
8. D　9. B　10. C

## 四、多项选择题

1. CDE　2. ABCDE　3. BCDE　4. ABCD　5. CDE　6. CDE
7. ABCDE　8. BDE　9. ABCDE　10. ABCDE　11. ABD　12. ABCDE
13. ABC

## 五、辨析题

1. 正确。

资本国际化的趋势自资本主义大工业出现以后就开始了,但它真正壮大是在资本主义进入垄断资本主义以后。所以,资本国际化是资本主义商品经济发展到一定高度的必然现象。

2. 正确。

经济全球化是从经济国际化基础上发展起来的,是国际化在当代条件下发展到新高度的表现。

## 六、案例分析题

1. 答:(1)跨国公司就是在一个以上的国家生产的公司。然而,只有极少数公司真正以分支机构,也就是母公司本身生产的扩大这种方式在国外运营。多数企业的子公司是按当地法律设立的,母公司通常只是拥有国外子公司相当数额的股权。一般来说,拥有足以影响国外子公司生产的所有权份额才能构成跨国公司。

(2)跨国公司迅速而广泛地发展有其深刻的经济和政治原因:

一是第二次世界大战后主要发达国家的资本高度积聚和集中,形成过剩资本,并把这些过剩资本输出到国外进行投资,谋取垄断高额利润。

二是以科学技术革命为内容的生产的迅速发展,促进了生产和资本国际化,为跨国公司向外扩张提供了有利条件。

三是主要发达国家对国际市场的激烈争夺推动了跨国公司的迅速发展。

四是国家垄断资本主义对国际经济的干预成为跨国公司向外扩张的重要支柱。

2. 答:(1)国家经济安全是指一个国家在经济发展过程中能够有效消除和化解潜在风险,抗拒外来冲击,以确保国民经济持续、快速、健康发展,确保国家经济主权不受分割的一种经济状态。

(2)外资企业之所以对民族产业造成如此严重的冲击,一部分原因是政府对外资企业所实行的优惠政策妨碍了企业间的公平竞争,还有一些外资企业采取不正当手段来直接损害民族产业的利益。但形成冲击的最根本原因还在于民族产业的竞争力太低。

(3)面对外资的冲击,一方面我们要调整对外资企业的优惠政策,加强对外资企业的监管,创造平等的竞争环境;另一方面,也是最为重要的,是要千方百计地提高民族产业的国际竞争力。

(4)首先,在参与经济全球化进程中要坚持利益原则、全球原则和变动原则。其次,关键采取以下措施:

一是加快建立“三控式”民族企业集团;

二是争取对半式双赢;

三是对外资企业实行国民待遇;

四是加大教育投入,创造知识资源。

## 七、问答题

1. 当今国际金融市场有何特点?

答:(1)国际信贷市场迅速发展。

(2)20 世纪 90 年代以来,国际债券市场上不仅融资的规模急剧上升,而且在债券类别结构、币种结构及融资者国别结构方面均发生了前所未有的变化。

(3)跨国公司对外直接投资的发展,推动了货币资本国际流动的加速发展。

(4)跨国银行的崛起是借贷资本国际化的又一力量。

(5)私人借贷资本急剧上升,而国家的借贷资本日趋下降。

2. 产业资本国际化有哪些主要表现?

答:产业资本国际化的主要表现是:

(1)对外直接投资的总量,其中主要是私人对外直接投资额迅猛增长。
(2)跨国公司成为西方对外直接投资的主体。
(3)从对外直接投资的形式看,跨国兼并和收购是跨国公司对外直接投资的主要形式。
(4)对外直接投资的主要流向转向发达国家。
3. 在经济全球化过程中,如何维护国家经济安全?
答:(1)加快建立“三控式”民族企业集团。
(2)争取对半式双赢。
(3)立即对外资企业实行国民待遇。
(4)加大教育投入,创造知识资源。

## 八、论述题

1. 试述经济全球化的主要成因。
答:经济全球化的成因涉及国家经济体制、企业趋利动机与技术进步三个因素:
(1)世界各国经济体制的趋同消除了经济全球化发展的体制障碍。
(2)微观经济主体的趋利动机推动了经济活动的全球化发展。
(3)信息技术的进步降低了远距离控制的成本。
2. 试述新国际经济秩序的主要内容。
答:新国际经济秩序的内容主要包括以下几个方面:
(1)维护对资源的主权和争取海运权。
(2)改善国际贸易和技术转让条件。
(3)建立一个真正能维护发展中国家经济利益的国际货币金融体制。
(4)改革以不合理分工为基础的世界经济结构。

# 尾论　经济制度的演变

## 一、概念题

1. 基本经济制度:体现基本生产关系,并表明基本经济特征和本质的经济制度。它是由生产力性质和发展阶段决定的。

2. 经济体制:是基本经济体制的具体形式,即所有制形式和经济运行机制。

3. 制度环境:是指一系列用来建立生产、交换与分配基础的基本规划,是一国的基本制度规定。

4. 社会主义初级阶段:包括一般含义和特殊含义。前者是指社会主义社会发展的起始阶段。后者特指我国在生产力落后、商品经济不发达条件下建设社会主义必然要经历的特定阶段。

## 二、判断题

1. ×　2. ×　3. √　4. √　5. ×　6. √　7. √
8. ×　9. √　10. ×

## 三、单项选择题

1. B　2. D　3. C　4. B　5. A　6. B　7. D
8. A

## 四、多项选择题

1. ACDE　2. ABC　3. BCD　4. DE　5. ABCDE　6. AC
7. ACE　8. ABCDE

## 五、辨析题

1. 错误。

(1)资本主义经济制度必然被社会主义经济制度所替代。这是社会形态由低级向高级演变的历史规律。

(2)一些国家从社会主义经济制度改变为资本主义经济制度表明了社会经济制度演变的复杂性和反复性。

(3)社会主义经济制度从产生、形成和发展以至替代资本主义经济制度充满着两种经济制度的对立和比较,但最终社会主义经济制度完全替代资本主义经济制度是不可抗拒的规律。

2. 错误。

(1)资本主义私人资本转化为社会资本是财产组织形式的变化。

(2)生产高度社会化要求资本进一步社会化。股份公司的巨额垄断资本仍由掌握股票控制额的少数金融寡头所控制,因此资本主义私有制的性质不会发生质的变化。

## 六、案例分析题

答:(1)俄罗斯的经济改革的实质是走上了一条自由市场化和私有化的道路。

(2)第一,马克思的制度经济理论阐明了经济形态的发展变化是一个自然历史过程。随着生产力的发展,生产方式的改变,必然出现新的经济关系。因此,社会经济制度的演变是自然过程。这就决定了社会经济制度必然由低级向高级发展变化的规律。

第二,一个国家由社会主义经济制度改变为资本主义私有制并不意味着社会经济制度演变规律的否定。因为一个新的、更高级的社会经济制度在完全替代旧的经济制度之前必然会有反复和曲折。只有在物质生产力达到新制度的经济基础高度时,新的经济制度才能完全替代旧的经济制度。因此,社会主义经济制度发展中的曲折、反复绝不表明对社会经济制度演变规律的否定。

## 七、问答题

1. 资本主义制度的局限性和过渡性体现在哪些方面?

答:(1)资本主义制度比以往任何剥削制度都更能促进生产力的巨大发展。但资本主义制度因其内在矛盾和制度缺陷存在以下局限性:

一是无法克服自身产生的异化现象。在资本主义社会,人对物的依赖性表现为劳动对私人资本的依赖性和依附性。

二是无法根除其内在的对抗性矛盾，即社会化生产和资本主义私人占有的矛盾及无产阶级与资产阶级的阶级对立。

(2)资本主义存在不可克服的内在矛盾，资本主义制度在矛盾的对立斗争中会发生演变和转化，因此资本主义制度具有过渡性，它在人类历史上是暂时的，它的变化将被更高级的社会形态所替代，即资本主义必然转向社会主义。

2. 我国社会主义初级阶段的生产关系呈现出哪些马克思主义创始人不可能预料的新特点?

答:(1)我国的基本经济制度就是以公有制为主体、多种所有制共同发展。

(2)按劳分配为主体、让资本和土地等生产要素所有者参与分配，并以共同富裕为目标。

(3)发展社会主义市场经济，发挥市场对一般资源配置的基础性或决定性作用，同时加强政府的宏观和微观调节作用。

(4)在对外经济制度上，实行全面对外开放，同时加强自力更生和国家安全，但处于国际分工和国际竞争的中低端。

## 八、论述题

1. 试述马克思主义制度演变理论的主要内容。

答:(1)经济制度是发展变化的，不具有永恒性。

(2)经济形态的发展变化是一个自然历史过程。

(3)承认个人或集团在制度演变中的重要作用。

(4)认为制度演变有两种基本形式:改良与革命。

(5)从人类历史发展总趋势看，经历五个阶段的演变，从低级上升到高级:原始社会制度→奴隶社会制度→封建主义制度→资本主义社会制度→包括社会主义的共产主义社会制度。

2. 试述社会主义社会将要经历的三个历史发展阶段。

答:对划分社会主义社会发展阶段的标志或标准要做整体考察，在具体判断社会主义社会所处的发展阶段是否发生变化时，生产关系比生产力更具有直接的意义。因为生产力的变化只有在引起了社会主义社会生产关系发生部分质变时，才标志着社会主义社会发展阶段发生了变化。从这个意义上说，生产力是间接标志或终极标志，生产关系是直接标志(暂且舍弃分析上层建筑因素)。据此，整个社会主义社会可以分为三个阶段:

(1)社会主义初级阶段。有其一般含义和特殊含义。从一般含义上讲，社会主义初级阶段是指社会主义社会发展的起始阶段。这个阶段是所有已经实行和将要实行社会主义制度的国家都要经历的。社会主义初级阶段特殊含义视一国具体国情而定。

就我国而言，社会主义初级阶段是指我国在生产力落后、商品经济不发达条件下建设社会主义必然要经历的特定阶段。我国社会主义初级阶段的生产关系或经济制度主要有四项内容:第一，在产权制度上，实行公有制为主体、多种所有制共同发展。这是初级社会主义的基本或根本经济制度，是判断社会姓“资”姓“社”的经济标准。第二，在分配制度上，实行按劳分配为主体，让资本和土地等生产要素所有者参与分配，以共同富裕为目标。第三，在运行或调节制度上，实行社会主义市场经济，发挥市场对一般资源配置的基础性或决定性作用，同时加强政府的宏观和微观调节作用。第四，在对外经济制度上，实行全面对外开放，同时加强自力更生和国家经济安全，处于国际分工和国际竞争的中低端。

(2)社会主义中级阶段。社会主义中级阶段的总体特征是：第一，生产力较发达，实行以自动化工具为主的较先进的物质技术结构；第二，生产资料公有制较成熟，实行多种形式的生产资料公有制；第三，计划经济较完全，实行含计划主体性的产品经济；第四，按劳分配较充分，实行多种形式的按劳分配；第五，对外开放层次较高，处于国际分工和国际竞争力的高端。

(3)社会主义高级阶段。社会主义高级阶段的总体特征是：第一，生产力高度发达，实行自动化工具等最先进的物质技术结构；第二，生产资料公有制成熟，实行全社会统一的生产资料公有制；第三，计划经济完全，实行纯粹的产品经济；第四，按劳分配充分，实行全社会统一的按劳分配；第五，对外开放层次高，处于国际分工和国际竞争力的最高端。

社会主义高级阶段与共产主义经济制度的主要区别，在于是否实现按需分配。以最高经济效率和最高经济公平为特征的共产主义制度，是人类社会发展的大方向。